U0949079

国家级示范性高等院校精品规划教材

旅游市场营销学

陈国柱　编著

内容提要

本书融合了现代旅游发展的实践和旅游市场理论的最新研究成果，并运用大量案例，系统介绍了现代旅游市场营销学的基础理论知识，主要内容包括旅游市场营销导论、旅游市场营销环境、旅游者购买行为分析、旅游市场营销调研及信息管理、旅游市场细分及定位、旅游产品策略、旅游产品定价策略、旅游产品分销渠道、旅游产品促销策略以及旅游市场营销创新等内容。

本书可作为高等职业院校、应用型本科院校、成人高校旅游管理专业的教学用书，也可作为社会从业人员的业务参考书及学习用书。

图书在版编目（CIP）数据

旅游市场营销学/陈国柱编著．—天津：天津大学出版社，2010.3（2014.8重印）

国家级示范性高等院校精品规划教材

ISBN 978-7-5618-3420-6

Ⅰ．①旅… Ⅱ．①陈… Ⅲ．①旅游市场—市场营销学—高等学校—教材 Ⅳ．①F590.8

中国版本图书馆 CIP 数据核字（2010）第 037729 号

出版发行 天津大学出版社

出 版 人 杨欢

地　　址 天津市卫津路 92 号天津大学内（邮编：300072）

电　　话 发行部：022-27403647

网　　址 publish. tju. edu. cn

印　　刷 天津泰宇印务有限公司

经　　销 全国各地新华书店

开　　本 185mm×260mm

印　　张 16

字　　数 400 千

版　　次 2010 年 3 月第 1 版

印　　次 2014 年 8 月第 3 次

定　　价 29.00 元

前　言

旅游业是一门特殊的服务行业，旅游商品是一种特殊的商品，它既包括有形产品，又包含大量的无形服务，具有不可存储性、生产和消费同步的特征，同时还具有季节性。因此，旅游市场营销与一般市场营销相比有着自己的特殊规律。

随着旅游业的蓬勃发展，旅游市场的竞争日趋激烈，旅游目的地或旅游企业面临更加残酷的市场竞争。在这种形势下，旅游从业者不得不提高自身适应市场和运作市场的能力。同时旅游企业也更多地借助旅游市场营销这个工具，力求将潜在市场转化为现实市场，增强市场竞争能力，使得企业在激烈的市场竞争中赢得优势，从而实现经营目标。

本书由四川文理学院陈国柱编写，全书共分十章，分别阐述了旅游市场营销导论、旅游市场营销环境、旅游者购买行为分析、旅游市场营销调研及信息管理、旅游市场细分及定位、旅游产品策略、旅游产品定价策略、旅游产品分销渠道、旅游产品促销策略以及旅游市场营销创新等内容。

本书力求将教学内容和教学方法有机地结合起来，着力于能力的训练和培养。在编写体例上，各章前设计了知识目标和技能目标，各章后设计了“本章小结”、“关键术语”、“案例分析”以及“复习与思考”。同时根据教学需要，在各个章节中穿插了许多实例和阅读资料。这不仅将学习、思考和知识拓展有机地结合起来，使学生开阔了眼界；同时也使得本书生动活泼，提高了学生的阅读兴趣，有利于学生自学。

本书在编写过程中借鉴、引用、改编了国内外的相关专著、教材、论文和科研成果以及网络上的相关资料和素材，编者在此向相关作者表示感谢。同时，本书的出版也得到了天津大学出版社的大力支持和帮助，谨在此致以衷心的感谢。

由于作者水平及经验有限，本书难免有不妥和疏漏之处，敬请同人、专家及各位读者不吝赐教。

编　者

2010 年 1 月

目　　录

第一章　旅游市场营销导论

学习目标

知识目标

1. 熟悉市场营销的含义及市场营销观念的发展变化
2. 掌握旅游市场营销的含义、特点
3. 熟悉旅游市场营销的产生和发展

技能目标

能运用旅游市场营销研究方法分析市场现状

第一节　市场与市场营销学

一、市场的概念

市场是社会分工和商品经济发展的必然产物。同时，市场在其发育和壮大过程中，也推动着社会分工和商品经济的进一步发展。在《易经》中就有“日中为市，致天下之民，聚天下之货，交易而退，各得其所”的记载，而在我国古代，北方有“赶集”、南方有“赶场”或者“赶墟”之说，这里的“集”、“场”、“墟”均指集市，后来又逐渐演变成交易会、贸易客栈、超级市场和连锁商店等形式。由此可见，市场属于商品经济的范畴。市场主要通过信息反馈来直接影响人们生产什么、生产多少以及上市时间、产品销售状况等；它连接商品经济发展过程中产、供、销各方，为产、供、销各方提供交换场所、交换时间和其他交换条件，以此实现商品生产者、经营者和消费者各自的经济利益。

不同的学科对于市场的理解也有所不同。现代经济学所说的市场是指商品交易过程中所反映的各种经济行为和经济关系的总和，它包括卖主和买主，也包括供求关系，是对市场的抽象化总结。

市场营销学中的市场则定义为具有特定需要和欲望，而且愿意并能够通过交换来满足这种需要和欲望的全部潜在顾客。市场营销学家认为卖主构成行业，买主只能构成市场。所以，市场营销学中的市场包括三个主要因素：有某种需要的人，为满足这种需要的购买能力和购买欲望。用公式表示就是：

市场=人口+购买力+购买欲望

人口是构成市场的基本因素，有人就有市场。一个国家或地区的人口数量，是决定市场大小的基本要素。购买力是指人们支付商品或服务的能力。购买力的高低由消费者的收入多少决定。一般人们收入高，购买力就强，市场和市场需求就大；反之市场就比较小。购买欲望是指消费者购买商品的动机、愿望和要求。市场的这三个因素是相互制约、缺一不可的，只有三者结合起来，才能构成现实的市场。

二、市场营销学

（一）市场营销的含义

市场营销是一项无所不在的社会活动，但市场营销的概念自被人们使用以来，其内涵就一直没有统一过。美国市场营销协会定义委员会在 1960 年将市场营销定义为：“市场营销是引导货物和劳务从生产者流转到消费者或用户所进行的一切企业活动。”1985 年协会将定义修改为：“市场营销是对思想、产品及劳务进行设计、定价、促销及分销的计划和实施的过程，从而产生满足个人和组织目标的交换。”又在 2004 年将其更改为：“市场营销既是一种组织职能，也是为了组织自身及利益相关者的利益而创造、传播、传递客户价值，管理客户关系的一系列过程。”

美国著名的市场营销学家菲利普·科特勒列出了三种具有代表性的市场营销定义：①市场营销是一种过程，在这个过程中一个组织对市场进行生产性和盈利性活动；②市场营销是创造和满足顾客的艺术；③市场营销是在适当的时间、适当的地点，以适当的价格、适当的信息沟通和促销手段，向适当的消费者提供适当的产品和服务。

尽管对于市场营销的表述各有不同，但可以从以下几个方面来概括市场营销的含义。

（1）市场营销有宏观和微观两个层面。宏观层面的市场营销主要反映社会的经济活动。它是通过社会市场营销系统，引导经济的产品和服务从生产者流转到消费者或最终用户，以达到社会需要和社会生产之间的平衡，实现社会目标。微观层面的市场营销是企业（或组织）的一种经济活动过程。它是根据目标顾客的需要，生产和交付产品或服务，引导货物和劳务从生产者流转到目标顾客，其目的在于满足目标顾客的需要，实现企业（或组织）的经营目标。

（2）市场营销的主体既包括以一定组织形式出现的法人，也包括自然人；既包括盈利性组织，也包括非盈利性组织，如政府、学校、医院等。市场营销的主体都需要通过市场进行交换，或向市场提供产品或服务，或从市场购买产品或服务。

（3）市场营销活动多采用市场营销组合策略。1950 年前后，哈佛大学尼尔·鲍教授开始采用市场营销组合概念。1960 年，麦卡锡提出著名的 4P 组合，即产品（Product）、价格（Price）、渠道（Place）、促销（Promotion）四个要素的营销组合。20 世纪 90 年代以来，随着企业经营获利方式以及消费者消费观念和购买行为的改变，4C 观念日益兴起，所谓 4C 即消费者（Consumer）、成本（Cost）、便利（Convenience）和沟通（Communication）。这些市场营销组合的含义就是综合运用企业（或组织）可以控制的资源和营销手段，对它们实行最优化组合，以适应或应对不可控的外部环境变化，最终取得最佳的市场营销效果。

（4）市场营销有别于销售或促销。现代市场营销包括市场营销研究，市场需求预测，新产品的开发、定价、分销、物流、广告、人员推销、促销、售后服务等一系列的经营活动，而销售或促销仅仅是现代营销活动的一部分，而且不是最重要的部分。著名管理学权威彼得·德鲁克曾经指出：“市场营销的目的在于使销售成为多余，市场营销的目的是深刻认识和了解顾客，从而使产品或服务完全满足顾客的需要从而形成产品的自我销售。”

（二）市场营销的核心概念

1. 需要、欲望与需求

需要描述了人类的基本要求。人类需要食品、空气、水以及住房等基本生存条件，还需要娱乐、教育等。市场营销学中所说的需要就是人类的需要，是指个人感到没有得到某些满足的状态。美国心理学家亚伯拉罕·马斯洛认为人类的这种需要是与生俱来的，只要有人类就会有生理需要、安全需要、社会需要、受尊重的需要和自我实现的需要。

欲望是人类出现心理不平衡时希望通过某种行为以改变这种不平衡状态的心愿，是人类为了满足需要而想要某种特定的商品时产生的。人们由于年龄、性别、性格、经济状况、受教育程度、社会地位、所从事的职业的不同，欲望也就千差万别；此外，不同的政治制度、不同的国籍、不同的宗教、不同的文化环境，也可以使人们产生不同的欲望。例如，同样需要食物时，美国人想要得到汉堡包和可乐，而中国人则想要馒头、大饼或米饭。

需求是人们对相关产品有购买意愿和有支付能力的需要。众所周知，人的欲望是无止境的，需要是无限大的，但人们的收入在特定时期和特定条件下是有限的，也就是说人们的支付能力是有限的。显然，需要是强调人的主观愿望，只有当人们想要某种商品来满足欲望，并且有能力购买该产品时，欲望才会变成需求。所以对于企业而言，不仅要估计有多少人想要本公司的产品，更重要的是，应该清楚地了解有多少人有这个支付能力。

2．产品与服务

产品是用来满足人们各种欲望与需要的任何制造物和服务。它分为有形产品和无形产品，即物质产品和精神产品两类。不论是有形还是无形、物质还是精神，只要是产品都具有一个共同点，即可以满足人们的不同欲望和需要。所以，对于产品来说，重要的并不是它们的形态、性能和对它们的占有，而是它们所能带给人们的各种各样的服务。有形产品在本质上是服务的工具和传送服务的载体。对于企业来说，不能过分重视有形产品而忽视由此产生的服务，否则就难以满足人们真正意义上的需求。就无形产品或精神产品而言，其本身就是服务，视其满足人们需求的程度不同而显示其优劣。

3．价值与满意

顾客价值是指顾客从拥有和使用某产品中所获利的价值与为取得该产品所付出的成本之差。顾客满意则取决于顾客所理解的某产品的效用与其期望值进行的比较。如果该产品的效用低于顾客的期望，购买者便不会感到满意。如果该产品的效用符合顾客的期望，购买者便会感到满意。如果该产品的效用超过顾客的期望，购买者就会感到十分惊喜。而顾客的期望来自于以往的购买经验、朋友的意见以及营销者和竞争对手的信息与承诺。营销者必须仔细设定正确的期望标准。如果期望设定得太低，虽然可以满足那些购买了产品的人，但却不能招徕更多的购买者。如果期望设定得太高，就可能会使那些购买者感到失望。

4．交换与交易

当人们决定通过交换来满足其需要和欲望时，就产生了市场营销。因此，市场营销就是一个交换的过程，这一过程可用一个图来描述（见图 1-1）。

交换是市场营销的核心概念，所谓交换是指人们从他人那里取得自己想要的东西而以对方需要的东西作为回报的行为。作为满足需求的一种方式，交换具有许多优点。人们没有必要去掠夺他人或者依赖捐赠，也没有必要掌握为自己生产每样必需品所需的技能，由此人们可以集中精力生产他们擅长生产的东西，然后用它们来交换由别人生产的自己所需的产品。总之，交换使得整个社会能够生产出更多可满足需求的产品。

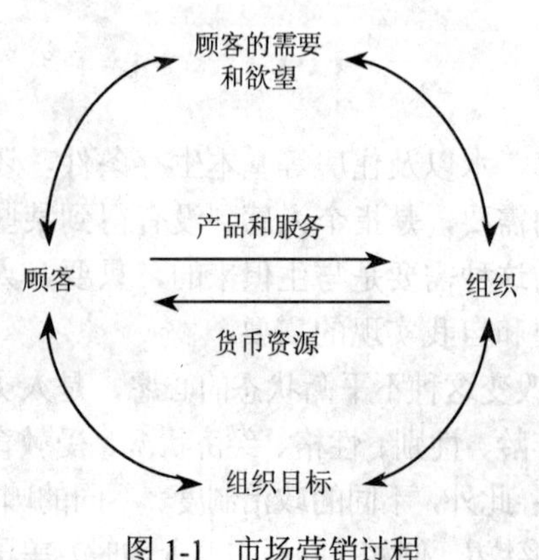

图 1-1　市场营销过程

而交易是市场营销的度量单位。所谓交易，是指买卖双方价值的交换。一次交易包括几个可以量度的实质内容：至少有两个有价值的事物以及买卖双方所同意的条件、协议时间和协议地点。

5．关系和网络

关系营销是与关键成员（如顾客、供应商、分销商）建立长期满意关系的实践，目的是保持营销者长期的业务和绩效。营销者通过不断承诺和给予对方高质量的产品、优良的服务和公平的价格来实现关系营销。关系营销的最终结果是建立起企业的独特资产，即一个营销网络。在营销网络中，企业与它所有的利益相关者建立互利的业务关系。这样，竞争不是在企业之间进行，而是在整个网络之间进行。一个建立了良好关系网的企业将获胜。

三、市场营销学的发展历程

市场营销学是随着市场经济的发展而产生的。近百年来，市场营销学从产生到发展，大致经历了以下四个阶段。

（一）19 世纪末到 20 世纪初的初始阶段

19 世纪末 20 世纪初，美国工业革命已完成，资本主义制度也由自由竞争阶段过渡到垄断阶段，社会生产效率大为提高，产品数量迅速增加，但商品销售市场相对于先前商品严重缺乏的状况，更显得相对狭小，有些商品甚至出现“生产过剩”的迹象，企业之间的竞争也出现了新的因素。企业为了生存和发展就必须研究市场、重视产品销售，而这种需求很快就在大学教学和理论研究中反映出来了。例如，1912 年，哈佛大学出版了赫杰特齐教授的《市场营销学》，标志着市场营销学作为一门独立的课程进入大学课堂；1918 年，弗莱德·克拉克编写了《市场营销原理》讲义，被许多大学采用为教材，并于 1922 年出版。这就是市场营销学的初创历程，在这个阶段，现代市场营销的理论和原则还没有出现，市场营销学的研究对象仅限于浅层的商品销售实务范围，如广告、商标、包装等，研究内容着重于广告的推销方法，研究范围局限于学校和学者，还没有得到社会和企业界的重视。

（二）从 20 世纪 30 年代到第二次世界大战结束的应用阶段

20 世纪 20 年代，伴随市场营销活动的发展，一些市场营销学教科书陆续问世，市场营销学初步建立了理论体系，并日益受到企业的重视。1929—1933 年的世界性经济危机引发了经济大萧条，造成了空前尖锐的商品供求矛盾。当时企业最需解决的问题是市场疲软和产品的销路。在这个阶段，对市场营销学的研究虽然仍局限于产品推销的狭窄领域，但已开始在更深更广的基础上研究如何刺激顾客需求的推销术和广告术，并开始研究企业组织机构设置如何更有利于产品推销。市场营销学从大学的课堂走向社会，并被广大企业界所重视。1931 年美国成立“市场学协会”，1937 年又成立了由市场营销学家、经济学家和企业家组成的“市场营销学会（American Marketing Association，缩写为 AMA）”。该学会在美国各地共设立了几十个分会，这就为市场营销学的理论研究和实践的紧密结合，提供了有利的环境和动力。这段时期，美国政府也高度重视市场问题，开始系统地进行商业调查和市场调查，调查所提供的大量统计资料加强了市场营销学研究和应用的科学性。不过如何售出商品的现实需求，

使此时的市场营销学仍然局限于商品流通领域的研究和应用。

（三）20 世纪 50 年代到 80 年代初的革新阶段

第二次世界大战结束后，随着经济的恢复及科学技术革命的迅速发展，西方国家经济迅速增长，生产力水平大大提高，产品数量急剧增加，使得商品供过于求成为了严重的矛盾。这时企业所面对的是需求更加复杂、竞争更加激烈的买方市场。面对该市场，以研究广告和推销为主体的市场营销很难适应企业的需要，于是以消费者需求为中心的新理论开始出现，并逐步确立了市场营销活动的首要原则，即重视、研究和掌握消费者的需要和欲望；同时市场营销学的研究内容和应用范围也发生了相应变化，即从单一的流通领域，全面扩展到生产领域和消费领域。在这一时期，一系列优秀的市场营销学著作也相继问世，如美国市场营销学家麦卡锡的《基础市场营销》和菲利普·科特勒的《市场营销原理》，全面提出了现代市场营销理论，形成了现代市场营销学的概念、方法和理论体系，现代市场营销学由此而形成，因此这一阶段又被称为市场营销学的革新阶段。20 世纪 70 年代之后，市场营销学不断吸收经济学、社会学、心理学、行为学、公共关系学等学科的理论和方法，最终成为一门综合性的经济应用学科。

（四）20 世纪 80 年代至今的第二次革新阶段

20 世纪 80 年代以后，随着国际竞争的日益加剧，营销环境复杂多变，使许多企业茫然失措，无所适从。在此背景下，不少企业家和市场营销学家开始意识到，社会环境与企业发展之间存在着密切关系，并逐步认识到市场营销活动仅仅以消费者需求为导向是远远不够的，还应该考虑和研究怎么在满足消费者需求的前提下，同时也符合消费者的长远利益和社会的根本利益。由此市场营销学进入一个新的发展阶段，即从社会的角度和战略的角度研究市场营销活动，以便更有效地指导企业进行市场营销活动时，将企业、消费者和社会三方面的根本利益圆满地结合起来。科特勒于 1984 年在《哈佛商业评论》发表了《论大市场营销》，大市场营销概念的提出，是 20 世纪 80 年代市场营销战略思想的新发展。市场营销学这一新的理论研究方向和研究层次，被一些市场营销学家誉为市场营销学的第二次革新。

市场营销学的发展过程表明，市场营销学是一门以经济学、行为学、管理理论和现代科学技术为基础，研究以满足消费者需求为中心的市场营销活动及其规律性的综合性应用科学，它永远处在一个动态的发展变化之中，面对国际和国内出现的新问题而不断提出新的理论和方法。从本质上讲，市场营销学是在市场营销活动的不断需求和推动下逐步发展起来的，同时，随着其理论的不断丰富和完善，市场营销学对市场营销活动的指导价值也越来越突出。

四、市场营销观念的发展变化

市场营销活动都是在一定的市场营销观念指导下进行的，所谓市场营销观念，是指企业（或组织）从事生产和市场营销活动时所依据的指导思想和行为准则，是企业所奉行的一种经营哲学或理念。市场营销观念是否切合实际需要，对企业（或组织）经营的成败兴衰有重要的作用。从市场营销的产生与发展过程来看，市场营销观念的发展经历了五个阶段。

（一）生产导向观念

生产导向观念，就是以生产为导向的市场营销观念，这是市场营销学初创阶段的传统营销观念。其特点表现为：①企业把主要精力放在产品的生产上，经营目标是批量生产、降低成本、降低价格和提高效率；②企业无须考虑消费者的需要和利益，只关注生产什么和生产多少产品；③企业能生产什么就销售什么，而不是因为顾客需要什么才去生产什么和销售什么；④生产部门是企业的重要部门，企业管理者没有意识到顾客比生产更重要。如 20 世纪初美国福特汽车公司制造的汽车供不应求，该公司的建立者亨利·福特曾公然宣称：“不管顾客需要什么颜色的汽车，我只有一种黑色的。”

生产导向观念产生于 20 世纪 20 年代之前，当时社会生产力相对落后，物质匮乏，产品短缺，属于求大于供的卖方市场。此外，此时的消费者需求单一，通常喜欢那些随处可得、价格低廉的产品，而不是产品的差异。因此，企业以生产为经营重点，以扩大生产规模、提高劳动效率、降低产品成本、增加产品数量为经营导向，以使更多的产品投放至市场。

（二）产品导向观念

产品导向观念是产生于市场营销学初创阶段后期和应用阶段前期的营销观念，盛行于第二次世界大战前后。其特点表现为：①企业以产品生产和产品改进为中心，追求质量高、功能多、性能好的产品，并力求精益求精；②忽视顾客的需求，认为只要产品物美价廉，就能吸引顾客，推崇“好酒不怕巷子深”的观点；③生产部门仍然是企业的重心，但加强了生产过程中的质量控制，出现了质量监控部门。

产品导向观念形成的时期，市场上同类产品增多，消费者有了选择的余地；此外，市场状况开始发生变化，虽然仍是卖方市场，但出现了竞争；同时消费者开始对产品挑剔，需求从单一转为多样，因此持有产品导向观念的企业认为，消费者欢迎那些质量好、价格合理的产品，企业应努力提高产品质量，只要物美价廉，顾客必然会找上门，无须大力推销。如美国通用汽车公司在 20 世纪 30 年代及时正确地采用产品导向观念，推出了凯迪拉克、雪佛兰、别克这三种不同档次产品组合的生产经营体系，最终取代了当时居于统治地位，但仍坚持生产导向观念的福特汽车公司，坐上了世界汽车生产的头把交椅。

但是，在产品导向观念的指导下，企业经营者常常“自恋”自己的产品，以至于没有意识到产品可能并不迎合市场。他们染上了“市场营销近视症”，过分重视产品而忽视了市场需求；在市场营销中目光短浅、目标狭隘，热衷于产品性能的改进和质量的提高。他们没有意识到，一个新的或者改进过的产品，如果没有价格、分销、广告和其他功能的配合，也是不会成功的。

（三）销售导向观念

销售导向观念是市场营销学应用阶段的营销观念，其特点表现为：①在注重生产、多出产品的同时，开始重视广告和推销；②企业建立了销售部门和销售队伍，开始研究吸引顾客的方法和手段；③企业关注的不是顾客需要什么，而是如何让顾客购买企业的产品。

销售导向观念形成的时期，供大于求的市场格局已经初步形成，市场竞争开始变得激烈，靠物美价廉已经无法有效地占领市场；同时，不经过努力推销，消费者面对竞争企业的产品绝不会大量购买本企业的产品。因此，在这个阶段，企业开始以销售为中心，纷纷采用强化推销机构、增加销售工作内容、增加推销人员的培训、研究推销技术和加大广告宣传力度等办法，来努力推销自己的产品。

从生产导向观念转变为销售导向观念是企业经营思想上的一大进步，但仍然没有摆脱以生产为中心的范畴，它与生产导向观念一样，都是先有产品后有顾客，只是千方百计地把已经生产出来的产品销售出去，至于购买者对产品是否满意，以及如何更好地满足顾客需要，达到顾客完全满意，则没有给予足够重视。但是，从重视生产导向观念发展到重视销售导向观念，提高了销售工作在企业中的地位，并使企业更多地了解到市场信息，为企业向市场营销观念转变创造了条件。

（四）市场营销观念

市场营销观念盛行于20世纪60年代到80年代初，是企业经营观念上的一次重大转变。该观念认为，一个企业应该首先确定自己的目标市场，了解顾客的需求，应能在满足需要的产品供应方面比竞争对手有更高的效率。这种营销观念的具体表现为顾客需要什么，就卖什么，而不是能制造什么，就卖什么。

市场营销观念形成的时期，西方主要发达国家的经济在第二次世界大战后有了飞速的发展，使得产品大量上市，导致产品供过于求，市场由卖方市场转变为买方市场；同时，这些国家普遍推行“高福利、高工资、高消费”的三高政策，使消费者的需求结构和消费行为发生了根本性变化；此外，市场竞争日趋激烈，消费者的需求越来越多样化，购买选择更多，要求也更为苛刻。

市场营销观念的出现，也引起了企业组织、管理方法和程序上的一系列变革。①企业的营销管理不再以生产为中心，而是以顾客需求为中心，以满足顾客的需要和欲望为宗旨，贯彻“顾客至上”、“顾客第一”的原则。②企业的整体营销活动，都要以满足顾客的需求和利益为出发点。企业必须在市场调研的基础上，根据企业自身的条件，选择目标市场，组织生产经营，在使顾客满意的基础上，以获取利润为目的。③企业营销部门不再是单纯从事推销活动的部门，而是参与到企业营销管理的全过程，是企业经营管理的一个重要部门。

（五）社会营销观念

20世纪70年代，西方发达国家的市场环境发生了许多变化，如能源短缺、通货膨胀、失业增加、消费者保护主义盛行等，在这种背景下，人们对单纯的市场营销观念提出了质疑，指出市场营销观念忽视了满足消费者个人需求同长远的社会公众利益之间的矛盾，从而造成了大量的浪费和环境污染等社会弊端，导致社会利益受损。因此，学术界和企业界又提出一种新的经营理念——社会营销观念。

社会营销观念是以顾客需求和社会利益为重点，采取战略营销活动，在满足顾客需求的同时，考虑到社会公众的长远利益，最终达到谋求企业利润的目的。所以，社会市场营销观念的实质是在市场营销观念的基础上，综合考虑顾客、企业和社会三者利益的统一与协调，以使社会、生产和消费的发展处于最佳状态。因此，社会营销观念是对市场营销观念的补充和发展。

随着人类社会文明的不断进步，将消费者长远利益和社会根本利益置于主导地位的社会营销观念必将深入人心，受到消费者和社会的青睐，也必将更具有竞争力，这也是越来越多的企业采用社会营销观念作为指导思想的根本原因。以上五种市场营销观念的比较见表 1-1。

表 1-1　市场营销观念的比较

观　念	出 发 点	关 注 重 点	营 销 方 法	营 销 目 标
生产导向观念	企业	生产	扩大生产、降低成本	通过扩大生产获得利润
产品导向观念	企业	产品	生产优质产品	通过优质生产获得利润
销售导向观念	企业	销售	推销和促销	通过销售获得利润
市场营销观念	市场	消费者需求	整体营销	通过消费者满意获得利润
社会营销观念	社会	社会长远利益	战略营销	通过社会满意获得利润

【小资料 1-1】

坎昆和巴拉德罗旅游业成功的启迪

坎昆是墨西哥新兴的旅游城市，位于加勒比海北部，尤卡坦半岛东北端。由于地处热带，该城市全年平均气温为 27.5℃，每年只有雨旱两季，7～10 月为雨季，几乎每天都下阵雨，雨后晴空万里，偶或出现彩虹。坎昆是一个长 21 公里、宽仅 0.4 公里的美丽蛇形岛屿，三面环海或湖，风光旖旎，西北端和西南端有大桥与尤卡坦半岛相连，隔尤卡坦海峡与古巴岛遥遥相对。坎昆 20 公里长的白沙滩上，细沙由珊瑚风化而成，柔如毡、白如玉，分别冠以“白沙滩”、“珍珠滩”、“海龟滩”、“龙虾滩”等美称。海滩上设有玛雅式凉亭和小屋，岛上有玛雅文化的圣米盖里托古迹废墟。距坎昆 130 公里还有一处反映玛雅人文化的图伦遗址，是墨西哥迄今保存得最好的一座玛雅和托尔特克人的古城，吸引着很多游人前往参观游览。坎昆在 20 世纪 60 年代只是个仅有 300 多人的僻静渔村，1972 年，墨西哥政府开始在该岛投资 3.5 亿美元建设旅游区和自由贸易中心，1975 年进行全面规划，并开始接待游客，至今已发展成为城市居民近 100 万人的滨海旅游城市。2002 年接待游客 300 多万人次，旅游外汇收入达 32 亿美元。坎昆的城市规划分为市区、旅馆区和国际机场三个部分，市区的各行业都为旅游业服务，酒店建筑风格多样，色彩各异。

巴拉德罗位于古巴的中北部，距离首都哈瓦那仅 140 公里，是三面环海的长方形半岛，面对佛罗里达海峡，人口不足 2 万。巴拉德罗具有典型的热带风光，碧水蓝天，椰影婆娑，一步一景。其在环境保护和治理上也有独到之处，土木工程过后，裸露的土地很快被绿树花草覆盖，蝶舞蜂飞，鸟语花香，很难看到人工雕琢的痕迹。这里的海水温度也堪称一绝，除了偶遇飓风的几天外，一年四季都能下海。这里的海水浴场很浅，是海水浴、沙滩浴、日光浴的绝好去处。

巴拉德罗于 1897 年建镇，20 世纪初开始建造别墅，发展旅游业。自 20 世纪 80 年代中期以来，古巴政府加大了对这片风水宝地的资金投入，经过十几年的建设，一改荒村野店的旧貌，代之而起的是一个软硬件设施均居一流的现代化旅游度假区，已建成的巴拉德罗国际机场年创汇占古巴的 1/3。古巴建设部 1999 年前又在巴拉德罗上马了另一项宏伟计划：至 2006 年，每年扩建客房 2000 间，建成一座大型会议中心；扩建机场，使其接待能力达到每小时 1000～3000 人；修建 30 公里长的巴拉德罗至省府的高速公路，并翻新哈瓦那至巴拉德罗的公路；另建一个 18 洞的且为古巴最大

的高尔夫球场。

坎昆和巴拉德罗在滨海旅游城市和旅游度假区的规划建设和管理等方面之所以成功，有以下几点可供我国学习和借鉴。

（1）定位准确，规划科学，重视公众参与。坎昆和巴拉德罗都地处海边，海水特别蓝，海岸线较长，沙滩平缓，沙质柔软，热带树木很多，年均气温均在20℃左右，阳光高照却不炎热，无冬天，非常适宜旅游度假，因此它们都被定位为海滨旅游休闲度假区。由于定位准确，两地在规划方面十分重视科学的设计，从度假方面去考虑整个旅游区的规划和建设，力求使客人住得舒适，玩得开心。它们的科学规划表现在其具有前瞻性、民主性和严肃性。前瞻性即规划时间跨度大，着眼于今后几十年，旅游基础设施、公用设施的规划布局充分预见未来发展需要。民主性体现在规划不但注重科学和缜密，而且十分尊重民意，听取公众的建议以满足绝大多数人的要求。一方面在规划编制过程中让技术人员深入调查研究，组织对多个方案进行比较，发动专家讨论，博采众长；另一方面，对重要建筑或基础设施的修建，除规划部门把关外，必要时还要进行公民表决，充分尊重民众意见。严肃性即国家或市政府在规划执行上控制得非常严格，规划一经确定，必须按规划有步骤地进行建设。如坎昆 1975 年进行规划后，经过二十多年来的建设，其间规划虽然经过几次小调整，但始终保持着原有的规划布局和传统的建筑风格，规划一直得到贯彻落实，没有任何人违反规划而建设。巴拉德罗海滩度假区的建设也是一个严格执行规划的成功典范，原规划建 40 家酒店，酒店建满后任何人不得再在度假区中增建，而只能往城内安排。由于它们的规划科学，设计和建设出来的产品很切合实际，符合游客的要求。例如，两地在海边连绵几十公里的旅游区内合理建设宾馆住宿区，且酒店各有特色，旅游区内道路纵横交错，交通十分方便，住宿、购物、就餐、娱乐、桑拿按摩、儿童乐园区、高尔夫球场等设备功能齐全并美观有序，没有错乱的感觉。中国中央电视台正大综艺栏目有一次做节目时，主持人请观众猜哪个城市的游客可以穿游泳衣过马路，观众均回答不可能，但确实存在，那便是坎昆。客人在此住上一个星期也不觉得累和乏味，因此到坎昆的游客人均逗留时间达 5～7 天，每人消费达 1000 美元以上。

（2）坚持以人为本，注重特色，重视环境建设。无论是坎昆还是巴拉德罗旅游区的建设，都始终坚持“天人合一”的思想。城市各社区都留有大片绿地或休闲空间，生态性建筑、人性化设施随处可见。如坎昆十分注重生态平衡和绿化工作，环境建设以绿化为主题，植物种类繁多，郁郁葱葱。酒店布局合理，设计构思巧妙，几乎每座酒店的每一个房间都可以看到大海。酒店的大堂设计也别具一格，形式多样，如有的酒店大堂中间为植物园，有许多热带树木，还有流水，使人感觉置身于森林，令人心旷神怡；有的大堂为通透式，游客如同身处海边。客房内的策划设计也处处体现以人为本的思想，从床、沙发、桌椅到卫生间的各种功能设计都很科学，使用起来方便、自然、顺畅、舒服，有宾至如归的感觉。客房的阳台尽量面向阳光和大海，并安置多张躺椅，客人下海冲浪和游泳后坐在阳台的躺椅上既可以看到大海，又可以享受阳光浴。客房的卫生间则把厕所、洗澡间与洗脸刷牙的地方分开，方便两个人同时使用（有的宾馆卫生间还可供 3 人同时使用）。每个宾馆酒店都设置几个淡水游泳池，泳池大小高低形状均不同，因地制宜而建，错落有序，构思巧妙，设计新颖，造型美观，使用方便。喜欢海泳的游客，可以到海边去冲浪，而比较保守的人则可以在人工建造的游泳池里畅游。总之，从旅游度假区的规划建设，到配套设施建设的每一个环节，都十分注重以人为本的思想，最大限度地满足客人的要求。在环境建设方面，合理利用当地资源也是尤为重要的。在坎昆和巴拉德罗，木结构、茅草房比比皆是，让人大有回归大自然之感，人居环境村落化、诗意化。

（3）设施完善，环境优美，服务优良。坎昆为了发展旅游，专门建了飞机场，使欧洲、美国、加拿大等地游客来往很方便。市内专门设立一个坐落在海边的宾馆区，共集中了 40 多家三星级以上的宾馆，宾馆主体房间均错落有序，使得每间客房的客人都能享受海边的阳光、欣赏到大海的景色。宾馆区内大道路面很平整，晚上灯火通明，24 小时游人不断，是个不夜城。坎昆注重对宾馆的污水处理，共建有 8 个污水处理厂，统一处理全市大小 100 多家酒店旅馆的污水，巴拉德罗也是如此。因此有效地保护了海水不受污染，保护了环境，实现可持续发展。所有宾馆酒店都注重绿化美化环境，都是草皮覆盖，绿树成荫，流水不断。服务优良体现在服务人员很有礼貌，主动打招呼，房间清洁，酒店内无黄、赌、毒现象，无骚扰电话，无人大声喧哗，不存在对客房乱打电话乱敲门的现象。

（4）文明成风，秩序井然。所到之处，无论是城市还是旅游度假区，当地的人无论是在购物还是在乘车，都会自觉排队；从商店到酒店，从海滨到街区，从经理到雇员，到处可以听到亲切的文明用语，到处可以感受到炽热的友谊。稍加注意，还可以发现从大街小巷到偏僻角落，不仅花草无尘，而且看不到垃圾和烟头。另外，公共场所、城市交通、环境卫生、旅游景点等一切都有章法，管理工作井然有序。在办公机关，在公共汽车上，在公共场所，都没有人吸烟。交通路口即使是一辆车也没有，行人照样在等待绿灯亮后才过马路，人们的行为十分规范。

（5）政府主导，多方投入。坎昆和巴拉德罗旅游业的快速发展得益于政府的重视和主导，这对旅游业发展起了很大的促进作用。1975 年坎昆刚开始建设时，墨西哥便从基金会拨出一大笔钱建宾馆，起步后又制定和实施优惠政策吸引包括国际大财团等国内外资金投资建宾馆。经过 20 多年的建设，把过去的一个荒岛建成了一片宾馆区，国家 20 多年来对坎昆旅游业的投资达 24 亿美元（近 200 亿元人民币），而现在坎昆也正在逐年回报国家和社会，2002 年坎昆市旅游创汇达 32 亿美元，占墨西哥全国旅游创汇的 40%，上交国家财政的税费也呈直线上升。自 20 世纪 80 年代末起，古巴政府便将旅游业确定为经济发展的战略支柱之一，加强了旅游资源的开发和旅游设施的建设，并积极引进外资共同开发。古巴一开放旅游，欧美游客立即蜂拥而至，因此而产生的旅游外汇收入也迅速增加，很快便超过蔗糖出口收入，成为国家外汇收入的第一大来源。仅 1000 万人口的古巴，2002 年旅游创汇达 10 亿美元。

（资料来源：http://www.ce.cn/travel/bjzm/gwly/200407/18/t20040718_1264753.btk）

第二节 旅游市场营销学概述

一、旅游市场

作为市场的一个组成部分，旅游市场与一般意义上的市场并无本质差别。即旅游市场是联系旅游企业和旅游者之间的纽带，是在一定时间、地点和条件下对旅游产品具有购买欲望与购买力的旅游消费群体，它包括现实购买者和潜在购买者，一般由旅游者、旅游动机、旅游购买力和闲暇时间等四个因素组成。

旅游市场又是一种专业性的市场，具有以下特点。

（1）旅游市场具有全球性。旅游者在空间上的分布具有明显的全球性。随着国际旅游业的发展，旅游市场越来越凸显其无国界性。旅游者来自世界各个国家和地区，旅游目的地也遍布世界各地。

（2）旅游市场具有异地性。由于旅游具有异地性，所以旅游业的客源来自不同的地方，而非当地居民。

（3）旅游市场具有多样性。旅游者的构成是复杂的，旅游者在消费时所表现出的行为、旅游需求的多元化导致旅游市场的多样性。

（4）旅游市场具有波动性。旅游作为人类的社会活动，必然受到经济、政治、文化、军事等多种因素的影响，战争、自然灾害等都会波及旅游需求。

二、旅游市场营销

（一）旅游市场营销的内涵

旅游市场营销是市场营销在旅游业中的具体运用，属于市场营销的一个分支。旅游市场营销是指旅游企业通过对旅游产品的开发、定价、分销和促销等过程的计划、执行与控制，把旅游产品和服务整体地销售给旅游者的经济活动，以满足旅游者需求和实现旅游企业目标。它可以从以下三个方面来理解。

（1）旅游市场营销是以旅游者为导向，以交换为核心。旅游企业通过提供令游客满意的旅游产品，以实现旅游企业的经济和社会目标。

（2）旅游市场营销是一个动态管理过程，它包括分析、计划、执行、反馈和控制。

（3）旅游市场营销是通过创造性活动来满足旅游者需求的。

（二）旅游市场营销的特点

旅游市场营销的特点主要表现在以下几个方面。

（1）旅游市场提供的产品是一种服务。旅游产品具有不可感知性，即它不是实际存在的物体，而一种旅游经历和切身感受。游客对旅游产品没有所有权，只有使用权。

（2）旅游市场上游客也参与旅游产品的生产过程。在旅游业，游客也成了旅游产品生产过程中不可缺少的要素之一。因此对旅游市场营销人员来说，要生产出符合游客需要的旅游产品，不仅要对旅游从业人员进行一定的管理，对游客也同样要进行某种管理，以方便游客与旅游产品生产人员进行沟通，提高旅游产品的满意度。

（3）旅游市场上产品质量难以控制。由于旅游者直接参与了旅游产品生产的全过程，旅游产品的质量很难像有形产品那样，用统一的质量标准来衡量，而更多地体现在满意度上。因此，在旅游企业的营销工作中，除了外部营销，还应更加重视内部营销工作。

（4）旅游市场上时间因素十分重要。时间不仅是指为游客服务时的迅速快捷、高质量，而且还指在对待游客的投诉上处理及回复的及时，只有这样游客才会感觉受到了重视，旅游企业的信誉才能逐渐建立。另一方面，旅游产品不可贮存性的特点，也要求旅游企业重视时间因素的把握。

（5）更加多样和更多类型的旅游分销渠道。旅游企业要依靠一系列独立的中间商，包括旅游代理商和旅游批发商，这些中间商经常接受顾客的咨询，提供旅游目的地、酒店、景点和交通的旅游信息，因此，他们可以在很大程度上影响旅游者的购买决策。

（6）旅游市场营销是综合性、全方位的营销活动。由于旅游产品是由食、住、行、游、购、娱等六个要素组成的整体产品，因而旅游市场营销活动涉及社会的各个方面。其中，旅游酒店、饭店、旅行社和景区等旅游企业是旅游营销活动的主体。此外，还包括非盈利性的政府有关机构及旅游组织和协会。

（三）旅游市场营销观念的演变

旅游市场营销观念也经历了生产观念、产品观念、销售观念、营销观念和社会营销观念的演变，但是各个阶段所处的时间比市场营销观念有所滞后。

1．生产观念和产品观念

第二次世界大战后，现代旅游业兴起，旅游产品与服务供不应求，整个旅游市场处于生产观念与产品观念阶段，每个旅游目的地的旅游企业都把主要精力放在生产出大量的旅游产品与提高接待能力上，而较少去考虑旅游者需求的变化。

2．销售观念

20 世纪 70 年代，随着旅游业的迅速发展，大量旅游资源被开发，旅游产品开始出现供大于求的状况，旅游企业不得不去重视产品推销。例如，饭店或旅行社成立销售部，专门从事产品推销活动。

3．市场营销观念

从 20 世纪 80 年代起，旅游业的竞争日趋激烈，旅游企业开始重视旅游者的需求，并在经营活动中根据旅游者的需求设计和开发产品，在价格、促销、渠道等各方面制订整体营销计划，使旅游产品更能切合旅游者的需求，也更加注重旅游者对旅游产品质量的反应和处理，抓好售后服务工作。

4．社会营销观念

20 世纪 90 年代中后期到 21 世纪初，许多旅游企业开始认识到，仅仅局限于满足旅游者需求和使企业获利是远远不够的，同时还必须兼顾整个社会的当前和长远利益。旅游业必须以社会营销观念为导向，从旅游者的需求出发，结合自身的实际情况去组织营销工作。这样既能提供有针对性的旅游产品，满足旅游者的需求，又能为旅游业和社会带来效益。

三、旅游市场营销学

（一）旅游市场营销学的内涵

旅游市场的形成和发育，不仅规范了旅游企业的市场行为，而且促进了旅游市场营销学的产生、发展。旅游市场营销学是指旅游从业人员在营销活动中，运用市场营销学的原理和方法，并结合旅游行业的活动特点和发展需求，而产生的一门学科。旅游市场营销学的研究对象是旅游市场中的需求问题，即研究旅游市场营销主体如何适应不断发展变化的旅游市场的需求，如何将旅游产品推销给旅游者，以满足其需求并实现旅游企业自身的目标。

（二）旅游市场营销学的发展阶段

旅游市场营销学的发展可分为以下几个阶段。

1．理论导入阶段

旅游市场营销学的理论导入阶段主要指20世纪70年代。在这一时期，旅游营销学开始从市场营销学中分离出来，成为一门独立的学科，这一阶段主要研究旅游产品与有形实物产品的异同、旅游特征、旅游市场营销学与原有市场营销学研究角度的差异。

2．理论探索阶段

20世纪70年代末到80年代中期是旅游市场营销学的理论探索阶段。在这一阶段，主要探讨了旅游的特征，如何影响消费者购买行为，尤其集中于消费者对旅游服务的性质、优缺点及潜在的购买风险评估。

3．理论实践阶段

20世纪80年代末期到现在是旅游市场营销学的理论实践阶段。这一阶段，旅游市场营销学者集中研究了在传统的 4P 组合不能满足推广服务的情况下，究竟要增加哪些新的组合变量的问题。

【小资料 1-2】

中国旅游营销未来发展七大趋势

随着经济水平的提高和全球经济一体化趋势的加强，许多城市传统上具有的战略优势，如自然资源、规模经济、资金与技术等重大战略影响因素的差距正在逐步缩小，旅游企业在产品、价格、分销及促销等营销操作层面上的竞争不断同质化。市场信息系统的不断完善，市场运作规范的不断建立，使各个国家、各个城市之间和企业之间相互模仿和学习的速度异常快捷，城市营销和旅游业发展呈现非线形发展的趋势。

21世纪旅游市场将呈现出流行化与大众化、品牌化与感性化、质量化与享受化、多层化与差异化、普及化与社会化等趋势，面对这种变化，我国旅游业必须强化自己的竞争优势，以适应21世纪世界旅游市场营销策略的发展趋势。

那么当前中国旅游的营销原点和原动力在哪里？旅游市场竞争的焦点何在？未来中国旅游营销会呈现什么新趋势？我们认为现在中国旅游营销正处于一个新的分水岭，一种新的主流营销体系即将被催生出来。尽管任何预测都是危险的，但基于对营销环境的分析，我们仍然能够把握中国旅游营销的一些脉动。

趋势之一：旅游营销进入体验经济和产业链经济新时代

2001年，我国旅游外汇收入达到178亿美元，超过德国、英国、日本，首次跃居世界第五位，位居西班牙、法国、意大利和美国之后。根据世界旅游组织预测，到 2010 年，中国将成为世界上第一大旅游接待国。中国旅游业即将面临一个前所未有的黄金发展期，未来将给旅游资源丰富的中国提供一个世界级的发展大平台和大空间。

中国旅游已经开始从启蒙期向高速发展期转变。旅游已经从单一的“门票经济”向深度精品旅游的“泛旅游模式”转变，将会以旅游为核心形成新的城市产业链。中国旅游已经到了从观光、休闲旅游到体验旅游、产业链经济转型的前夜，这必将引发中国旅游格局的重新洗牌。

趋势之二：旅游营销从以产品为中心到以消费者为中心的转变

消费者需求的细分变化，在旅游营销上则由以前“广而告之”方式变成了以“沟通”和“传播”为关键词的新消费时代。

趋势之三：旅游营销由产品营销时代转向品牌营销新时代

以迪士尼乐园为代表，世界旅游经济已经从产品营销时代进入品牌营销时代。旅游企业需要在品牌文化内涵上下工夫，形成优质的旅游品牌，以品牌感染游客，以品牌的宣传来带动市场。正如旅游界普遍认同的那样：“三流企业叫卖资源，二流企业叫卖产品，一流企业叫卖品牌。”

没有品牌文化的旅游产品，不但项目的生命周期短，项目的增值空间小，而且最后只能沦落成垃圾。中国旅游市场即将步入品牌消费的理性市场，所以，品牌的优势才是旅游业最大的优势，品牌力才是现代旅游业的核心竞争力。

趋势之四：由各自为战的旅游景区营销转向旅游目的地整体营销

如今，旅游业的竞争，就是旅游目的地之间的竞争。旅游目的地的整体形象在旅游者心中地位的高低，决定着该旅游地客源市场的形成与发展。

围绕旅游目的地的创新和升级，由旅游景区的单个营销转向旅游目的地整体营销和建设，以创造良好的旅游大环境为目标，不断聚合城市环境友好力和资源凝聚力，促进旅游产业素质与产业地位的全面提升，提高旅游产业集群的综合竞争力，全面构筑国际化一流旅游目的地城市。

趋势之五：由粗放式营销转向精细化营销

中国旅游业正处于转型期，从速度型向效益型转化，这个转化带来旅游营销手段的变化，要使旅游市场营销做到高效，营销理念必须升级，从粗放式营销向精细化营销转变是旅游营销升级的重要一环。

一是要搞好市场调研，它对制订营销战略影响极大。至少每年一次对到本地区的国内外游客进行全面的调查，多与消费者沟通，研究消费者的需求，努力了解消费者愿意付出的价格，消费者是通过什么渠道了解旅游目的地的，影响消费者选择旅游目的地的因素是哪些，等等，以便有针对性地制订市场开发战略。

同时加强对细分市场的调研，对客源市场进一步细分。每年选择一个或两个重点市场进行调查，争取在 5 年内覆盖主要市场。5 年一循环，形成系统工程，建立信息资料库，形成可随时更新、随时查阅并有可比性的信息调研和反馈系统。

二是准确进行市场定位，建立强大的具备实战能力的旅游营销体系。目前，期货式分时度假旅游已露出苗头，主题旅游、家庭旅游是世界旅游潮流中的一种新的旅游形式。要抓住属于自己的市场，精耕细作。

三是市场集约开发，市场资源高效配置。抓战略性区域市场开发，滚动式开拓市场，并进行区域整合和深度合作营销。作为多目的地的旅游线路，还可以进行跨区域宣传合作，达到“1+1>2”的效果。中国四大佛教名山联合营销、泛珠江三角洲旅游联合、中部地区旅游联合体的诞生、长江三角洲旅游圈的逐步形成，对那些知名度较低、影响较小的旅游目的地，其合作营销旅游的要求更为迫切，任务更重。

趋势之六：由传统营销转向网络营销

21 世纪是个性化风靡的时代，当前和将来的旅游活动在追求个性化的浪潮下，旅游者将不依赖

旅行社的固定包价的旅游方式。散客迅速上升，团队比重大幅度下降，自助游队伍日益壮大，而突破传统营销的方法之一，是充分采用互联网营销。Web2.0 时代，带来了旅游营销的一场新的革命。

网络营销这一阵地越来越被旅游界重视，几乎所有的旅游景区和旅游企业都建有自己的网站和网页，并通过网络手段进行旅游宣传和一系列营销活动。营销网络化的实现，会很好地通过低成本、高效率来解决散客成团问题。同时，电子商务结算的需求也将促使旅游的营销网络化。现在旅行社之间的拖欠款问题越来越严重。随着电子技术的普及，采用电子商务结算解决旅行社的即时和实时结算，欠款问题也将得到有效解决。新技术的完善将迫使旅行社改变其传统的经营方式来求得生存。

趋势之七：由国内营销转向国际营销

世界旅游组织秘书长弗兰贯利指出，中国旅游业快速发展，旅游市场潜力巨大，目前已与美国并列成为世界第三大旅游目的地国。世界旅游组织预测，到 2010 年，中国将取代西班牙成为全球第二大受欢迎的旅游目的地国；到 2020 年，中国甚至可能超过目前排名第一的法国成为世界上最受欢迎的旅游目的地国。中国旅游营销的发展将由国内营销转向国际营销，并由此提高中国旅游的整体溢价和盈利能力，提升国际竞争力。

（资料来源：http://www.aatrip.com/yingxiaoyanjiu.fangfa.diaoyan/32227.html）

（三）旅游市场营销学的研究内容

旅游市场营销学的研究内容是由旅游市场营销学的研究对象决定的。既然旅游市场营销学的研究对象是旅游企业的市场营销活动，那么，旅游市场营销活动所包含的所有内容都应该是旅游市场营销学的研究内容，具体来说，包括以下几个方面。

1．旅游市场营销环境

市场营销环境包括企业所处社会的政治、经济形势和政府政策等宏观环境以及现实和潜在的旅游者、竞争者和公众等微观环境，这些是制订企业营销战略的客观依据。

2．旅游者购买行为分析

对旅游者购买行为进行分析研究，为制订出切实可行的市场营销战略、计划奠定基础。

3．旅游目标市场选择与市场定位

在准确了解市场信息的基础上进行市场细分，选择旅游目标市场，并进行准确的市场定位。

4．旅游市场营销策略

旅游市场营销包括产品策略、定位策略、分销渠道策略和促销策略等。

5．旅游市场营销策略的具体应用

旅游市场营销策略在旅行社、酒店及景区（点）的具体应用。

（四）旅游市场营销学的研究方法

1．定性分析和定量分析相结合

在研究旅游市场营销时，既重视根据旅游市场的客观材料和研究者的主观经验进行综合分析和判断，发现和运用旅游市场规律，对旅游市场发展的可能性趋势进行推断，也要根据调查资料，运用数学公式、数学模型、线性方程和图表等，对旅游市场营销活动进行精确的量化分析，用数据得出科学结论，以便于营销人员决策。

2．宏观分析和微观分析相结合

旅游市场营销必须研究旅游企业营销活动的大舞台——宏观环境，发现、寻找旅游企业的对象——游客，制订竞争性营销战略并在竞争中定位，这就必须重视宏观分析。同时，旅游企业又要发现差异性，寻找本企业产品和服务的竞争优势，满足旅游者的个性化需求，这又要求进行微观分析。

3．借鉴、吸收和创新相结合

旅游市场营销理论发源于西方，并在西方发达国家得到广泛运用和进一步的发展。我们应在借鉴、吸收国外最新研究成果的前提下致力于创新，结合中国实际，力图解决"本土化"、"适用性"和"特色"问题。

4．静态分析和动态分析相结合

对旅游市场活动的不同部分、不同阶段如旅游产品的分类、分销商和特定消费者等进行分析时，应运用静态分析法，而在分析影响旅游营销活动的外在因素、竞争对手的战略、市场占有份额等内容时，则运用动态分析法。静态分析和动态分析相结合，可以使我们将旅游市场中各部分、各阶段与各外在因素研究有机结合在一起。

本章小结

本章研究了市场和市场营销的含义、市场营销观念的发展阶段以及市场营销学的发展历程；提出了旅游市场营销的概念，并研究了其特征旅游市场营销观念的演变；阐述了旅游市场营销学的含义、发展阶段、研究内容和研究方法。

关键术语

市场（Market）
市场营销（Marketing）
营销观念（Market Conception）
旅游市场营销（Tourism Marketing）

案例分析

香港目的地营销的成功之道

与其他世界著名旅游胜地相比，中国香港的旅游资源相对贫乏，它没有闻名遐迩的名山大川，也没有独一无二的历史文化遗迹，但就是这样一块"弹丸"之地却造就了现代旅游业的"神话"。

据世界旅游组织2004年对全球各国和地区游客的统计数字显示，香港以2180万人次的破纪录成绩，跻身全球第七位；旅游收入达918亿港元，不仅为香港赚取了大量的外汇资金，同时有

力地带动了旅游关联产业的发展，促进了地区经济发展和社会繁荣。2000 年、2001 年香港连续两年被美国著名消费者旅游杂志《旅游与怡情》评为“亚洲最佳城市”；2004 年香港被美国旅行社中极具影响力的刊物《Recommend》评为“亚洲/太平洋最佳旅游目的地”；2005 年香港被美国《国家地理杂志》选为“全球 14 个经典旅游点之一”。香港在旅游资源并不具备比较竞争优势的情况下，凭借什么因素打造了现代旅游业的神话？究其原因，旅游目的地营销策略的成功实施是促进香港旅游业在短时期内迅速腾飞的重要因素之一。

旅游目的地营销是指旅游目的地地区代表地区内所有旅游企业，作为营销主体，以一个旅游目的地的整体形象加入旅游市场的激烈竞争中。营销参与者是地区内所有相关的机构和人员，包括政府、企业、居民、各种正式及非正式的社会机构；营销对象是地区内所有的旅游产品和服务；营销获益者是整个旅游地区。旅游目的地营销的内容包括：提高旅游目的地的价值和形象，以促使潜在旅游者充分认识到该地区与众不同的优势；规划开发企业协调、配套有吸引力的旅游产品；宣传促销整个地区的产品和服务，使目标市场将本地区作为旅游目的地；刺激来访者的消费行为，提高在本地区的消费额。

1. 成员多样化的组织机构

由于旅游目的地营销的对象是整个地区的旅游形象以及地区内的所有旅游产品和服务，因此在很大程度上具有外溢效应和公共产品特征，地区内的所有旅游企业都会从中受益。一般旅游企业出于自身利益最大化的考虑，往往只关心企业微观范围的信息建设和营销活动，而对于公共旅游信息建设和地区旅游形象营销等公共产品则很少涉及。但是这种旅游公共产品对于一个地区旅游业发展是不可缺少的重要因素。香港旅游发展局作为旅游目的地营销的实施主体，不仅负责旅游目的地营销公共产品的建设，而且肩负着协调政府部门、城市规划部门、商务发展部门、旅游部门、基础设施管理部门（交通、教育、环境卫生）、房地产开发商、金融机构、接待企业和零售业、建筑业、旅游业界、当地居民等众多利益相关者共同开展旅游目的地营销活动的职责。

香港旅游发展局是政府资助的半官方机构，其成员构成具有广泛的代表性。根据 2001《香港旅游协会条例》规定香港旅游发展局成员为 20 人，其中 8 名必须来自以下组织：客运商、旅馆营运人、持牌旅行代理商、旅游经营商、零售商及食肆营运人；其余 12 名成员由香港旅游发展局邀请有不同经验的人才出任，其中包括委任来自市场推广、法律、银行财经界人士以及消费者委员会代表、旅游业前线工作者代表。香港旅游发展局的主要职责是在世界各地宣传和推广香港成为旅游胜地以及提高游客的旅游体验；就地区旅游设施的范畴及素质向特区政府和相关机构提供建议。其主要活动内容包括以下方面。

（1）定期收集市场数据以促进开拓客源市场。香港旅游发展局经常针对旅客的需要和来访动机，定期收集有关游客人数、原居地、国籍、性别、年龄、所乘交通工具、住宿酒店、消费方式及金额、停留时间、对港印象及意见和会否重访等方面的资料。这些资料为旅游发展局制订针对性的市场营销策略提供了依据。例如，对亚洲游客突出宣传香港是“购物天堂”；对欧美游客则重点宣传香港的传统东方色彩；旅游旺季时重点营销会议、展览及奖励旅游，以占领高端旅游市场，提高地区旅游收入。

（2）广泛建立国际旅游网络。香港旅游发展局通过与世界旅游组织广泛建立联系的方式，将其客源网络成功地延伸至全球的每一个角落。20 世纪六七十年代，香港旅游协会（香港旅游发展局的前身）先后加入了“国际旅游机构联合会”、“太平洋旅游协会”、“英国旅游协会”、“美国旅

游协会”等国际旅游业组织，1999年香港又成为世界旅游业协会会员。同时，香港旅游发展局还在其主要客源地广泛设立办事处以拓展市场网络，在芝加哥、伦敦、纽约、巴黎、奥克兰、多伦多、大阪等多个城市设立了海外办事处，在其主要客源市场——内地更是设立了3个办事处。

（3）通过五大渠道，即消费者推广、同业推广、媒体推广、会议展览、奖励旅游推广及名人推广，以达到宣传香港旅游形象、吸引潜在旅游者的目的。

2．务实有效的营销策略

（1）精彩旅游节庆不断。近几年来，香港策划、实施了一系列精彩的旅游节庆活动，为塑造和宣传香港旅游目的地品牌形象，创新旅游产品，并最终达到广泛的客源聚集效应作出了重要贡献。除了利用一些传统的中西方节日举办活动，如中国传统的春节、中秋节、端午节等，西方传统的万圣节、圣诞节等，还通过“香港购物节”、“香港缤纷冬日节”、国际电影节、香港艺术节、大型体育赛事等丰富多彩的商业、文化节庆活动，将香港打造成为“亚洲盛事之都”。大量节庆活动不仅给香港旅游业带来了大量的客流和滚滚财源，而且还促进了当地知名度、美誉度、品牌形象的大大提升。

（2）宣传手段多样化。市场经济时代“好酒也怕巷子深”，旅游宣传作为基本的营销手段，其重要性不仅没有减弱，反而日益增强。

香港的宣传方式十分灵活多样。一方面，花费巨额资金用于电视、广播、报纸、橱窗等传统宣传媒介，以“宣传轰炸”的态势来打造“眼球经济”。例如，香港在2005—2006年间动用5亿港元资金用于一系列的旅游宣传及推广活动，以期达到吸引超过2700万游客的目的。具体营销方式有在海外散发各类印刷品，如《香港旅游指南》、《香港购物指南》等；通过当地电视节目播放香港风光纪录片；参加各地举办的国际旅游展览；在各地举办“香港节”、“香港美食节”以及以香港为主题的橱窗设计比赛、摄影比赛等。

另一方面，互联网等高科技营销手段以及主题营销活动等多样化的营销手段为香港旅游目的地形象宣传起到了重要的辅助作用。“香港旅游网”、“香港旅游家”、“香港旅游发展局网站”等一批旅游网站为宣传香港旅游和为游客提供旅游信息服务起到了重要作用。为了向全球营销即将开业的香港迪士尼乐园，香港旅游发展局参与策划了在主要客源市场——内地市场的一系列主题营销活动。2004年8月香港迪士尼在广州举行了一个梦幻派对现场表演；2005年3月以“睡公主城堡”等12个展位亮相2005广州国际旅游展销会；2005年4月15日—5月8日在深圳、东莞、中山和广州等珠三角城市开展了名为“奇妙之旅”的巡回路演。多样化的营销手段极大地提高了香港作为旅游目的地的知名度与美誉度。

（3）产品追求标新立异。标新立异是旅游目的地营销达到轰动效应的重要条件，其核心就是“新”，以新形象、新产品、新形式给旅游者“耳目一新”的感觉，以期达到吸引旅游者、占领目标市场的目的。为了准确地把握来港游客的旅游需求变化，香港旅游发展局每年都要定期开展旅游市场调查和咨询项目，调查的项目包括旅客的需要和来访动机、游客属性、消费偏好、对港印象及意见等。通过对这些一手市场资料的分析，了解游客旅游需求的变化和有针对性地创新目的地营销策略。

在旅游主题形象创新方面，从2001—2003年，香港的旅游主题是“动感之都，就是香港”，展示出一个充满生机和活力、东西方文化汇聚的都市形象，既树立了自己的旅游形象，又张扬了城市个性；2003年“爱在此，乐在此”主题形象宣传很好地塑造了香港作为国际性都市的健康、

美丽新形象;随着家庭群体及商务客人逐渐成为香港旅游客源的主体,香港于2006年开展了“2006精彩香港旅游年”主题活动,其目的是在短期内令香港成为亚洲最热门的旅游目的地,在长期内进一步巩固香港在国际旅游市场的领导地位。目前,香港政府部门的旅游策略小组正在研究如何借鉴国际大都市的经验,打造香港大都市旅游的新品牌。

在产品创新方面,香港不断举办精彩纷呈的大型旅游活动,如“香港节”、“香港美食节”、“香港购物节”、“香港缤纷冬日节”、国际电影节、香港艺术节、大型体育赛事等,不断新建旅游景点,如香港迪士尼乐园、幻彩咏香江第二期、东涌吊车发展项目、香港湿地公园、中区警署建筑群文化旅游发展计划以及多项热门旅游景点改善及美化计划等。不断创新的旅游形象和旅游产品为不同需求的游客提供了多元化、特色化的旅游选择,最大限度地满足了不同细分市场的旅游需求。

(4)利用名人效应提高认可度。旅游目的地安排知名人士参加地区营销活动,利用名人的知名度和公众对名人的信赖感来增强旅游者对旅游目的地的关注度和认可度。香港利用名人策略开展目的地营销的活动包括:聘请成龙、郭富城、莫文蔚、李嘉欣、黎明等知名演艺界明星担任香港旅游形象大使,利用明星效应分区域进行推广活动宣传;香港旅游发展局每年派出约100名“学生大使”,对即将前往外国留学的学生进行短期培训,并提供资料、图片让他们向外国人民宣传香港;派出“香港小姐”作为“亲善大使”出访外国介绍香港;香港民间艺人及有经验的厨师每年定期在海外作现场表演。

(资料来源:李莉:《香港目的地营销的成功之道》,载《中国旅游报》,2005年8月26日)

分析与思考题:

试分析香港旅游目的地营销成功的原因,对我们有何启示?

复习与思考

1. 简述市场的概念及其构成要素。
2. 市场营销观念的演变经历了哪些阶段?
3. 市场营销学的含义是什么?
4. 简述旅游市场营销的含义及其特点。

第二章　旅游市场营销环境

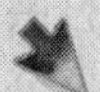

学习目标

知识目标

1. 掌握旅游市场营销宏观环境的构成因素
2. 掌握旅游市场营销环境微观环境的构成因素
3. 掌握旅游市场营销环境 SWOT 分析方法

技能目标

能够初步运用 SWOT 分析方法来识别旅游企业所面临的机遇和挑战

第一节　旅游市场营销环境概述

一、旅游市场营销环境的概念

旅游市场从产生的那一天起就是一个不断变化的市场，人们的旅游需求随着社会、经济、文化、科学技术以及生产的发展而变化，旅游企业也正是在这种不断变化着的社会经济环境中运行，在与其他企业、目标顾客和社会公众的相互联系（协作、竞争、服务、监督等）中开展市场营销活动的。而旅游市场营销也是旅游企业对营销环境的创造性适应行为，即旅游企业的营销活动必须适应复杂且不断变化的环境。旅游市场营销环境是旅游企业营销职能外部的不可控制的因素和力量，这些因素和力量是影响旅游企业营销活动及其目标实现的外部条件。

旅游企业的营销环境又分为宏观营销环境和微观营销环境两大类。宏观营销环境是指影响微观环境的一系列巨大的社会力量，主要包括人口、经济、政治与法律、科学技术、社会文化及自然生态等因素，它通常被看作营销组织不可控制的因素。微观环境是指与旅游企业紧密相连，直接影响旅游企业营销能力的各种参与者，包括旅游企业的供应商、营销中介机构、顾客、竞争者、社会公众以及企业本身。一般情况下，旅游企业可对微观环境进行适当的控制。宏观环境一般以微观环境为媒介去影响和制约企业的营销活动，在特定场合，也可直接影响企业的营销活动，所以宏观环境被称作间接营销环境。微观环境直接影响与制约企业的营销活动，多半与企业具有或多或少的经济联系，也称直接营销环境。宏观环境因素和微观环境因素共同构成多因素、多层次、多变的旅游市场营销环境（如图2-1 所示）。

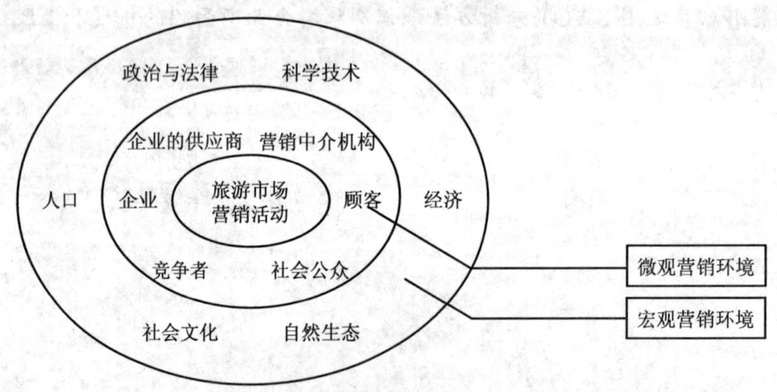

图 2-1　旅游市场营销环境

二、旅游市场营销环境的特点

旅游市场营销环境是一个多因素、多层次且不断变化的综合体，概括地说，它具有以下特点。

（一）客观性

市场环境作为旅游企业营销部门外在的不以营销者意志为转移的因素，对旅游企业营销活动的影响具有强制性和不可控性的特点。一般来说，旅游企业营销部门无法摆脱和控制营销环境，特别是宏观环境，旅游企业难以按自身的要求和意愿去随意改变它。比如，旅游企业不能改变人口因素、政治与法律因素、社会文化因素等。但旅游企业可以主动适应环境的变化和要求，制订并不断调整市场营销策略。有的旅游企业善于适应环境就能生存和发展，而有的旅游企业不能适应环境的变化，就难免被淘汰。

（二）差异性

从整体上看，同一国家、同一地区的市场营销环境基本上是相同的，旅游企业比较容易与之相适应。而不同国家或地区由于社会经济制度、民族文化、经济发展水平等有所区别，会使旅游市场营销环境显示出差异性。这种差异性体现在两个方面：①不同的旅游企业受不同环境的影响；②同样一种环境因素的变化对不同旅游企业的影响也不相同，因而旅游企业必须采取不同的营销策略才能应付和适应这种情况。

（三）相关性

旅游市场营销环境诸因素间相互影响、相互制约，某一因素的变化，会带动其他因素的相互变化，形成新的营销环境。例如，竞争者是旅游企业重要的微观环境影响因素之一，而宏观环境中的政治与法律因素或经济政策的变动，都会影响到旅游业竞争者进入的多少，从而形成不同的竞争格局。又如，市场需求不仅受消费者收入水平、爱好及社会文化等方面因素的影响，政治与法律因素的变化，往往也会产生决定性的影响。

（四）多变性

旅游市场营销环境在不断地发生变化，只是变化有快慢大小之分。比如科学技术、经济等因素的变化相对大而快，对旅游企业营销活动的影响相对短暂且跳跃性大；而人口、社会文化、自然生态等因素的变化相对较慢较小，对企业营销的影响则相对长期而稳定。旅游市场营销环境各种因素的稳定性是相对的，不断发展变化是绝对的。旅游市场营销环境的变化对旅游企业产生的影响主要有两种：①环境的变化导致旅游企业新市场机会的产生，即营销机会；②环境的变化对旅游企业形成新的威胁，即环境威胁。虽然旅游企业难以准确无误地预见未来环境的变化，但可以通过设立预警系统，追踪不断变化的环境，及时调整营销策略。

（五）不可控性

影响旅游市场营销环境的因素是多方面的，也是复杂的，并表现出不可控性。如旅游企业的生存受到政治、法律、经济、供应商、行业环境、消费者等多方面因素的影响，企业不可能完全控制这些影响因素，而是应该主动接受，然后作出调整去适应这些因素。市场营销

环境的不可控性决定了进行市场营销环境分析的必要性。

【小资料 2-1】

“9·11”被袭事件使美国旅游业雪上加霜

受“9·11”恐怖袭击事件的影响，原本不景气的美国旅游业陷入了更加艰难的境地。

据有关方面透露，纽约麦迪逊大道的纽约宾馆超过 3/4 的客房被闲置。坐落在著名的第五大道的广场宾馆，也因生意的清淡而计划关闭部分客房。与此同时，电影业也受到强大的冲击，自上周袭击事件以来，许多电影公司都处在一个非常艰难的时刻，电影业协会日前花了一整天时间商讨对策以帮助该行业走出困境。

在“9·11”恐怖袭击事件之前，美国的旅游业就因经济的疲软不太景气。此次事件的发生，更加加剧了人们对旅游前景的担忧。旅游业自上周以来下滑得如此之快，以致许多人担心这种下滑趋势会持续几个月，而不是几个星期。

旅游业失业人数急剧增加。包括已被关闭或破坏的四个酒店的 1000 名员工在内，纽约市已经有 3000 名员工被解雇。而其他酒店也正在制订裁员计划。如果情况短时期内不好转的话，估计还有近 15000 名员工面临着被裁员的危险。

航空运输的中断也严重影响了旅游业。全国机场在袭击事件发生当天就被关闭。许多游客和客商都取消了预订的房间。在一定程度上，客机就像汽车一样，把大量的客人运送到宾馆。如果人们不乘飞机，就不会有更多的客人住宾馆，也就不会有更多的人到宾馆的餐厅用餐，购买宾馆的商品。这样，几乎所有宾馆的生意都很清淡，全部客房的利用率仅为 20%，甚至为 10%。

（资料来源：http://finance.sina.com.cn/j/20010921/110090.html）

三、旅游企业对营销环境的适应

旅游企业的营销工作与环境是密切相关的。许多旅游企业把营销环境看作是一个不可控制的因素，它们消极地接受这种营销环境，并不想对它有所改变。这些旅游企业分析环境的各种因素并制订相应的战略，目的只是帮助企业回避各种威胁，抓住环境所提供的各种机会。

而另外一些企业所采取的则是一种积极的适应战略，如环境管理视野战略。这些企业不是仅仅观察环境并作出反应，而是积极地采取行动去影响营销环境。这些企业雇佣专人关注与企业利益攸关的立法；利用媒体举办各种活动以获得有利的新闻效应；向监督机构提起投诉和诉讼来维持竞争秩序；签订合同协议来更好地控制分销渠道。环境管理不可能总是对环境产生影响，在许多情况下它能做的只是观察和顺应环境。例如，企业几乎很难对人口的地理迁移、经济环境或基本的价值观产生影响。但只要有可能，精明的营销管理人员就应对营销环境中各种因素采取一种积极的而不是消极的应对办法。

对环境进行监控是采用环境管理视野战略的企业常用的一种手段。运用这一手段包括以下步骤：

（1）确定需要监控的环境领域；

（2）决定获取信息的方式，包括信息来源、收集信息的频率以及负责收集信息的人员；

（3）实施资料收集计划；

(4) 对资料进行分析并将分析结果运用于营销过程。

表 2-1 列示了一家饭店的环境监控计划，供读者参考。

表 2-1　某饭店的环境监控计划

环 境 因 素	信 息 来 源	收集资料负责人	资料收集频率
顾客	顾客	服务人员	每天
	雇员	管理人员	每天
	旅游者	会计	每天
	旅游者	管理人员	每月
社会文化	杂志	管理人员	每周或每月
	报纸	酒吧服务员 秘书	
竞争者	顾客	管理人员 服务人员	每天
	报纸	管理人员	每天
	访问	管理人员	每周
经济	报纸	管理人员	每天
	普通账单	会计、销售人员	每天
法律	贸易杂志	管理协会	每月
科学技术	贸易杂志	管理人员、主厨、会计	每周或每月
	贸易展览会	管理人员、主厨、会计	每年

第二节　旅游市场营销宏观环境

旅游市场营销宏观环境是指那些给旅游企业造成市场机会和环境威胁的主要社会力量，包括人口环境、经济环境、自然环境、技术环境、政治与法律环境以及社会文化环境（如图 2-2 所示），这些主要因素是企业不可控制的变量。

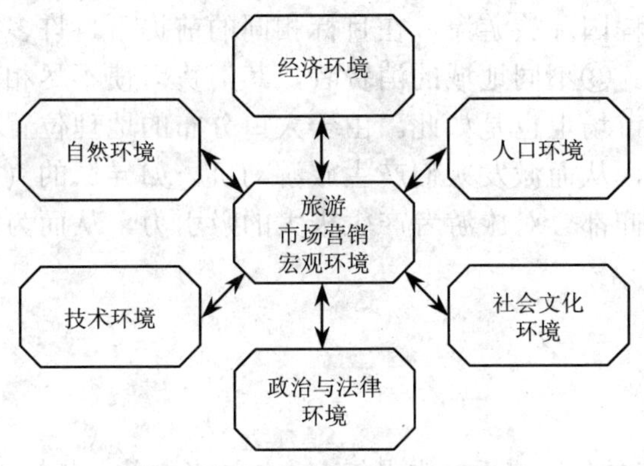

图 2-2　旅游市场营销宏观环境

一、人口环境

人口是构成市场的首要因素。由于市场是由那些想购买商品同时又具有购买力的人构成的，因此，人口的多少直接决定市场的潜在容量，人口越多，市场规模就越大。而人口的年龄结构、地理分布、婚姻状况、出生率、死亡率、人口密度、人口流动性及其文化教育等人口特征，会对市场格局产生深刻影响，所以旅游企业必须密切关注人口环境方面的变化，并据此制订相应的营销对策。

（一）人口规模

人口规模即总人口的多少，是影响整个社会基本生活需求的一个决定性因素。在收入水平一定的情况下，一个国家总人口的多少决定着市场容量的大小，即一般情况下，人口与市场是成正比的关系，旅游市场也是如此。作为世界上人口最多的国家，我国的旅游市场潜力巨大。国家旅游局的统计数据表明，2008 年，我国国内旅游总人次达 17.12 亿，国内旅游收入达 8749 亿元人民币，中国公民出境人数达到 4584.44 万人次。但如果经济水平不一样，就不能类比。比如我国总人口位居世界第一，但出国旅游的总人数却比美国少。另外，人口数量与具体商品的市场关系还必须视消费群的特质而定，这种与特定商品需求相联系的消费群体称为市场相关群体。旅游市场营销学就是要重视相关的人口数量，即对相关群体的研究。

（二）人口地理分布

人口地理分布是指人口在不同地区的密集程度。人口的地理分布对旅游的影响主要表现在三个方面。①由于自然地理条件以及经济发展程度等多方面因素的影响，人口的分布并不均匀。从我国来看，人口主要集中在东南沿海一带，而且人口密度逐渐由东南向西北递减。另外，城市人口比较集中，尤其是大城市人口密度很大，而农村人口则相对稀少。对旅游企业来说，人口比较密集的地区，旅游潜在市场较大。②从地理学的角度来看，随着地理距离的增大，客源便逐渐衰减，因为距离加大，旅游费用和时间便相对增多，因此旅游强度便逐渐减弱。因此在旅游格局里，国内旅游流大于国际旅游流，中短程国际旅游流大于远程国际旅游流。在目标相同的前提下，许多国家都把近距离的市场作为自己争夺的目标。③不同地域的消费者，其消费习惯不尽相同，市场需求特性也因此不同，反映在旅游市场上也是如此。由于人口分布的地理位置不同，使人们产生了对异地地理景观的好奇，从而激发人们产生旅游动机，如异域的气候、地貌、景观、阳光、风土人情和宗教信仰都会对旅游者产生极大的吸引力，从而为旅游企业提供较大的市场机会。

（三）人口结构

1．年龄结构

一般来讲，从旅游者的年龄来看，中老年人为旅游者主体，年轻人虽然数量大，但由于受时间、收入等因素的影响，旅游消费有限，儿童的旅游消费更少。

人口年龄结构发生了明显的变化，由于人们的生活保健条件越来越好，死亡率普遍下降，人均寿命显著延长，这使得老年人的比例增大。目前我国正面临着人口老龄化的问题，同时我国还处于一个婚育高峰期，蜜月旅行已成为趋势。鉴于人口年龄结构的这两个特点，旅游企业营销者既应该注重老年人市场，推出适合其需求的各种服务项目，还应该开展多姿多彩的蜜月旅游活动，吸引客源。

【小资料 2-2】

银发旅游市场火暴

据全国第五次人口普查资料显示，中国 60 岁以上的老年人数量将以年均 3.2%的速度增长。中国老年人口增长速度很快，按照国际通行标准，中国人口结构已经进入老龄化阶段。统计资料显示，目前中国 60 岁以上的老年人为 1.34 亿，占总人口的 10%以上；65 岁以上的人口超过 9400 万，占总人口的 7%以上；80 岁以上的老年人达 1300 万。这一趋势引发“银发团”旅游市场的火暴。据分析，“银发团”旅游市场火暴的原因在于现在的老年人退休后有钱、有时间，纷纷外出旅游以丰富自己的晚年生活。而且随着经济的发展，老年人旅游出现了新的特点：老年人出游的要求越来越高。传统的老年人旅游多是国内游，且以标准档次为主。现在的老年人对旅游的需求日趋多样化。以往只有年轻人感兴趣的休闲游被更多的老年人接受，而且他们正由国内游向境外游发展。近年来许多旅行社都开设了“夕阳红”旅游团。应该注意的是，目前的老年人旅游市场依然处于初级阶段，还有巨大的潜力可挖。我国老年旅游仅占旅游市场的 20%左右，而国外则高达 60%以上，与国外成熟的老年旅游市场相比相差很远。

（资料来源：杨益新：《旅游市场营销学》，北京，清华大学出版社，2008）

2．性别结构

从世界各国看，由于近年来要求妇女解放、男女平等、女性经济独立，参加工作的女性越来越多，女性旅游者迅速增加。这就要求营销人员必须注意到女性的旅游消费特征，设计一些能刺激女性出游的活动，如购物游、健美之旅、国际服装艺术节之旅等。

3．职业结构

不同职业的人员，由于受时间、机会等限制，在旅游的时间、次数、旅游目的地上也就呈现出不同。企业管理者业务繁忙，出差机会多；科技人员、医生、教育工作者等外出学术交流机会多；学生假日外出旅游较多。旅游营销人员应针对不同的职业群体，采用不同的营销措施。例如，对教师群体的宣传应放在寒暑假前夕；整体素质较高的群体要比素质较低的群体渴望了解世界的愿望更强烈，对他们的宣传就更要注重形式和效果。

表 2-2 和表 2-3 分别列示了 2005—2008 年中国入境外国游客人数统计和 2004—2007 年中国城镇居民出游情况统计。其中表 2-2 按年龄和性别划分，表 2-3 按职业划分。

表 2-2　2005—2008 年中国入境外国游客人数统计

单位：万人

	年　龄					性　别	
	14 岁以下	15～24 岁	25～44 岁	45～64 岁	65 岁以上	男	女
2005	79.9	164.4	979.7	703.8	97.5	1321.1	704.3
2006	88.2	173.2	1031.9	804.4	123	1435.4	785.6
2007	107.7	209.4	1192.5	948.3	152.8	1656.9	953.9
2008	98.5	206.1	1129	871.7	127	1560.8	871.6

表 2-3　2004—2007 年中国城镇居民出游情况统计（按职业分）

单位：%

职业＼年代	2004	2005	2006	2007
公务员	5.5	5.2	5	5
企事业管理人员	13.3	13	14.2	12.3
专业技术人员	13.5	13.1	12.3	13
服务销售人员	7.4	8.2	7.8	9.1
工人	12	11.5	12.1	11.2
离退休人员	22.8	22.9	23.5	23.4
学生	12.3	11.7	12.7	12.5
其他	13.2	14.4	12.4	12.9

（四）人口流动

人口的流动包括人口流动的数量、人口流动的区域、人口流动的时间长短、人口流动的距离长短、人口流动的比率及人口的结构变化等。目前人口流动的动向是从农村流向城市，从城市流向郊区。人口流动的增加无疑会促进旅游业的发展。

二、经济环境

经济环境是指一定时期内国家或地区的国民经济发展状况，主要表现为影响消费者购买力及支出模式的诸多因素。购买力是构成市场和影响市场规模大小的因素之一。社会购买力是指一定时期内社会各方面用于购买产品的货币支付能力，它直接或间接地受到消费者收入、价格水平、储蓄和信贷等因素的影响。

（一）直接影响营销活动的经济环境因素

一定的购买力水平是市场形成并影响其规模大小的决定因素，也是影响旅游企业营销活动的直接经济环境，主要包括以下三个方面。

1. 消费者收入水平的变化

消费者的购买力来自消费者的收入，但消费者并不是把全部收入都用于消费，购买力只是收入的一部分。因此，在研究消费者收入时，还要注意以下因素。

（1）国民生产总值。

国民生产总值是一个国家某一时期所生产的、以市场价格计算的最终产品与劳务的市场价值总和。它是反映国民经济发展的综合指标。从国民生产总值的增长幅度，可以了解一个国家经济发展的状况和速度。相对于国民生产总值，人均国民生产总值更能反映出一个国家的人均富裕程度。相关研究指出，人均国民生产总值达到 300 美元就会兴起国内旅游；而人均国民生产总值达到 1000 美元，就会有出境旅游的需求；人均国民生产总值达到 1500 美元以上，旅游增长速度

更为迅速。美国就因为其较高的人均国民生产总值而成为世界上最大的旅游客源国之一。目前，我国的人均国民生产总值已超过1000美元，这为旅游业的发展提供了坚实的物质基础。

（2）个人收入。

个人收入是指一个国家的所有个人、家庭或私人非营利性机构在一定时期（通常是一年）各渠道收入的总和。个人收入包括工资、租金、退休金、社会保险金、赠与等。由于消费者的购买力来自其收入，因此个人收入是影响社会购买力、市场规模、消费者支出模式的重要因素。但需要注意的是，旅游企业营销人员在分析消费者收入时，要注意区分个人可支配收入和个人可随意支配收入、名义收入和实际收入。

个人可支配收入是指在个人收入中扣除个人缴纳的各种税款和交给政府的非商业性开支后，可用于个人消费和储蓄的那部分个人收入，它是影响消费者购买力和消费者支出的决定性因素，图2-3显示了近几年我国城镇居民人均可支配收入的增长速度。

个人可随意支配收入是指可支配的个人收入除去消费者用于购买生活必需品的固定支出（如房租、水电、食物、燃料、衣着等项开支）后的剩余部分。这部分收入往往用于购买高档商品、旅游娱乐产品等，所以它是影响旅游消费的主要因素。

名义收入是指消费者所得的种种个人收入，而这并不能代表其真实购买力，形成真正购买力的是实际收入。实际收入是指扣除失业、通货膨胀、税收、社会福利等影响购买力的因素后的收入水平。名义收入的增减并不一定意味着实际收入的增减。因此，分析旅游市场时应注重实际收入的变化。

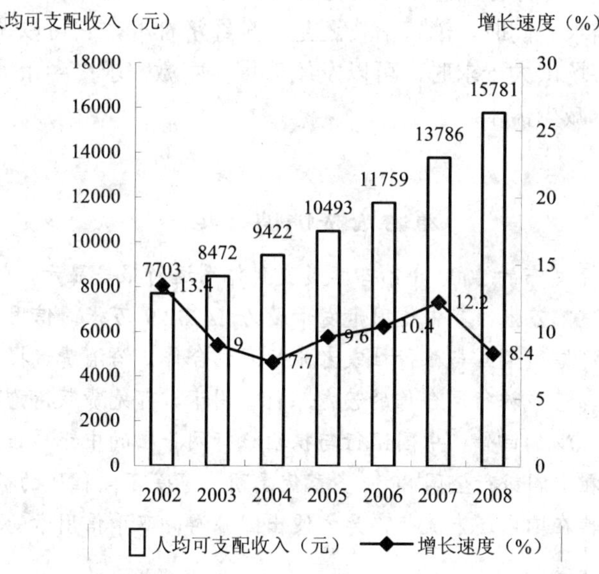

图2-3 2002—2008年中国城镇居民人均可支配收入及其增长速度

（3）家庭收入。

家庭收入的高低会影响很多产品的市场需求，其中就包括旅游产品。一般来说，家庭收入高，对消费品需求大，购买力也大；反之，需求小，购买力也小。

2．消费者支出模式的变化

随着消费者收入的变化，消费者支出模式会发生相应变化，继而使一个国家或地区的消

费结构也会发生变化。这种变化可以用恩格尔系数及恩格尔定律来描述。恩格尔系数是衡量一个国家、地区、城市、家庭生活水平高低的重要参数。其计算公式如下：

$$恩格尔系数=\frac{食物支出金额}{总支出金额}$$

可见，食物开支占总支出的比重越大，恩格尔系数越高，生活水平越低；反之，食物开支所占比重越小，恩格尔系数越小，生活水平越高。而随着家庭收入增加，用于购买食品的支出占家庭收入的比重就会下降；用于住宅建筑和家务经营的支出占家庭收入的比重大体不变；用于其他方面的支出（如服装、交通、娱乐、卫生保健、教育、旅游）和储蓄占家庭收入的比重就会上升。

3．消费者储蓄和信贷情况的变化

消费者的支出及购买力不仅受到其收入水平的影响，还受消费者储蓄及信贷的直接影响。在一定时期，当消费者收入一定时，储蓄越多，现实消费量就越小，但潜在消费量越大；反之，储蓄越少，现实消费量就越大，但潜在消费量越小。旅游市场营销人员应当全面了解消费者的储蓄情况，尤其是要了解消费者储蓄的差异。储蓄目的不同，往往影响到潜在需求量、消费模式、消费内容和消费发展方向。

而消费者信贷的规模对购买力的影响也很大。所谓消费者信贷，就是消费者凭信用先取得商品使用权，然后按期归还贷款，以购买商品。这实际上就是消费者支取未来的收入，提前消费。消费者信贷允许人们购买超过自己现实购买力的商品，从而创造了更多的就业机会、更多的收入及更多的需求；同时，消费信贷还是一种经济杠杆，它可以调节积累与消费、供给与需求的矛盾。当市场供大于求时，可以发放信贷，刺激需求；当市场供不应求时，必须收缩信贷，适当抑制，减少需求。

【小资料 2-3】

旅游信贷悄悄兴起

中国人民银行上半年发布的 2008 年第四季度支付体系运行报告显示，截至 2008 年末，全国累计发行银行卡 180038.92 万张，其中信用卡发卡量为 14232.9 万张。信用卡不仅可以透支，而且亦可享受免息期，旅游信用卡常与旅行社或者旅行网站合作，给消费者提供很多优惠活动。

据了解，中信银行与艺龙旅行网合作的艺龙旅行信用卡，可免费获得意外保险，如果从固定网址预订酒店也可享受 10%的回馈；中国银行与携程旅行网推出的中银携程信用卡，既可预订携程的各种产品，还可以在中国银行全国 8000 多家优惠商户享受不同程度的折扣及服务……此外，由于类似国外的旅游支票在国内还未流行，为方便出国旅游，双币信用卡受到青睐。

银政合作旅游信用卡

5 月 26 日，北京市石景山区人民政府和深圳发展银行北京分行签署合作协议，发行全国首张银政合作的认同信用卡——CRD 旅游卡。据北京市石景山区旅游咨询服务中心王永华主任表示，该卡具体的发行时间暂且未定。

据相关资料，CRD 旅游卡以银行信用卡的形式呈现，采用政府补贴、商家让利、银行支持的方式，将普通的消费券升级为具有金融功能的信贷消费卡，为消费者带来更优惠便捷的服务。CRD 旅游卡的特点为“先消费，后还款”，使用前无须存入备用金的银行信用卡产品，可以享受银行提供的取款、消费、还款、转账及 ATM 自助服务，具有“免息还款、高额备用、预借现金”等功能。

据了解，北京的市民都可以申领 CRD 旅游卡到石景山区消费。持卡人到商家消费，享受“三重折扣”——石景山区为市民买单的一重折扣、发卡银行提供折扣、所消费的商家提供折扣。

旅游信贷迎来发展机遇

兴业银行在 2005 年推出了个人旅游消费贷款，这是向借款人发放的专门用于旅游消费的贷款。该行一位职员表示，该项业务开展近 4 年以来，成效并不显著，其原因主要与人们的消费观念有关。“有钱就去玩，没钱就不玩，贷款买房买车还行，去旅游就太浪费了。”45 岁的消费者陈先生说。易贷中国网有一款“自游贷”的业务，问津的人也不多，相关负责人赵小姐表示，旅游贷款业务目前面临的是“有钱不用贷，没钱不能贷”的境地。

因此，不少银行没有细分该项业务，而是包含在个人消费信贷、个人抵押贷款等业务之中。比如，渣打银行在重庆推出的无担保个人消费贷款业务，其贷款可用于房屋装修、旅游、购置家电等个人或家庭消费，只是不能用于股市投资和购买房产，消费者无须担保和抵押物，贷款额度最高可达到 20 万元人民币。

（资料来源：http://finance.sina.com.cn/roll/20090716/08072952589.shtml）

（二）间接影响营销活动的经济环境因素

除了上述因素直接影响企业的市场营销活动外，还有一些经济环境因素也对企业的营销活动产生或多或少的影响。

1. 区域经济形势

旅游业是一个敏感型的经济产业，对经济环境具有很强的依赖性。一个国家或地区经济形势的变化，对旅游业的生产经营会产生直接的影响，如通货膨胀、经济衰退往往会使旅游业受到损害，使投资于商业、娱乐业、旅游设施的资金减少，个人旅游产品的消费会被其他各类生活必需品的消费所取代。同时，一个地区的旅游消费能力萎缩，将使得把该地区作为重点客源市场的国家或地区也遭受严重损失。

2. 经济发展阶段

不同的国家经济发展阶段不同，人们对旅游这一现象的认识和接受程度也不同，旅游需求也就不同。经济比较发达的国家，交通便利、通信发达、设施完善，外出旅游的人数就多。另外，发达国家的经济本身就可为本国或地区增加吸引力，吸引其他国家或地区的旅游者以学习、考察为目的进行旅游。

经济发展阶段的划分有多种形式，比较流行的是美国学者罗斯托的“经济成长阶段理论”。根据该理论，社会经济发展一般经历六个阶段，即传统社会阶段、为起飞创造前提的阶段、起飞阶段、向成熟发展的阶段、高消费阶段及追求生活质量阶段。罗斯托认为起飞和追求生活质量是两个关键性阶段。而从高消费阶段向追求生活质量阶段过渡也是人类社会发展中的又一重大突破。这说明在人类历史上，将第一次不再以有形产品数量的多少来衡量社会的成就，而是以劳务形式的生活质量作为衡量成就的标志。旅游市场营销人员应主要就后四个阶段开展营销活动，因为这个时期的人们已不再为温饱问题而忙碌，他们有了充足的时

间和精力投入到旅游活动中，从而成为旅游市场营销的目标。

3．货币汇率

一国外贸收支的变化会引起本国货币汇率的变化。汇率是一个国家的货币与他国货币兑换的比率，对国际旅游需求的变化起着重要的作用。如旅游客源国或地区的货币升值，而旅游目的地国的商品价格（包括旅游产品价格）又未相应提高，则客源国居民去目的地国旅游时支出的货币就会减少，从而促使客源国居民对目的地国旅游需求的增加；反之，则会引起旅游需求的减少。对旅游目的地国来说，货币升值会引起入境旅游者的减少，货币贬值则使入境旅游者人数增加；对旅游客源国来说，货币升值会促进本国居民到国外旅游，货币贬值则会抑制本国居民外出旅游。

三、自然环境

自然环境是人类最基本的活动空间和物质来源。一个国家、地区的自然环境包括该地区的自然资源、地形地貌和气候条件。市场营销重视和强调企业的生产经营活动必须与自然协调一致。一方面，企业的生产和经营取材于大自然，自然界给人类提供了相当丰富的资源。另一方面，企业经营活动有可能损害自然环境，而旅游业及旅游活动也会对自然环境产生压力，主要体现在以下三个方面。①旅游者要消耗水和食物，旅游基础设施和交通设施往往会损坏景观和自然环境。②旅游活动会产生污染。③对当地居民而言，旅游业也是干扰宁静的生活方式和社会结构的原因之一。于是，一些旅游点由于当地环境退化而遭遗弃，这对旅游企业来说构成了严重的环境威胁，但同时也蕴涵着一定的市场机会，如绿色旅游、生态旅游就是在这种背景下逐渐兴起并带动了相关产业的发展。

【小资料 2-4】

旅游业绿色标准

2002 年，中国饭店协会发布我国饭店业、旅游业首部绿色标准，要求旅游企业必须具备消防、治安和食品安全条件，能给旅游者提供有益于健康的服务和享受，在运营中减少浪费，实现资源利用和环保的最大化。2003 年，中国野生动物保护协会发出《摒弃滥食野生动物陋习，树立文明健康饮食方式》的建议书，建议全国人大常委会尽快修改《野生动物保护法》，增加有关禁食一切野生动物，停止一切为食用而养殖野生动物的法律条款，同时建议在《刑法》中增加对“恶意点食、购买”国家重点保护野生动物菜肴的消费行为的处罚办法，或以最高人民法院司法解释的形式对其作出明确的法律界定，加重对非法经营者的处罚力度。

（资料来源：http://finance.sina.com.cn/chanjing/b/20080415/23514753537.shtml）

四、技术环境

科学技术是影响社会生产力的最新和最活跃的因素。作为营销环境的一部分，科技环境不仅直接影响企业内部的生产和经营，还同时与其他环境因素互相依赖，相互作用，特别是与经济环境、文化环境的关系尤为紧密。科学技术的发展给企业市场营销既创造了机会，又带来了威胁，其对旅游业的影响表现为以下三点。

（1）新技术的发明和应用，为旅游业开发新产品创造了条件，增加了旅游供给产品的吸引力，提高了旅游服务的水平和质量，提高了服务效率和服务的准确性，也给旅游业创造了新的市场，带来了更多的消费利润。

（2）科学技术的进步带动了经济的发展，人们的收入水平得到提高。同时生产效率的提高减少了人们的工作时间，人们有了更多的空闲时间去旅游。

（3）科学技术的进步促使旅游者的消费方式和购买习惯发生了改变。如网上饭店预订系统的出现，改变了原有传统而呆板的预订方式，只需在网上轻轻一点即可顺利完成预订；但是先进的室内娱乐系统也很可能成为消费者外出娱乐和旅游的替代选择，给旅游业带来了更大的压力。

五、政治与法律环境

在任何社会制度中，企业的市场营销活动都是在一定的政治、法律环境下进行的，政治环境像一只无形的手，调节着旅游企业的营销活动方向，法律则为旅游企业规定了经营活动行为准则。政治与法律相互联系，共同影响和作用于旅游企业的市场营销活动。

（一）政治局势

政治局势是指旅游企业的市场营销活动所在国家或地区的政治稳定状态。一个国家的政局稳定与否会给旅游企业的营销活动带来重大的影响。如果政局稳定、经济发展、人民安居乐业，国内外游客在此地旅游就会有安全感，也会给旅游企业营造良好的营销环境。反之，如果政局不稳、社会矛盾尖锐、秩序混乱，旅游者出于安全的考虑一般不会到此地旅游，对旅游企业的营销活动也有重大影响。因此，社会是否安定对旅游企业的营销活动关系极大，特别是在对外旅游营销活动中，一定要考虑东道国政局变动和社会稳定情况可能造成的影响。

（二）国家的旅游政策

任何一个国家在一定时期内都会运用相应的政策来干预、调节社会经济的发展。国家政策不仅规定了一个国家经济发展方向的速度，同时也反映了该国政府对各个行业所持的态度。国家政府从维护本国的政治、经济、民族利益出发，既可以制定鼓励、支持甚至极力推动旅游业发展的政策，也可以制定控制、限制甚至禁止某些旅游活动开展的政策，从而影响旅游营销活动。比如为了扶持本国的旅游业，政府会采取财政资助、关税减免、长期低利率贷款、信誉担保、免除收入及不动产税、公共事业费减免等刺激和鼓励措施。又如为了促进本国的旅游业，许多国家对入境旅游者购物消费采取退税的优惠政策，以鼓励游客多购买本国商品。

（三）国与国之间的关系

旅游企业的所属国与旅游目的地国之间关系的好坏，往往直接影响到旅游企业营销活动的成败。两国之间良好的外交关系或外交关系的改善，都有利于国际旅游营销活动的开展，如自尼克松访华之后，美国骤然兴起旅华热潮，这一方面是由于名人效应，但更重要的是这

次访华预示着中美外交关系的和解，从而增强了美国人民的旅华热情。反之，如果两国之间外交关系紧张，必然导致两国间游客的锐减。

（四）法律环境

法律环境主要是指国家主管部门及地方政府颁布的各项法规、法令、条例等。各个国家为了加强对旅游业的管理，规范旅游营销管理者和旅游者的行为，保护国家、企业和旅游者的正当权益，会制定各种具体的法规。如以规范旅游企业竞争为目的的《价格法》、《反不正当竞争法》等；以保护旅游者权益为目的的《消费者权益保护法》、《旅行社条例》、《旅行社投保责任保险规定》、《导游人员管理条例》等；还有以维护社会利益为目的的《风景名胜区条例》、《中华人民共和国自然保护区条例》、《中华人民共和国野生动物保护法》、《中华人民共和国环境保护法》等法律法规。旅游企业在开展营销活动时，必须要认真了解这些法律法规，并自觉遵守，否则会受到法律的制裁。

【小资料 2-5】

法定节假日调整后的旅游业新格局

2008 年 12 月 16 日，全国法定节假日休假办法和职工带薪休假条例的公布，意味着从 1999 年起在我国实行的一年“三个黄金周、一个小长假（元旦）”，将转变为“两个黄金周、五个小长假”。法定节假日调整后，旅游企业调整了相关产品，改变了经营方式，在线路的安排上，能够更加切合游客的需求，这使旅游业形成了新的格局。

1．短线旅游将成为旅游市场的主要产品，旅游产品开发呈现特色化

法定节假日变化对旅游者出行影响最大的便是目的地的选择。调整后的法定节假日，从时间的连续性上短于调整前，如果加上周末最长 5 天，极不适宜长线旅游。以往每到“黄金周”便“人满为患”的现象会得到有效控制，代之而来的则是短线旅游将进入黄金时代，长线旅游与短线旅游的比例将发生重大变化。与此同时，由于时间分布较均匀，人们的消费观念也会由冲动式的集中消费转变为理性的分散消费，从而更加合理地安排假日。由于传统节日成为新增法定假日，旅游企业也将针对不同月份、不同节日开发有特色的地域、民俗文化旅游产品，在一定程度上对于挖掘、弘扬传统文化有积极影响。因此，从旅游产品的开发来看，将由大众化、粗放型向特色化、集约型发展；从旅游产品的构成来看，近距离的城乡游、民俗游将会有很好的市场；从旅游方式来看，除旅行社的包价旅游外，散客旅游、自助旅游、自驾游将会呈现良好的发展势头。

2．旅游发展淡旺季差异将逐渐弱化

原有的法定节假日集中在“五一”、“十一”、“春节”，每个假期加上周末达到一周的时间，因此造成非常明显的淡旺季。其带来的最直接的不利后果便是：旺季旅游接待地接待能力不足，服务质量下降，旅游资源受到破坏；淡季时存在旅游资源、旅游设施设备闲置，从业人员季节性失业等一系列问题。旅游业本身存在季节性是无法回避的客观事实，这也恰恰是现代旅游最显著的一个特点。世界上许多国家和地区都在想方设法，特别是通过旅游规划和营销工作，尽可能减小季节性的程度和负面影响。我们原有的“三个黄金周”加重了这种淡旺季的差异，带来的弊端和负面影响也有目共睹。调整后的法定节假日，从一年分配时段来看比较均衡，对旅游季节性引起的波动会起到有效的抑制作用，淡旺季差异会逐渐弱化，由此引起的不利后果也将有所减少。

3．地理上的集中性特点的弱化有益于旅游资源的保护和旅游业的可持续发展

调整前的法定节假日假期较长，有利于进行长线旅游，而我国一些著名旅游景区、旅游景点游程长，耗时多，适合长线旅游，是旅游者节假日首选的旅游观赏对象，由此也成为旅游热线或旅游热点，“人满为患”是这些旅游热点地区旺季时的普遍现象。这是现代旅游地理上集中性的最突出表现。从旅游资源保护角度分析，任何一个地区的旅游承载力都是有限的，尽管从微观上看，旅游活动地理上的集中性特点有利于旅游目的地收入的增加，有利于解决就业问题，有利于带动相关产业等，但从宏观层次上看，旅游目的地游客的过度集中不利于旅游资源的保护和科学利用，长此以往，甚至会造成严重的社会问题和环境问题。而且，一旦突破其旅游承载力，将可能使原本以潜在形式存在的负面影响转化为现实性的实际问题。新的法定节假日的实施，促使旅游者对旅游活动空间的重新调整，近距离短线旅游产品受到青睐，旅游者得到一定的分流，这已经从刚刚过去的清明节假期得到了证实。原有的非常突出的地理上的集中性特点将会逐渐弱化，一些旅游景区、旅游景点压力减少，有益于旅游资源保护，同时也有益于旅游业的可持续发展。

（资源来源：http://www.gmw.cn/content/2008-04/25/content_766434.htm）

六、社会文化环境

社会文化环境一般是指在一种社会形态下已经形成的信息、价值、观念、宗教信仰、道德规范、审美观念以及世代相传的风俗习惯等被社会所公认的各种行为规范。每个人都生活在一定的社会文化环境中，并在一定的社会文化环境中生活和工作，他的思想和行为必定受到这种社会文化环境的影响和制约。因此，旅游企业的营销人员必须注意分析、研究和了解社会文化环境。

（一）教育水平

教育是按照一定目的要求，对受教育者施以影响的一种有计划的活动，是传授生产经验和生活经验的必要手段，反映并影响着一定的社会生产力、生产关系和经济状况，是影响旅游企业营销活动的重要因素。一般来讲，受教育水平高的国家比受教育水平低的国家具有更强的旅游需求；同时受教育水平高的地区，消费者对商品的鉴别力较强，不容易接受广告宣传和接受新产品，购买的理性程度较高。

（二）宗教信仰

宗教信仰是影响人们消费行为的重要因素之一。不同的宗教有着不同的文化倾向和戒律，从而影响着人们认识事物的方式、行为准则和价值观念，也影响着人们的消费行为及企业的营销活动。旅游营销人员在国内外开展营销活动时，要了解并尊重不同民族、不同国家、不同地区之间的文化传统及宗教习惯，并针对旅游者的宗教信仰设计适当的旅游方案，确定适合其特点的营销策略。

（三）价值观念

所谓价值观念，是人们对社会生活中各种事物的态度和看法。不同文化背景下，人们的价值观念相差很大。消费者对商品的需求和购买行为也深受价值观念的影响。如东方人将群体、团结放在首位，所以广告宣传要突出人们对产品的共性认识；而西方人则注重个体和个人的创造精神，所以其产品包装也要显示出醒目或标新立异的特点。针对不同的价值观念，旅游企业的营销人员应采取不同的策略。

（四）语言文字

语言文字是人类文化长期发展演变的结果，不同的国家有不同的语言文字。而旅游营销活动又离不开语言文字，语言不通或表述不准确是交流的极大障碍。因此，营销人员不但要努力做到通晓客源地的语言，还要注意宣传所用的文字是否符合当地的习惯，是否能准确无误地表达己方的意图，以便能在不同的思维方式和文化背景下顺利进行沟通。

（五）风俗习惯

风俗习惯是人们根据自己的生活内容、生活方式和自然环境，在一定的社会物质条件下长期形成，并世代相袭而成的一种风尚，以及由于重复练习而巩固下来并变成需要的行动方式等的总称。国家不同、地区不同、民族不同往往决定了人们的风俗习惯也不同，进而人们的生活方式、购买偏好、饮食习惯以及服饰打扮等方面也大相径庭。旅游企业开展的营销活动必须照顾人们的风俗习惯，做到“入境随俗”，避免触犯风俗禁忌，引发矛盾和冲突，给企业和旅游者造成不必要的损失。

【小资料 2-6】

各国风俗禁忌

在法国，参观博物馆和教堂时不要用带有闪光灯的相机拍照。女士优先的礼仪起源于法国，旅行中要注意为女性让道、开门、让座，上下车让女性先行。巴黎女性很少穿牛仔裤，大多数巴黎女性的上班裤装都是宽松有致的，她们排斥紧绷在腿上的裤子，认为其破坏了双腿纯洁、细腻的美。

在德国用餐，不要用吃鱼的刀叉来吃肉。如果同时要饮用啤酒和葡萄酒，宜先饮啤酒，后饮葡萄酒。自助餐起源于德国，吃自助时尤其注意不要在食盘中堆积过多的食物。德国人守纪律，讲整洁；守时间，喜清静；待人诚恳，注重礼仪。

与瑞士人共餐，通常在开始时互相敬酒一次，之后则不需频频敬酒，各自随意饮用即可。用餐过程中，不宜直接用嘴去吹凉过热、过烫的菜肴或汤，更不能在咀嚼食物、使用餐具时发出声响。

英国人最忌讳别人谈论男人的工资和女人的年龄，就连对方家的家具值多少钱也不该问，这些都是个人隐私。同时，请千万记住不能像国内一样，问对方“你去哪儿”，“吃饭了吗？”等问题，他们讨厌别人过问自己的个人生活。并且英国人凡事都循规蹈矩，切记不要当众打喷嚏，跷二郎腿；不要从梯子下面走过，或在屋子里撑伞；在谈话时，不要以皇室的家事作为笑料。以外，他们的汽车行驶方向和欧洲其他国家正好相反。

西班牙女性上街需要戴耳环，若没有戴耳环，就像一个正常人没有穿衣服一样，会被人笑话。西班牙人强调个人信誉，宁愿受点损失也不愿公开承认失误。如果无意中帮助了他们而使他们免受损失，那么你便永久地赢得了友谊和信任。

在匈牙利不论是住店还是用餐，千万别弄碎玻璃器皿，否则，就会被人认为是交逆运的先兆，而你也将成为不受欢迎的人。匈牙利人较迷信，新年的餐桌上不许摆放禽类制成的菜肴，认为那样的话，好运会随禽类飞走。

荷兰人曾是欧洲最正统的民族，爱清洁，讲秩序，做生意时希望你事先约定。他们性格坦率，开诚布公。爬楼梯或搭升降电扶梯的时候，女性通常跟在男性的后面。

在俄罗斯，被视为光明象征的向日葵最受人们喜爱，它被称为太阳花，并被定为国花。拜访俄罗斯人时，送给女性的鲜花宜为单数。在数目方面，俄罗斯人最偏爱 7，认为它是成功、美满的预兆。对于数字 13 与星期五，他们则十分忌讳。俄罗斯人非常崇拜盐和马，并主张“左主凶，右主吉”。

在日本消费时一般不能还价，特别是在百货店里，以标出的价格购买东西是一种被普遍接受的规矩，如果顾客非要坚持还价，可能会遭到冷遇。不过，日本消费中没有付小费的习惯，因为在账单中已经包括了所有的服务费用，所以顾客就不必再多此一举了。

韩国人用双手接礼物，但不会当着客人的面打开。不宜送外国香烟给韩国人。酒是送韩国男性最好的礼品，但不能送酒给女性，除非你说清楚这酒是送给她丈夫的。在赠送韩国人礼品时应注意，韩国男性多喜欢名牌纺织品、领带、打火机、电动剃须刀等。女性喜欢化妆品、提包、手套、围巾类物品和厨房里用的调料。孩子则喜欢食品。如果送现金，应放在信封内。

在新加坡，最好的社交话题是当地的烹饪和餐厅、特别喜欢的旅游地以及对方业务情况等，必须回避的话题是个人性格、当地政治或不足之处、种族摩擦、配偶情况和宗教信仰。新加坡人忌说“恭喜发财”，他们认为“发财”两字含有“横财”之意，而“横财”就是不义之财。新加坡人对色彩的喜恶很分明，一般喜欢红、绿、蓝色，把紫色、黑色视为不吉利，白、黄色为禁忌色彩。在商业上反对使用如来佛的形态和侧面像。在标志上禁忌使用宗教词句。喜欢红双喜、大象、蝙蝠图案。禁忌数字 4、7、8、13、37、69。忌讳乌龟，认为它是种不祥的动物。

（资料来源：http://www.china.com.cn/travel/zhuanti/wenming/2007-07/04/content_8480397.htm）

第三节 旅游市场营销微观环境

旅游企业市场营销微观环境是指构成企业营销系统的各个组成部分，包括企业本身、企业的供应商、营销中介机构、顾客、竞争者和社会公众，如图 2-4 所示。旅游企业的市场营销活动能否成功，除营销部门本身的因素外，还受到这些因素的直接影响。

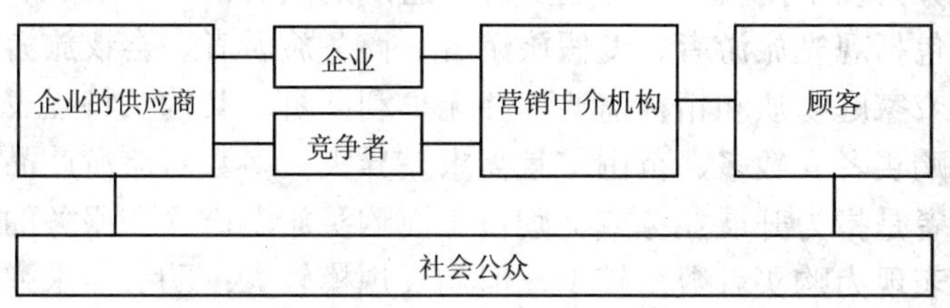

图 2-4 旅游企业市场营销微观环境

一、企业

旅游企业为开展营销活动，必须设立某种形式的营销部门，而且营销部门不是孤立存在的，它还面对着其他职能部门以及高层管理部门。所谓其他职能部门主要包括财务部门、研发部门、公关部门等，这些部门构成了旅游企业制订、执行、控制营销计划和实现营销职能的企业内部微观环境。这些部门与营销部门在实际工作中会由于各自利益、活动范围和作业目标不同而有可能产生或大或小的矛盾与冲突。这就需要企业内部各部门在高层管理部门的统一领导和指挥下，进行必要的协调，消除各种消极因素，以达到相互配合的目的，使企业的整个营销活动得以正常高效的开展。

二、企业的供应商

旅游企业的供应商是指向旅游企业提供生产旅游产品或旅游服务所需各种旅游资源的企业或个人。由于旅游产品的综合性决定了它的脆弱性，所以，旅游市场营销工作很重要的一个方面就是选择供应商，并与之保持密切联系。在选择供应商时，应注意供应商的产品质量、供货能力、商业信誉与表现等因素，有时不得不同时选择两家以上的供应商，以避免过分依赖独家供应商而使企业经营陷入困境。

三、营销中介商

旅游营销中介机构是指处在旅游生产者与旅游者之间，参与商品流通业务，促使买卖行为发生和实现的集体和个人，它包括经销商、代理商、批发商、零售商、交通运输公司、营销服务机构和金融中间商等。这些营销中介机构致力于把有关产品信息告知现实和潜在的旅游者，并使旅游者得以方便地克服空间障碍获得旅游产品。

旅游营销中介机构对旅游企业的营销活动影响重大，又是旅游产品销售渠道中不可缺少的一个环节，所以如何对其进行选择事关重大，这关系着旅游营销计划能否完成。因此，市场营销人员应全面、深入调查并分析旅游营销中介机构的发展趋势，做好旅游营销中介机构的选择、评估和管理工作。

四、顾客

旅游顾客是指旅游企业的目标顾客群，是影响旅游营销活动的最基本、最直接的环境因素。旅游顾客可分为以下两类：个体购买者和组织购买者。个体购买者是旅游产品和服务的直接消费者，包括观光旅游者、度假旅游者、商务旅游者、会议旅游者等，其旅游目的是为了满足个人或家庭物质和精神需要，并无牟利动机。其购买特点表现为购买数量较小；购买频率高；购买者人数多、范围广且需求差异大；多数对旅游产品和服务缺乏专业知识。而组织购买者是指为开展业务或奖励员工而购买旅游产品和服务的企业或机关团体组织。其购买特点表现为购买者数量较少，但购买规模较大；购买需求弹性较小且属于派生需求。

五、竞争者

竞争是市场经济的普遍规律，现代企业都处在竞争环境中。竞争者的状况直接影响企业的经营活动。从消费需求的角度来看，每个旅游企业都面临着四种类型的竞争者。

（一）消费类型竞争者

消费类型竞争者是指为了争夺个体消费者的支出而相互竞争且从事不同行业的企业。例如，食品、旅游、娱乐、服装、汽车各行业都希望从顾客的消费支出中分一杯羹，都想尽一切办法提高对顾客的吸引力。旅游企业同样必须千方百计地将顾客的吸引力转移到旅游业。

（二）替代竞争者

替代竞争者是指为满足顾客同一愿望而可以提供各种替代产品和服务的企业。例如，在假期为了休闲，电视可以成为旅游的替代品；飞机、火车、汽车都作为交通工具，它们也就相互成为各自的替代竞争者。

（三）产品形式竞争者

产品形式竞争者是指同一行业中生产不同规格、不同档次产品或提供不同类型服务的企业。如不同档次的旅游团或旅游饭店，具有不同特色的旅游景点等。

（四）品牌竞争者

品牌竞争者是指产品规格档次相同，但品牌不同的企业。例如，同为自然风景类旅游资源，黄山、华山和泰山就是不同的品牌。

另外，从旅游企业所处的竞争地位看，竞争者类型可分为另外四种。

（一）市场领导者

市场领导者是指在旅游市场上占有最大份额的企业，这类企业在价格制订、产品开发、渠道建设以及营销策略拟定方面起主宰作用。市场领导者的地位是在竞争中形成的，但不是固定不变的。

（二）市场挑战者

市场挑战者是指在旅游市场中处于次要地位（第二、三位甚至更低地位），有潜在能力对市场领导者或其他竞争者采取进攻并希望夺得市场领导者地位的企业。这类企业是最具活力、最富于想象的竞争者，它们善于运用市场营销工具并制订出行之有效的营销策略来挑战市场领导者。

（三）市场跟随者

市场跟随者是指在旅游市场中居于次要地位，并安于次要地位，在产品、价格、渠道和促

销等营销策略上都模仿或跟随市场领导者的企业。在现实市场中存在大量的追随者，市场追随者的最主要特点是跟随。在技术方面，它不做新技术的开拓者和率先使用者，而是做学习者和改进者。在营销方面，不做市场培育的开路者，而是搭便车，以减少风险和降低成本。市场追随者通过观察、学习、借鉴、模仿市场领导者的行为，不断提高自身技能，不断发展壮大。

（四）市场补缺者

市场补缺者多是旅游市场中相对较弱小的一些中、小企业，它们专注于市场上被大企业忽略的某些细小部分，在这些小市场上通过专业化经营来获取最大限度的收益，在大企业的夹缝中求得生存和发展。市场补缺者通过生产和提供某种具有特色的产品和服务，赢得发展的空间，甚至可能发展成为“小市场中的巨人”。

六、社会公众

社会公众是指对旅游企业经营活动有实际或潜在的兴趣或影响的团体。作为微观环境的社会公众主要有以下几类。

（一）政府公众

政府公交是指负责管理旅游企业的业务和经营活动的有关政府机构，如旅游行政部门、政府机构。

（二）金融公众

金融公众是指那些关心并影响旅游企业取得资金的组织和机构，如银行、投资公司、保险公司等。

（三）媒介公众

媒介公众是指报纸、杂志、电视、广播等有广泛影响的大众媒体。

（四）地方利益公众

地方利益公众是指旅游企业周围居民、社区组织等。

（五）群众公众

群众公众是指消费者权益保护组织、环境保护组织、少数民族组织及其他群众组织。

（六）内部公众

内部公众是指旅游企业内部的管理者和一般员工。

社会公众对旅游企业的生存和发展会产生巨大的影响，可能增加企业实现其目标的能力，也可能会产生妨碍企业实现其目标的能力。所以，旅游企业需要时刻关注有关社会公众的态度，努力保持与主要社会公众的关系，当出现不利于企业的事件时，企业必须采取积极适当的措施及时地解决，以消除不利影响，树立和保护良好的企业形象，促进旅游市场营销活动的顺利开展。

第四节 旅游市场营销环境分析

旅游市场营销环境不论是宏观环境还是微观环境，其影响程度和发生概率可能各有不同，但对旅游企业营销都有正负两方面影响。而旅游市场营销环境分析的任务就是对旅游企业营销环境各要素进行调查研究，以明确其现状和变化发展的趋势，从中区别出对企业发展有利的机会和不利的威胁，并根据旅游企业自身情况作出相应的对策。

一、市场机会与环境威胁分析

（一）市场机会与环境威胁

市场环境发展趋势基本上分为两大类：一类是环境威胁，另一类是市场营销机会。所谓环境威胁，是指环境中一种不利的发展趋势所形成的挑战，如果不采取果断的市场营销行动，将损害企业的市场地位。企业营销管理人员应善于识别所面临的威胁，并按其严重性和出现的可能性进行分类，然后为那些较严重且出现的可能性也大的威胁制订应变计划。所谓市场机会，是指对企业营销管理富有吸引力的而且具有竞争力优势的领域或动向。这些机会可以按其吸引力以及每一个机会可能获得成功的概率加以分类。企业在每一特定机会中成功的概率，取决于其业务实力是否与该行业所需要的成功条件相符合。

（二）市场机会与环境威胁的识别方法

如前所述，任何企业都面临着若干环境威胁和市场机会。然而，并不是所有的环境威胁都一样大，也不是所有的市场机会都会有同样的吸引力。企业的管理层可以用环境威胁矩阵和市场机会矩阵来加以分析、评价，如图 2-5 所示。

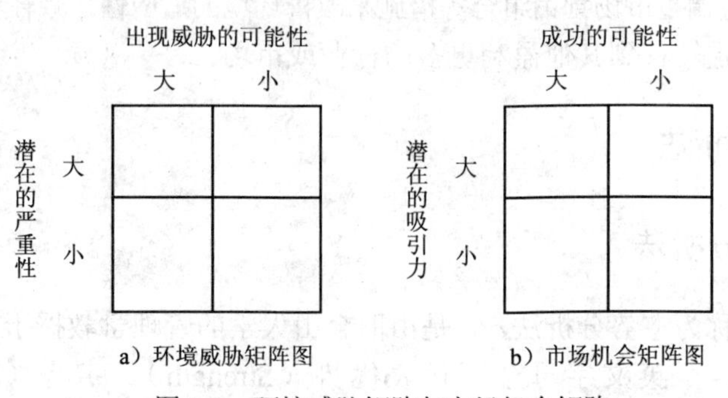

图 2-5 环境威胁矩阵与市场机会矩阵

环境威胁矩阵图的横向代表“出现威胁的可能性”，纵向代表“潜在的严重性”。市场机

会矩阵图的横向代表“成功的可能性”，纵向代表“潜在的吸引力”，表示潜在盈利能力。用上述方法来分析和评估企业所经营的业务，可能会出现四种不同的结果，如图 2-6 所示。

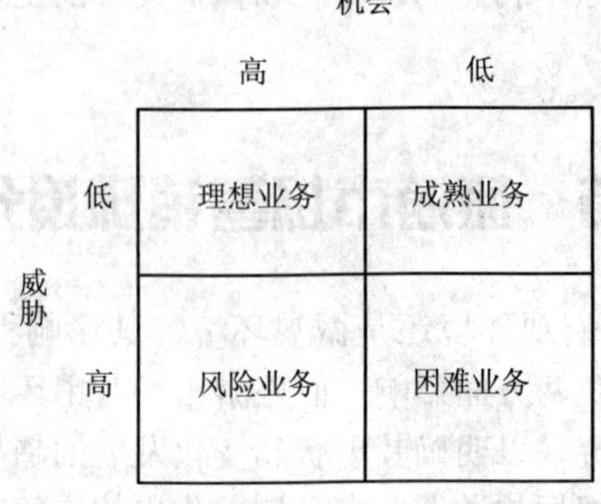

图 2-6 业务划分矩阵

由图 2-6 可以看出，理想业务即高机会和低威胁的业务，风险业务即高机会和高威胁的业务，成熟业务即低机会和低威胁的业务，困难业务即低机会和高威胁的业务。

（三）企业对市场机会和环境威胁的反应

1. 企业对市场机会的反应

有效地捕捉和利用市场机会，是旅游企业营销成功和发展的前提。为了发现市场机会，企业的营销人员必须密切注视营销环境的变化，对于可能出现的市场机会，适时作出适当评价，并结合企业自身的资源和能力，将市场机会转化为企业机会，这样才能开拓市场，扩大销售，提高企业的市场占有率。分析和评价市场机会主要考虑两个方面的问题：①考虑机会给企业带来的潜在利益的大小；②考虑机会出现的概率。

2. 企业对环境威胁的反应

威胁是环境中存在的不利因素，构成对旅游企业经营发展的约束和障碍。对于环境威胁，旅游企业要果断采取行动，以降低或消除其可能带给企业的损失。旅游企业面对环境威胁，有以下三种可能选择的对策。

（1）反抗。即试图限制或扭转不利因素的发展。

（2）减轻。即通过调整市场营销组合等措施来改善环境的适应性，减轻环境威胁的严重性。

（3）转移。即决定转移到其他盈利更多的行业或市场。

二、SWOT 分析法

（一）SWOT 分析法

SWOT 分析法又称为态势分析法，它是由旧金山大学的管理学教授于 20 世纪 80 年代初提出来的，SWOT 四个英文字母分别代表优势（Strength）、劣势（Weakness）、机会（Opportunity）、威胁（Threat）。所谓 SWOT 分析，就是将与旅游企业密切相关的各种主要内部优势、劣势、机会和威胁等，通过调查列举出来，并依照矩阵形式排列，然后用系统分析的方法，把各种因素相互匹配起来加以分析，从中得出一系列相应的结论。从整体上看，SWOT 分析可以分为如下两部分。

（1）优势与劣势分析（SW）。旅游企业内部的优势与劣势是相对于竞争对手而言的，表现在资金、技术设备、账务状况、管理水平等方面。衡量企业优势与劣势有两个标准：一个是资金、产品、市场等一些单方面的优劣势；另外一个是综合的优劣势，这可以通过选择一些因素评价来打分，然后根据重要程度进行加权，取各项因素加权数之和来确定企业是处于优势还是劣势。

（2）机会与威胁分析（OT）。市场营销机会是对企业的市场营销活动具有吸引力，能享有竞争优势和获得差别利益的环境领域；而环境威胁是对企业营销不利或限制企业营销活动发展的因素。

（二）SWOT 分析的步骤

SWOT 分析分为以下两个步骤。

（1）针对某一旅游企业，根据 SWOT 分析法，列出对该企业发展有重大影响的宏观及微观环境因素，对这些因素进行评价，判定是优势还是劣势，是机会还是威胁。

（2）在此分析基础上，根据 SWOT 矩阵确定旅游企业的优势和劣势，并且由此判定该企业采用何种类型的发展战略，如图 2-7 所示。

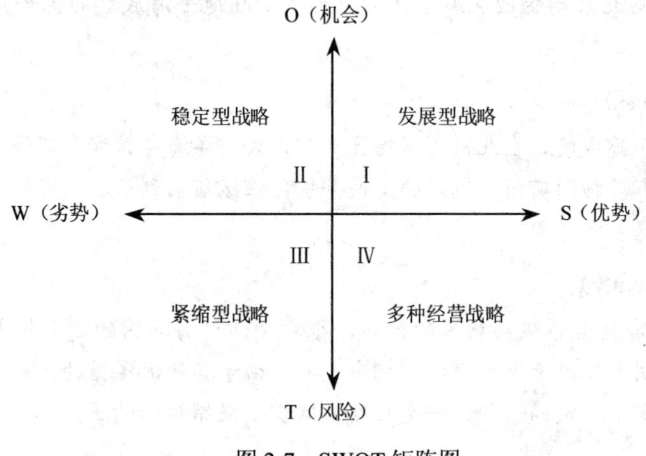

图 2-7 SWOT 矩阵图

从图 2-7 中可以看出，企业采用的发展战略可分为四种，即 SO 战略、WO 战略、WT 战略和 ST 战略。

1）SO 战略，即发展型战略。它表明企业外部有众多机会，又具有强大的内部优势。在这种情况下，旅游企业宜采用发展型战略，依靠内部优势去抓住外部机会，为企业赢得利润。

2）WO 战略，即稳定型战略。它表明企业外部有机会，但内部条件不佳。这时，旅游企业宜采取稳定型战略，利用外部机会来扭转内部的劣势，即先稳定后发展。

3）WT 战略，即紧缩型战略。它表明企业外部有威胁，并且内部状况不佳。这时，旅游企业宜采用紧缩型战略以避开威胁，消除劣势。

4）ST 战略，即多种经营战略。它表明企业拥有内部优势而外部有威胁。在这种情况下，旅游企业宜采用多种经营战略，以有效分散风险，寻求新的机会。

【小资料 2-7】

北京海洋馆营销环境的 SWOT 分析

北京海洋馆 1994 年立项，是由北京市政府立项的第一家海洋馆，位于北京动物园后门狮虎山。在海洋馆立项之初，曾经作了一个导向性的市场调查，在收回的一万多份问卷中，有 98%的被调查者认为北京应该拥有一家较大规模的海洋馆。根据先期的市场调查，初步将建馆目标定位为“大而全，美而好，与科普相结合，对保护动物、保护海洋进行宣传教育”。一期建设的主要项目包括雨林奇观、触摸池、海底环游、鲨鱼馆、鲸豚湾，以及海洋剧院等。

作为一个主题公园性质的旅游娱乐场所，在刚开业时的一个阶段内，北京海洋馆面对的主要客源市场及竞争都是一个区域性的市场和竞争，尤其以北京市为主。它的主要竞争对手有太平洋海洋馆（位于中央电视塔地下）和富国海底世界（位于工人体育馆附近）。其环境因素分析如下。

1．**优势**（Strength）

由于有政府支持，从项目立项、建设、到宣传促销都得到了大力的支持。整个海洋馆占地 35000 平方米，建筑面积 42000 平方米，外围绿地面积 80000 平方米。是世界上内陆地区最大的海洋馆。北京海洋馆位于北京市动物园的后门。北京动物园是北京市民及外地游客心目中形象良好的旅游目的地，1997 年北京动物园的游客量达 790 万人次。由于同样提倡热爱动物、保护动物的主题，并且与北京动物园从展示核心上形成“陆地—海底”的优势互补，客源可以直接从动物园进行分流。

2．**劣势**（Weakness）

虽然立项较早，但建成晚，在北京海洋馆开业时，太平洋海洋馆和富国海底世界已为北京市民所熟知。虽然北京市动物园前门有较好的交通条件，但从前门到后门仍有较远的一段距离；并且后门的直达公共交通不完善。

3．**机会**（Opportunity）

北京动物园意欲跻身世界级动物园的行列，很希望通过海洋馆的建立扩大其规模和展览内容，并且市场调查表明市民对于大型海洋馆相当支持。由于其他海洋馆的提前进入，使客源市场对“海洋馆”的概念有了一定的认识，一定程度上减少了促销工作的压力。

4．**威胁**（Threat）

先期进入的竞争者有着自身的优势，如富国海底世界拥有一条 120 米长的观光隧道；而太平洋海洋馆则拥有“企鹅乐园”，并且门票价格较低。

通过以上的优势、劣势、机会与威胁分析，北京海洋馆将目标市场定位为“以少年儿童为核心的，以家庭集体出游为主要形式的市场”，而且制订了“市场三步走”的决策：

（1）第一年站稳北京市场；

（2）开拓北京周边市场，如天津、石家庄、唐山、太原、廊坊等地；

（3）开拓全国市场，甚至海外市场。

并在这一市场逐渐开拓的过程中，逐渐加强与旅行社、社会团体的联系。

（资源来源：梁骥：《旅游市场营销》，大连，大连理工大学出版社，2005）

本章小结

旅游企业所有的营销活动都是在一定的环境中进行的。旅游市场营销环境包括宏观环境和微观环境。宏观环境影响因素主要包括人口环境、经济环境、自然环境、技术环境、政治与法律环境以及社会文化环境；旅游市场营销微观环境主要包括旅游企业本身、企业的供应商、营销中介机构、顾客、竞争者以及社会公众。我们可以通过市场机会与环境威胁分析以及 SWOT 分析法对旅游市场营销环境进行分析，并考虑采取相应的对策，以保证旅游企业市场营销活动的顺利开展。

关键术语

市场营销环境（Marketing Environment）
宏观环境（Macro Environment）
微观环境（Micro Environment）

案例分析

迪士尼兵败巴黎

提起迪士尼，人们自然会想起聪明善良的米老鼠和笨拙可爱的唐老鸭，这些形象作为美国文化的象征，征服了不同国籍、不同肤色的儿童，甚至还吸引了不少成年观众。1955 年，占地 30 公顷的“迪士尼乐园”在美国加利福尼亚州开放；1972 年，“迪士尼世界”在佛罗里达州建成；1983 年，迪士尼又走出国门，把迪士尼文化推向了日本，建成了占地 80 公顷的东京迪士尼。接二连三的成功，使迪士尼公司管理者们的头脑膨胀了，他们企图把这些成功的套路再搬到欧洲，创造第四个奇迹。然而，事与愿违，巴黎不是佛罗里达州，“唐老鸭”终于碰了个大钉子。

迪士尼的欧洲梦

东京迪士尼乐园于 1983 年开放。它的所有者是根据迪士尼公司的建议，建造、拥有、经营这个主题公园的。迪士尼公司没有投资一分钱却取得门票收入的 10%，销售食品、饮料、纪念品收入的 5%。尽管开始时并不顺利，但日本人很快就成群结伙地大批涌入公园，到 1990 年，每年的游客人数达到 1600 万，比加利福尼亚的迪士尼乐园的游客人数还多 1/4。在 1990 年这个财政年度内，公园的收入达 9.88 亿美元，利润达 1.5 亿美元。于是，迪士尼的经营者又开始做起了欧洲梦。

在寻找建设迪士尼的场所时，迪士尼的管理者们考察了欧洲 200 多个地方，最后选中了巴黎。优越的地理位置成了最后的决定因素。调查表明，驱车 2 小时到达巴黎的人数为 1700 万人，4 小时以内到达的为 4100 万人，6 小时内到达的为 1 亿多人，乘飞机 2 小时以内的人口则为 3 亿多人。况且，巴黎原本就是欧洲最大的旅游胜地。法国政府也希望借助这个项目来提高就业率，巩固自己作为欧洲旅游中心的地位。法国政府期望这个项目至少创造 3 万个就业岗位，每年从外国游客中获取 10 亿美元的收入。所以，法国给了这个项目以空前的支持。美国人最善于理性思维，在决策阶段，他们的账算得精明到了极点。公司的管理者最初预计第一年就会有 1100 万欧洲人光顾这一举世奇作。因为，在此之前就有 270 万欧洲人光顾了美国的迪士尼乐园，并消费了 16 亿美元。公园距离的缩短会吸引更多的游客。迪士尼的管理者们甚至在进一步预测之后认为，原先对于 1100 万人的估计太保守了。这是因为迪士尼乐园在美国的 2.5 亿人口中，每年吸引游客 4100 万人，占总人口的 16.6%。那么，如果按照同样的比例，欧洲迪士尼每年的游客量应该达到 6000 万（西欧人口为 3.7 亿）。更为乐观的是：欧洲人比美国人有更长的假期。比如，法国和德国雇员的假期一般来说是五个星期而美国雇员的假期只有两个或三个星期。

于是，一个庞大的计划产生了：这座欧洲迪士尼乐园，将成为一家投资 44 亿美元的企业，它占据了巴黎以东 20 英里的 5000 英亩土地，并准备配有 6 家饭店和 5200 个房间。迪士尼还将开发一个商用综合楼群，它的规模仅比巴黎境内法国最大的公司稍微小一点。计划将建成购物中心、公寓住房、高尔夫球俱乐部和度假村。欧洲迪士尼将严格控制这些辅助工程的开发、设计与建设，近乎一切事情都由自身完成，最终将其出售为获取巨额的利润。迪士尼的管理者们对于这个占地相当于巴黎面积五分之一的大型企业前景充满信心，他们所担心的是这个公园还不够大，不足以应付欧洲蜂拥而来的游客。一位迪士尼的高级管理人员甚至放言："我们最大的担心是我们太成功了。""我认为它不会失败。迪士尼是市场的主宰者。当公园向公众开放的时候，它将会很成功。"

米老鼠好梦难回

欧洲迪士尼乐园最终耗资 44 亿美元。在这项工程中迪士尼公司拥有 49%的股份，这是法国政府所能容忍的最大限度。这部分股份使公司投资了 1.6 亿美元，其他投资者投资了 12 亿美元。剩下的由政府、银行和融资租赁公司以贷款的形式进行投资。

迪士尼公司的收益始于公园开放以后。公司获得 10%的门票收益和 5%的来自食品和其他商品的收入。这与迪士尼公司在日本的公园的安排相同。为适应游客需要，公园里有两种官方语言：英语和法语，但是来自荷兰、西班牙、德国和意大利的游客也能很容易地找到精通多国语言的向导。根据法国科幻小说家凡尔纳的设想，建立了"发现岛"—— 一个具有 360 度屏幕的球幕电影剧场，目的是使游客们了解整个欧洲的历史，就连白雪公主也说起了法语。然而，机灵的米老鼠最终还是在欧洲人面前栽了跟斗。法国的左派示威者们用鸡蛋、番茄酱和写有"米老鼠回家去"的标语来回敬远道而来的美国人。一些知识阶层的人士甚至将刚刚诞生的米老鼠和米老鼠公司视为对欧洲文化的污染，他们称公园为可恶的美国文化。主流新闻界对该公园也持反对态度，他们幸灾乐祸地描绘着迪士尼的每一次失败。

鸡蛋、番茄酱都可以忍受，最让人烦恼的是财务上的亏空。自从 1992 年开放以来，收入令人难以置信地没有达到预定的目标。一是公园开放时正值欧洲严重的经济衰退。欧洲的游客们因此就比美国的游客节俭得多，许多人自己带饭，不住迪士尼宾馆。而实际上，迪士尼最初对于公园门票和酒店的定价是为了达到收入的目标，并假定任何价位都是可以被接受的，因为欧洲没有第二个迪士尼，该公园的垄断地位有利于实施它的高价位策略。公园门票成人的票价是 42.25 美元—— 比在美国的公园门票价钱还要高。公园门口的迪士尼宾馆一个房间一晚的价钱是 340 美元，相当于巴黎最高档的宾馆价钱。

最让人不可思议的是迪士尼的决策者们在游客数量预测上所犯的简单错误。他们轻易地照搬了迪士尼在美国的数据，认为佛罗里达迪士尼世界的游客们通常要住上四天，而欧洲迪士尼乐园只有佛罗里达迪士尼世界的 1/3，游客们怎么也得住上两天。实际情况却是：许多游客一大早来到公园，晚上在宾馆住下，第二天早晨先结账，再回到公园进行最后的探险。精明的欧洲游客们不愿意把更多的时间、更多的金钱花在迪士尼昂贵的商品和服务上。结果使宾馆的住房率很快降

到了50%。所以，尽管欧洲迪士尼乐园看准了自己的垄断地位，管理者认为它的需求曲线是缺乏弹性的，游客们不会太在意门票价格和服务价格的高低，因此游客们会忽略较高的价位而纷纷涌向公园。但是他们所没有估计到的是欧洲人的精明节俭：由于价位太高，他们会缩短停留的时间，避免住酒店，自带食品和饮料，谨慎地购买迪士尼的商品。最终，大量节俭的欧洲游客并没有满足迪士尼公司在收入和利润上的目标以及弥补他们日益膨胀的管理费用。

其次是文化上的差异造成的。比如，一项在公园内不准饮酒的规定，引起了午餐和晚餐时都要喝酒的欧洲人的不满。迪士尼公司认为星期一比较轻松而星期五比较繁忙，因此也相应地安排了员工，但是情况却恰恰相反。他们还发现游客有高峰期和低峰期，高峰期的人数是低峰期的十倍。在低峰期减少员工的需求又违反了法国关于非弹性劳动时间的规定。另一个不愉快的问题是关于早餐。“我们听说欧洲人不吃早餐，因此我们缩小了餐馆的规模，”一位管理者回忆说，“你猜发生了什么？每一个人都需要早餐。我们要在只有350个座位的餐馆里提供2500份早餐，队伍长得吓人。”

迪士尼还有一个未考虑到的需求，这就是来自旅游汽车司机的需求。为司机们建造的休息室只能容纳50个司机，但是在高峰期每天有2000个司机需要休息。难怪有人以讥讽的口吻说，“从不耐烦的司机到报怨的银行家，迪士尼乐园踩在欧洲人的脚趾上了。”

在1993年9月30日结束的财政年度里，这个娱乐公园已经损失了9.6亿美元，这意味着每天要损失250万美元，公园的前景值得怀疑。直到第二年春天，沃尔特•迪士尼不得不筹集了1.75亿美元来挽救欧洲迪士尼乐园。这个奄奄一息的公园所面临的最大问题就是沉重的利息负担。因为在44亿美元总投资中仅有32%是权益性投资，有29亿是从60家贷款银行借来的，并且贷款利率高达11%。因此企业负债沉重，已不能靠经营来弥补由于利率的上升而增加的管理费用，与银行之间关于债务重组、提供新贷款的交涉也就变得十分重要。

美梦何时变成真

迪士尼在巴黎不惜血本，以44亿美元的高投入企图从欧洲文化市场抱回一个大金娃娃，然而，梦境与现实毕竟有一段距离。我们从中可以吸取哪些教训呢？

在跨国经营中，无论是投资决策还是具体的营销策略的制订，都要十分注意文化差异给企业经营带来的负面影响。迪士尼的败笔就在于：在决策上，错把巴黎当加州，以为欧洲人会像美国人、日本人一样很容易地接受远道而来的米老鼠和唐老鸭，忽视了像法国这样的具有悠久历史文化传统的国度，为保持本民族文化的纯洁性对外来文化采取的抵触态度。你说是把欢乐送到欧洲人的家门口，人家却说是“对欧洲文化的污染”。所以，唐老鸭遭遇巴黎人的鸡蛋、番茄酱就不足为奇了。其次是在风俗习惯上，不是以欧洲人为服务的出发点，而是以美国人的心理去揣摩欧洲人，从早餐的准备到司机休息室的安排，都忽视了不同国度的不同习惯，从而使自己陷入困境。在管理上，美国人也犯了大忌，面对一个陌生的文化环境，傲慢的美国人没有任何收敛。法国人敏感的心灵被迪士尼管理者们的粗鲁急躁、感觉迟钝、高傲自大给伤害了。迪士尼管理者们好争斗的态度使人们变得越来越疏远，使计划和管理变得越来越糟糕。他们对于当地人疑问和建议的回答总是一成不变的，“按照我们说的去做，因为我们知道什么是最好的。”同是美国企业，对照一下麦当劳和可口可乐的表现，感觉就大不一样。在中国的经营中，可口可乐为了赢得中国人的认同，其广告一律用中国人的形象，诉求点也是中国人的情感。麦当劳在美国虽说是以牛肉汉堡而得名，到中国却增加了诸如麦香鸡、麦乐鸡等品种，以适合中国人爱吃鸡肉的习惯。所以，我国企业要走

出国门，一定要充分估计到国与国之间文化差异，入乡随俗，以赢得所在国消费者的爱戴。

在定价策略上，迪士尼公司以自己的垄断地位实施了高价策略。这种策略的优点十分明显，就是能很快取得高收益。但前提是顾客们愿意并能够支付较高的价格，而且没有其他低价格的选择。事实上欧洲的游客与那些来自美国本土和国外的游客有很大的区别，他们似乎对价格更加关心。他们不愿意把自己的钱白白花在迪士尼的高档酒店，甚至宁愿自己携带食物。这表明那些驾车2小时至4小时就可以到达欧洲迪士尼乐园的游客与那些远涉重洋的游客至少在消费能力和意愿上是不同的。所以，当顾客们不能够或者不愿意支付较高的价格并且能够以较低的价格消费同样的商品和服务时，这种策略就是失败的。结果是，聪明的欧洲人不得不让美国人又一次俯首称臣，几年后，在酒店价格上大砍一刀，公园中昂贵的商品也逐渐被普通商品所取代。

此外，像迪士尼这样高度负债的情况也是十分危险的。大量负债抬高了盈亏平衡点，尤其是在宏观环境不佳和经营没有达到计划目标的情况下，沉重的债务负担将会把企业置于死地。

（资料来源：董璐：《迪士尼兵败巴黎》，载《企业改革与管理》，2001年第5期）

分析与思考题：

1．你认为巴黎迪士尼乐园失败的原因是什么？有什么经验和教训？

2．查找资料，对香港迪士尼乐园经营的成败及其原因进行分析。

3．试运用SWOT法分析上海迪士尼乐园市场营销环境。

复习与思考

1．旅游市场营销的宏观环境和微观环境各包含哪些因素？

2．旅游市场营销环境有哪些特点？

3．旅游企业应如何面对营销环境中的机会与威胁？

4．以本地区一旅游企业为例，对其旅游市场营销环境进行分析。

5．试举例说明旅游企业对其面临的主要威胁和最好的机会应作出什么反应或可采取何种对策。

第三章　旅游者购买行为分析

学习目标

知识目标

1. 了解旅游者购买行为的概念和分类
2. 掌握影响旅游者购买行为的主要因素
3. 明确旅游者购买决策过程及其对旅游营销的影响

技能目标

1. 认识并运用影响旅游者购买行为的主要因素
2. 能模拟旅游者购买决策过程并提出阶段性的营销对策

旅游者是旅游活动的主体，是旅游业赖以生存和发展的关键因素，而旅游消费市场是旅游经济系统的最终市场。旅游市场营销的首要任务是以旅游者的需求为导向，通过提供有形产品与无形服务来满足消费者的需要与欲望。要有效地满足旅游者的需求，就必须准确了解并合理预测其需求趋势，这就要求我们系统、科学地研究旅游者的购买行为，从而把握并有效地引导其行为，为制订合理的营销战略与策略奠定基础。

第一节　旅游者购买行为概述

一、旅游者购买行为的概念

消费者的需求实际是指有个性并具有购买力的欲望，具体表现为各种各样的购买行为。这种购买行为是消费者为满足某种需要而在购买动机的驱使下，以货币换取商品或劳务的实际行动。Chambers、Chacko & Lewts 在研究中认为消费者行为有以下五个假定前提。

假定 1：消费者行为是有目的的和以目标为导向的。

假定 2：消费者有选择的自由。

假定 3：消费者行为是一个过程。

假定 4：可以对消费者行为施加影响。

假定 5：消费者也需要引导。

这些假定前提为我们进行消费者行为分析提供了较好的基础。

旅游者购买行为是指旅游产品购买者在收集旅游产品有关信息的基础上，在选择、购买、消费、评估旅游产品过程中的各种行为表现，也就是旅游者购买旅游产品的活动以及与这种活动有关的决策过程，例如，旅游者购买的原因、购买怎样的产品、什么时候购买、什么地点购买、谁来购买、购买多少等。

旅游购买行为不仅包括旅游产品购买之前、购买过程之中，还包括购买之后。例如，由于旅游产品具有明显的不可储存性，产品价格会随着时间的变化而变化，旅游者在购买产品之后很容易由于所购买旅游产品的价格变化而产生患得患失的心理。在营销过程中，对于旅游者的这类购后行为特征应该予以考虑，从而有针对性地展开相关的营销工作。

二、旅游者购买行为的特点

（一）购买行为目标的指向性

所有的购买行为都有确定的购买目标，在购买目标的引导下逐步实现购买行为。旅游者的购买行为也是一种具有目的性的活动，其目的就具体体现在购买旅游产品的目标上，一旦购买目标实现，购买需求和动机获得满足，旅游者购买行为也就暂告结束。

（二）购买行为与购买心理的相关性

旅游者的购买行为与购买心理是相互关联的，购买行为受购买心理的影响和制约。旅游者的购买行为是购买心理的外在表现，是购买心理活动的结果。购买心理贯穿于购买行为的始终，并制约着购买行为的发生和发展。每个旅游者的购买行为都时刻受到其心理活动的变化和个体心理特征的支配。

（三）购买行为的自主性

旅游者的购买行为一般都是个体自主实现的。这是因为个体行为活动是在个体内部需要的基础上有目的地发生的。尽管外界因素在很大程度上影响着旅游者的行为，但只要旅游者是一个具备完全行为能力的人，购买行为的实施最终还是取决于旅游者个人的主观意愿。

（四）购买行为的可变性

旅游者的购买行为是可以调节的。旅游者在实施购买的过程中，由于外界条件的变更或旅游者个人内部因素的变化，会引起购买行为的变化。这是人的意志起作用的结果，因为意志不仅能使人支持行动目标，而且也能调节人的行为目标。

三、旅游者购买行为的分类

旅游者在现实的购买活动中，受个人特点、社会因素和环境因素的影响，呈现出复杂多样的购买行为。按照不同的分类标准，旅游者的购买行为可以划分为不同的类别。

（一）按照旅游者购买目的的确定程度与决策行为划分

1．确定型购买行为

旅游者在购买行为发生之前，就已经有了明确的购买目标和具体要求，在购买过程中，旅游者一般不会花费太多的时间去选择旅游产品，也不容易受旅游营销人员介绍和提示的影响，他们购买的此类旅游产品一般属于价格适中且经常购买的旅游产品，这种购买行为即为确定型购买行为。在此种情况下，旅游营销人员应在旅游产品的品质、服务与价格等方面，保持一定的水准，并通过增加产品新特色及实行价格折扣或额外赠品等方式，来吸引旅游者。

2．半确定型购买行为

旅游者在购买行为发生之前，对旅游产品已有大致的购买意向，但具体目标和要求不明确，需要比较选择之后才能作出最后的决定，这种购买行为即为半确定型购买行为。这种情况下的旅游者一般需要搜集各方面的信息，来降低不太熟悉的旅游产品的购买风险。例如，旅游者在暑假进行休闲度假旅游，但对于具体的线路、价格、旅行社的选择还需要进一步确定。这种情况下，旅游营销人员应当设计一套沟通方案，增进消费者对旅游产品的认识和信心以坚定其购买决心。这类旅游者属于重点营销对象，需要通过多种促销手段加以招徕。

3．不确定型购买行为

不确定型购买行为是指旅游者没有明确和确定的购买目标，购买与不购买都是随意的。旅游者在选择不太熟悉且价格较昂贵的旅游产品时，一般会出现较大的随机性。因此，旅游营销人员需要研究潜在消费者的心理特征，主动热情地为其做好宣传服务工作，尽量引起他们对某一旅游产品的兴趣。

（二）按照旅游者的购买目的划分

1．观光型购买行为

观光型购买行为是指旅游者以观光游览为目的，离开常住地外出旅行而进行的购买行为。

2．娱乐消遣型购买行为

娱乐消遣型购买行为是指旅游者以娱乐、消遣求得精神松弛为主要目的而进行的购买行为。

3．文化知识型购买行为

文化知识型购买行为是指旅游者以获取精神文化知识而进行的购买行为。

4．公务型购买行为

公务型购买行为是指旅游者以完成公务为主要目的，在一定时间内到外地完成公务，顺便参加旅游活动而进行的购买行为。

5．家庭与个人事务型购买行为

家庭与个人事务型购买行为是指旅游者出于探亲访友等家庭与个人事务而进行的购买行为。

6．其他类型购买行为

例如，旅游者为治疗慢性疾病而进行的医疗保健型购买行为等。

（三）按照旅游者的性格特点划分

1．习惯型购买行为

旅游者在购买旅游产品时，以往的购买经验和消费习惯使其购买行为呈现出反复性的特征，形成习惯型购买行为。它是基于旅游者对某种旅游产品十分熟悉与信任、印象深刻而产生的特殊感悟基础之上的。这类旅游者在选择某类旅游产品时一般不太受时尚流行的影响。

2．理智型购买行为

这种购买行为是指旅游者在购买旅游产品之前，会进行理性的分析，在收集旅游产品信息、了解市场行情、慎重权衡利弊之后再做出最终的购买行为。这类旅游者一般计划性强，稳重，有主见，熟悉市场行情，乐于搜集信息，经验比较丰富，对旅游产品的品质、特征、用途、价格高低等都有自己的见解，主观性强，不易受外界因素的影响。

3．经济型购买行为

这种购买行为下旅游者在购买旅游产品过程中特别重视旅游产品的价格。这一类型的消费者对价格非常敏感，善于发现别人不容易察觉的价格差异。其中一种类型的人专爱购买高价旅游产品，他们认为高价不仅意味着高质量，还可以体现出购买者的经济实力或较高的身份和地位。另一种类型的人则倾向于选择价格较为低廉的旅游产品，他们通常要花费很多精力来了解旅游产品的价格及相关信息，希望买到价廉物美的旅游产品。

4．冲动型购买行为

在这种购买行为下，旅游者未经事先考虑，受现场环境的激发，以直观感觉为主，临时作出购买决定，呈现出冲动购买的特征。这种类型的旅游者往往在先天性格方面比较随意和感性，在购买时语言直率，意图明确，态度明朗，成交迅速；在购买过程中易受宣传广告和旅游产品外观的影响，从个人兴趣出发，喜欢追求新产品。

5．疑虑型购买行为

这种购买行为是指旅游者在购买旅游产品前仔细考虑，购买过后还疑心上当受骗的购买行为。这类旅游者一般性格内向、言行谨慎、多疑，对营销人员抱有不信任感，对宣传介绍不感兴趣，购买商品凭个人的内心体验和自我评价，往往犹豫不决或过分挑剔。

6．随意型购买行为

这种购买行为是指旅游者无固定偏爱，进行顺便购买或尝试购买的行为。这类旅游者或者缺乏购买经验，或者缺乏主见，心理尺度不稳定，既不苛求也不挑剔，购买行为也比较随便。

（四）按照旅游者的购买行为能力划分

1．普通型购买行为

这种购买行为是指旅游者在确定购买目标和比较同类旅游产品的质量、价格后，自主地挑选旅游产品，在购买时慎重考虑和体会后果断购买旅游产品的购买行为。

2．特殊型购买行为

这种购买行为是指旅游者对某类旅游产品十分熟悉，因此在购买中比一般人专业的购买行为。这类型的旅游者数量较少，他们对旅游产品一般具有特殊的鉴赏能力和识别能力，购买活动中较为挑剔、要求较高。

3．幼稚型购买行为

这种购买行为是指旅游者由于不了解旅游产品的特性或缺乏对某类旅游产品的识别能力，凭直觉急于进行购买的购买行为。这类型的旅游者也是少数，他们由于经验不足在购买过程中受随机因素影响较大，对旅游产品的感觉易受广告宣传的影响。

（五）按照旅游者购买行为中的兴趣分类

1．情调型购买行为

这种购买行为是指旅游者根据旅游产品或旅游服务的情调而作出购买决策的购买行为。这类旅游者一般较为关注旅游产品的环境格局，如购物、用餐、娱乐环境中不同的建筑风格、装饰布局及色调、声音、温度、气味等因素渲染出的独特情调。这类旅游者一般经济基础较高，追求新奇、浪漫的感觉，对于感兴趣的旅游产品不惜高价享用。

2．节日型购买行为

这种购买行为是指旅游者的消费兴趣在节假日期间集中而明显地表露出来的购买行为。近年来，我国由于实行双休日和“十一”、“春节”长假，以及清明节、端午节、中秋节小长假

的公共假日制度，假日经济的繁荣引发了“井喷式”的旅游消费热潮，出游人数明显高于以往。而且受西方传统节日的影响，情人节、母亲节、圣诞节等节日里，旅游者的热情也高于往常。

【小资料 3-1】

2009 年国庆中秋长假旅游市场新特点

2009 年国庆中秋长假旅游市场显现以下特点。

（1）国庆主题突出而鲜明。假日期间，全国各族人民共庆新中国六十华诞，各地举办了丰富多彩的国庆系列活动，成为旅游者踊跃参与的旅游项目和旅游吸引物。北京市假日前 5 天开展了大型国庆游园活动，吸引游客超过 800 万人次。各省市普遍举办了以“颂祖国，赞中华”为主题的联欢晚会，南昌、贵阳、长沙、秦皇岛等城市还举办了经典红歌会，进一步激发广大游客爱党爱国热情。

（2）旅游三大市场同步兴旺。国内旅游是假日旅游的最大亮点。不论长线和短途旅游，还是都市与乡村旅游，均出游密集、市场兴隆，成为 2008 年以来旅游市场最红火的时段。由于假期较长，安排出游的选择空间加大，旅游供给和保障更有弹性，市场总体火而不暴、旺而有序。出境旅游产品明显热销，出游人数比去年同期有较大幅度增长。大陆居民赴港澳台旅游持续走高，出游人数比去年同期大约增加五成以上。入境旅游明显升温。作为受国际金融危机影响最深的入境市场，继 8 月份实现入境接待“由负转正”以后，本次长假入境接待明显抬头，其中，北京市接待入境旅游同比增长 70%。

（3）红色旅游、乡村旅游大受青睐。国庆 60 周年，既是展示中华人民共和国发展成就的重要时刻，也是缅怀、凭吊红色景区的大好时机。假日期间，韶山接待游客同比增长约 90%，延安接待游客同比增长超过 50%，重庆红色旅游景点接待游客同比增长 25%。乡村旅游是新中国农村发生天翻地覆变化的缩影，也成为城市居民假日旅游休闲的集中去处。假日期间，武汉市乡村旅游接待 30 万人，同比增长 183%；成都市监测的 58 个重点景区中，接待量排在前两位的都是“农家乐”主题景区。

（4）长线旅游保持旺盛势头。受长假和国庆 60 周年的利好影响，本次假日长线旅游受到市场青睐。除了北京、三亚继续保持北南两端的热点地位外，以青岛、杭州为代表的华东地区，成为较为集中的旅游客源地和目的地。云南、贵州、四川等西部省份，成为东部游客喜爱的长线旅游目的地，昆明、成都、西安、南宁等地旅游接待火暴。

（5）旅游节庆、民俗活动丰富多彩。各地积极举办了各具特色的旅游节庆活动，如：北京举办的“第七届中国花卉博览会”、成都推出的“国际美食旅游节”等 38 个主题旅游节庆活动、上海举办的“国际音乐烟花节”等。假日期间，各地普遍举办了“庆祝国庆，喜迎中秋”主题系列活动，受到广大游客的普遍欢迎。

（6）旅游出行方式更加多样。外出旅游的散客化趋势更加突出，以家庭为单位自助化出游比例稳步提升。杭州、南京、昆明、西安等地的主要旅游景点接待显示，散客化比重已超过 70%。游客出行选择的方式更加多样化，自驾车游客明显增加，乘坐动车组出行者增多，飞机、火车继续成为中远程旅游的选择。

（资料来源：http://news.sina.com.cn/c/2009-10-08/190016406133s.shtml）

3．时尚型购买行为

这种购买行为是指旅游者受社会风气及消费流行的影响而发生的购买行为。这类旅游者的兴趣反映在社会的趋时消费或特殊性消费上，他们追求新奇时髦、标新立异。

此外，我们还可以按照购买决策单位将购买行为划分为旅游者购买行为和组织机构购买行为；按照购买方式将旅游购买行为划分为单项旅游产品购买行为和包价旅游产品购买行为；按购买时间将旅游购买行为划分为旺季旅游购买行为、平季旅游购买行为和淡季旅游购买行为；按照购买费用来源将旅游购买行为分为自费旅游购买行为、公费旅游购买行为、奖励旅游购买行为和自助旅游购买行为。

第二节 旅游者购买行为的影响因素分析

人的购买行为是消费者个人特点、社会影响因素和环境因素的函数，旅游者的购买行为也同样受上述三大因素的影响。我们将这些影响因素归结为文化、社会、个人及心理四大方面，如图 3-1 所示。这些因素中，有些可以为旅游营销人员所掌握和控制，也有一部分是旅游营销活动难以控制但又必须重视的。分析这些因素，对旅游企业进行市场细分、市场定位及旅游产品的开发都有着十分重要的意义。

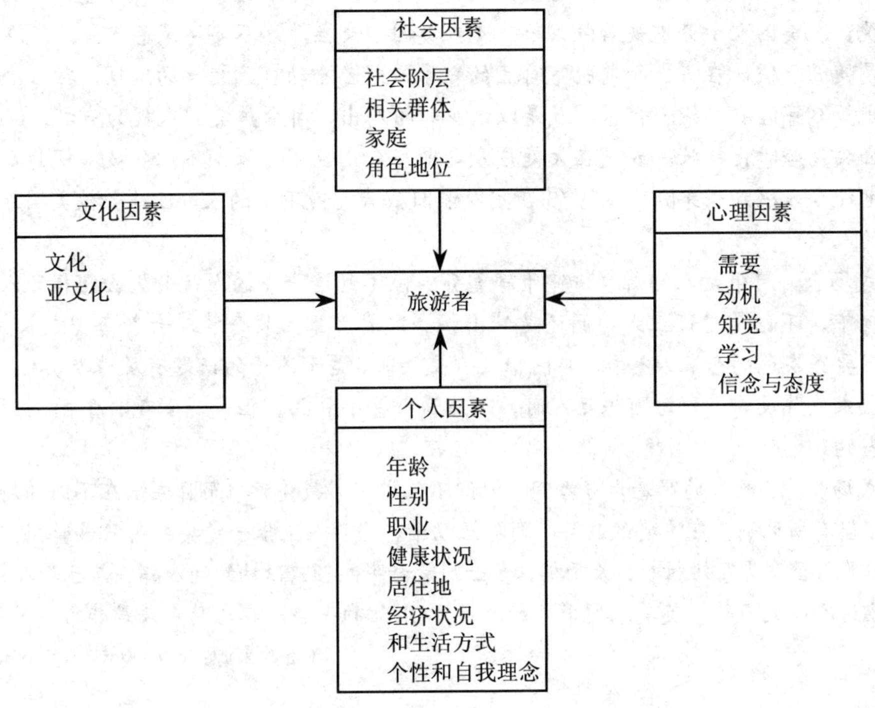

图 3-1 影响旅游者购买行为的主要因素

一、文化因素

文化一般指人类在社会发展过程中所创造的物质财富和精神财富的总和。消费过程本身也是一种文化现象，所以，文化对旅游者行为具有强烈和广泛的影响。在从文化因素分析旅游者行为时，可从文化和亚文化两个方面着手。

（一）文化

每一个旅游者都生活在一个特定的文化环境之中，从小就会受到周围文化的熏陶，所以文化是决定和影响旅游者需求和购买行为的最基本因素，它影响到每个人的心理过程，并制约着旅游者的道德规范、价值观念、思维方式和消费习惯等。不同国家和地区的文化背景不同，旅游者的需求和偏好也不一样，其购买行为也就表现出明显的差异。因此，了解不同国家或地区的文化差异与共性，有利于把握不同文化背景下的旅游者购买行为的异同。

实际上，旅游市场营销是一种跨文化的营销活动，旅游营销人员必须了解旅游者的文化背景，并据此提供符合不同文化背景需要的各类旅游产品。

【小资料 3-2】

各国服饰礼仪

美国人平时的穿着打扮不太讲究。崇尚自然，偏爱宽松，讲究着装体现个性，是美国人穿着打扮的基本特征。跟美国人打交道时，在穿着打扮上应注意以下事项，以免让对方产生不良印象。①美国人非常注重服装的整洁。②拜访美国人时，进了门一定要脱下帽子和外套，美国人认为这是一种礼貌。③美国人十分重视着装细节。④在美国，女性最好不要穿黑色皮裙。⑤在美国，一位女士要是随随便便地在男士面前脱下自己的鞋子，或者撩动自己裙子的下摆，往往会有成心引诱对方之嫌。⑥穿睡衣、拖鞋会客，或是以这身打扮外出，都会被美国人视为失礼。⑦美国人认为，出入公共场合时化艳妆，或是在大庭广众之前当众化妆、补妆，不但会被人视为缺乏教养，而且还有可能令人感到“身份可疑”。⑧在室内依旧戴着墨镜不摘的人，往往会被美国人视作“见不得阳光的人”。

在正式场合，阿根廷人的着装讲究干净整齐。做不到这一点的人就会失去阿根廷人的尊重。在一般情况下，不论是进行正式访问还是外出，一定要男穿西装套装，女着套裙或长裙。 在阿根廷最好不要穿灰色的套装或套裙。与阿根廷人交谈时，适于谈论的话题有足球及其他体育项目、烹饪技巧、家庭陈设等。拜访阿根廷人时，可赠送一些小礼品。但是送菊花、手帕、领带、衬衫等是不适当的。

在正式场合，巴西人的穿着十分考究。他们不仅讲究穿戴整齐，而且主张在不同的场合里，人们的着装应当有所区别。在重要的政务、商务活动中，巴西人主张一定要穿西装或套裙。在一般的公共场合，男人至少要穿短衬衫、长西裤，女士则最好穿高领、带袖的连衣裙。与巴西人打交道时，不宜向其赠送手帕或刀子。英美人所采用的表示“OK”的手势，在巴西看来是非常下流的。

（资源来源：http://www.welcome.org.cn/）

（二）亚文化

亚文化是因具有共同的生活环境而形成共同价值体系的人群所遵循的文化标准。亚文化群体的成员对特定的诸如食物、服装、生活习惯等有着极大的偏好。它又可以分为以下几种类型。

1. 民族亚文化群

每个国家都存在不同的民族，每个民族在漫长的历史过程中，形成了各自独特的风俗习惯、文化传统、生活观念和审美观念，有些民族还拥有自己的语言文字，有独特的教育体系和教育方式。这些不同的特点都将导致各民族之间在旅游需求和购买行为等方面的差异性。

2．宗教亚文化群

宗教是人类社会发展到一定阶段的历史文化现象。每个国家都存在不同的宗教。不同的宗教群体，具有不同的文化倾向、习俗和禁忌。这些宗教的信仰者在信仰、生活方式、习俗、审美观念、价值观以及禁忌等方面存在着区别，进而导致旅游需求和购买行为的差异。

3．地理亚文化群

不同的地理区域、气候和人口密度，导致了旅游者不同的风俗习惯、生活方式、品位和爱好等。这些也必然会影响各地区旅游者的购买行为。

4．种族亚文化群

白种人、黑种人、黄种人等，都属于不同的种族。一个国家可能有不同的种族，而不同的种族有不同的生活习惯和文化传统，这之间也同样具有旅游需求和购买行为的差异性。

二、社会因素

社会结构以及相应的社会控制机制必须深刻地影响社会成员的购买行为，使个人行为与社会需要相互协调起来。对旅游者购买行为影响较大的社会因素有四类，分别为社会阶层、相关群体、家庭和角色地位。

（一）社会阶层

社会阶层是社会学家根据职业、收入来源、教育水平、价值观和居住区域对人们进行的一种社会分类，它是按层次排列的、具有同质性和持久性的社会群体。同一社会阶层的人往往有共同的价值观、生活方式、思维方式和生活目标。旅游者购买行为与其所属的社会阶层有密切关系。处于不同阶层的消费者，其消费内容、消费水准和消费习惯都有明显的区别。因此，旅游企业有必要适当区分不同阶层的消费者，以利于更好地满足他们的不同需求。

【小资料 3-3】

美国社会阶层的划分及其特征

（1）上上层（不到 1%）。上上层是继承大量遗产、出身显赫的达官贵人。他们捐巨款给慈善事业，举行或参加社交活动的舞会，拥有一处以上的住宅，送孩子就读最好的学校。这些人是珠宝、古玩、住宅和度假用品的主要市场。他们的采购和穿着常较保守，不喜欢炫耀自己。这一阶层的人，当其消费决策向下扩散时，往往作为其他阶层的参考群体，并作为其他阶层人模仿的榜样。

（2）次上层（2%左右）。次上层是由于在职业和业务方面能力非凡而拥有高薪和大量财产的一类人，他们常来自中产阶级，对社会活动和公共事业颇为积极，喜欢为自己的孩子采购一些与其地位相称的产品，诸如昂贵的住宅、游艇和汽车等。他们中有些是暴发户，其摆阔挥霍浪费的消费形式是为了给低于他们这个阶层的人留下印象。这一阶层的人的志向在于被接纳入上上层。

（3）中上层（12%）。这一阶层既无高贵的家庭出身，又无多少财产，他们关心的是“职业前途”，他们已获得了自由职业者、独立的企业家及公司经理这一类职位。他们重视教育，希望其子女成为专业工作者或是管理技术方面的人才，以免落入比自己低的阶层。这个阶层的人善于构思，有高度的公德心。他们注重住宅，是衣服、家具和家用器具最适宜的市场。

（4）中间层（32%）。中间层是指中等收入的白领和蓝领工人，他们居住在“城市中较好的地段”，并且力图“干一些与身份相符的事”。他们通常购买时尚产品。他们中25%的人拥有进口汽车，其中大部分人看重时尚。中间层认为有必要为他们的子女在值得见识的方面花较多的钱，比如他们要求子女接受大学教育。

（5）劳动阶层（38%）。劳动阶层包括中等收入的蓝领工人和那些过着劳动阶层生活方式的人。劳动阶层主要依靠亲朋好友在经济上和道义上的援助，依靠他们介绍就业机会，并在购物时听从他们的忠告，困难时期依靠他们的帮助。度假对于劳动阶层的人来说，指的是“待在城里”，外出指的是“到湖边去或去车程不到两小时的地方”。劳动阶层仍然保持着明显的性别分工和陈旧习惯。

（6）次下层（9%）。次下层是指生活水平刚好在贫困线之上的一类人，他们干着那些无技能的劳动，工资低得可怜。次下层的人往往缺少教育，从而容易落到贫困线以下。

（7）下下层（7%）。下下层是指长期依靠公众或慈善机构救济的一类人，他们往往与财富不沾边，一看就知道贫穷不堪，常常失业，一般对寻找工作不感兴趣。

（资料来源：沈铖等：《全球营销学》，武汉，武汉大学出版社，2004）

（二）相关群体

相关群体是指以一定方式结合在一起，具有共同目的，彼此相互影响、相互作用，心理上有认同感并具有情感联系的人群。人们的生活方式和偏好不是天生的，而是后天形成的。对消费者生活方式和偏好有影响的各种社会关系就是相关群体，一般包括以下几类：①主要群体，也称紧密型成员团体，即与消费者个人关系密切、接触频繁、影响最大的团体，如家庭、朋友、同学和邻居等；②次要群体，也称松散性团体，即与消费者关系一般、接触不太密切、不保持持续交互影响的群体，如个人参加的各种社会团体；③崇拜性群体，也称渴望团体，即渴望成为团体中的一员，仰慕此类团体成员的名望、地位，狂热效仿其消费模式与购买行为，该类团体的成员一般为社会名流，如影星、歌星、体育明星、政界要人和学术名流等。相关团体对旅游者购买行为是潜移默化的，表现为以下三点。

（1）相关群体为消费者展示出新的行为模式和生活方式。

（2）由于消费者有效仿其相关群体的愿望，因此消费者对某些事物的看法和对某些产品的态度也会受到相关群体的影响。

（3）相关群体中，人们的行为趋于某种“一致化”，从而影响消费者对某些产品和品牌的选择。

（三）家庭

家庭是社会的细胞，是最重要的相关群体。人的生活习惯、行为方式首先是从家庭中

习得的。在家庭的影响下，家庭成员形成了一定的价值观、审美情趣、爱好 、生活习惯，学会了一定的消费技能，同时家庭的结构、家庭生命周期、家庭的社会地位及经济收入、家庭对消费的态度等，都会对旅游消费行为产生直接而深刻的影响。家庭对旅游消费的影响还在于每个家庭成员对购买决策所起的不同作用（见表 3-1）。社会学家按家庭权威中心点的不同把家庭分为四类：各自做主型、丈夫决定型、妻子决定型和共同决定型。家庭权威中心点会随着社会、政治、经济状况的变化而变化。例如，由于社会教育水平的提高和妇女就业的增加，妻子在购买决策中的作用越来越大，许多家庭的购买决策由以前的丈夫决定型转变为共同决定型甚至是妻子决定型。再如我国长期实行计划生育的政策，因此城镇居民家庭多为三口之家，即家庭由父母及独生子女组成，独生子女在家庭中备受关注，他们对家庭的旅游消费决策的影响也越来越大，是旅游市场营销中不容忽视的因素。

表 3-1 家庭旅游决策方式

家庭旅游的决策对象	起主导作用的决策方式
度假旅游目的地	丈夫起主导作用
食宿条件的选择	丈夫起主导作用
是否带孩子一起旅游	共同影响，一方决策
度假旅游时间长短	共同影响，一方决策
度假旅游日期	共同影响，一方决策
交通工作的选择	共同影响，一方决策
度假活动内容	共同影响，一方决策
是否去度假旅游	共同影响，一方决策
花多少钱去度假旅游	共同影响，一方决策

另外，家庭生命周期对个人及家庭的旅游购买行为有很大影响。家庭生命周期是指一个新的家庭成立到此家庭消失的全部过程。一般可以将其划分为四个阶段：新婚期、满巢期、空巢期和年迈期。在新婚期，家庭旅游多集中于高档生活用品，旅游也可能成为他们生活中的重要组成部分。在满巢期，家庭的大量收入用于同子女的旅游，且子女幼小时难于外出旅游。在空巢期，子女独立，夫妻旅游的可能性大大增加且购买能力很高。在年迈期，经济状况和身体状况良好的老年旅游者往往会结伴外出旅游，其需要舒适、温馨、质量高的旅游产品。

（四）角色地位

一个人在每一群体中的位置可以用角色和地位来说明。一个角色包含了周围人期望其进行的所有活动。每一个角色都附着一种地位，地位可以反映出该角色在社会中受尊重的程度。一个人所扮演的每个角色与地位，都会直接影响其购买行为。例如，现在许多旅游行社推出的由成年子女陪伴老年父母的亲情旅游团很受欢迎，就是因为该旅游市场营销活动考虑了旅游者的角色。此外，如五星级酒店设立的总统套房，也是为旅游者的特殊身份

地位而设计的。

三、个人因素

在社会文化诸因素都相同的情况下，每个旅游者的购买行为仍然会有很大的差异，这是由于年龄、性别、职业、健康状况、居住地、经济状况和生活方式、个性和自我观念等个人因素的不同而造成的。

（一）年龄

年龄的差异使旅游者在生理和心理状况、收入及旅游购买经验等方面产生差别。因此，不同年龄的旅游者会表现出不同的旅游购买行为。不同旅游者在选择旅游产品的种类、品牌以及旅游过程中的购买行为也有很大差别。例如，大多数年轻人喜欢时尚的、有刺激性、冒险性较强、体力消耗较大的旅游活动，而老年人则倾向于节奏舒缓、舒适并且体力消耗较小的旅游活动。

年龄是生命周期阶段划分的主要依据，一个人的生命周期与家庭生命周期往往有很大的关系。例如，目前在经济发达国家中，小规模家庭已经成为定式，家庭中幼年子女的数量在减少，此外，离婚率的上升导致了许多单亲家庭的出现。因此，家庭数量的增多使更多的人有理由去拜访居住在别处的亲朋好友。另外，随着全球老龄化趋势的发展，老年人旅游市场（也被称为“银发族”）的规模不断壮大，而且其中大多数人更具有活力、身体更健康、经济更宽裕。

（二）性别

性别对旅游购买行为的影响大多产生于传统文化所赋予的性别角色行为以及不同性别在社会结构中所处的地位和由此带来的就业、收入等方面的差别。除此之外，性别差异也在纯粹的生理意义上对旅游购买行为产生一定的影响。从总体看，男性往往比女性在体力上更充沛，活动速度更快，但体力恢复却较慢，因此，两性在选择旅游项目上有较大区别。此外，女性旅游者在旅游目的地的选择中往往更注重旅游购物条件以及安全保障。

（三）职业

个人的职业在很大程度上决定了这个人在社会结构中所处的地位。职业与受教育程度和收入水平等有着密切的联系。作为旅游需求的一个重要决定因素，受教育的水平越高，旅行的次数就越多；职业在很大程度上也决定了一个人的收入水平，而可自由支配收入的增加是产生旅游购买行为的必要条件。

职业本身也意味着购买者的工作性质和生活经历。不同职业的人由于工作性质的不同可能会选择不同的旅游产品。例如，那些工作繁杂程度高、人际交往频繁、工作任务重的就业者倾向于选择放松型的度假旅游或保健旅游。由于职业也代表一种生活经历，因此，在旅游过程中，旅游者有可能有意识地接触或避免接触与自己职业相关的当地居民，参加或避免与职业相关的旅游活动。

（四）健康状况

任何旅游活动都需要耗费一定的体力和精力。因此，旅游者的身体健康状况就成为旅游购买行为的直接影响因素。身患重病的人很难进行旅游活动，而健康状况不佳者也只能在体力允许的范围内选择旅程较短、耗时较少的旅游项目。健康状况不同，旅游者对交通工具、住宿设施及饮食要求也有很大差异，并且生理健康状况也会影响到旅游者的心理状况，从而间接影响到旅游者的购买行为。

（五）居住地

一个地理区域的地形、气候、地貌及水文等组成了该地区居民生活经历中的重要部分。这方面的生活经历会促使旅游者寻找地理要素上有差异的目的地。另外，居住地的地理位置也意味着目的地和客源地之间的距离。距离对旅游地的选择既是推动因素也是阻碍因素，远距离既给旅游地带来遥远感和吸引力，同时也产生交通、时间及价格等问题。

同时，居住位置影响人们的旅游购买范围。人们倾向于在较近的范围内进行旅游咨询和预订。尽管现代化的通信技术使居住位置及旅游销售地点对旅游购买的制约程度有所下降，但旅游营销人员还是应该力求使分销地点接近旅游者的居住位置。

（六）经济状况和生活方式

经济因素是决定消费能力大小的主要因素，旅游消费需求的实现取决于一定的可支配收入、储蓄和资产，不同收入阶层在消费观念、消费方式、消费偏好及需求模式上是不同的。

生活方式是指一个人在生活方面所表现出的兴趣、观念及参加的活动。它对消费行为的影响是显而易见的。有些人虽然出身于同一社会阶层，来自同一文化环境，具有相似个性，但却有不同的生活方式。市场营销是向消费者提供所有可能的生活方式的一个过程，它使消费者有可能按自己的爱好，选择最适当的生活方式。所以，旅游企业应调查了解目标市场上消费群体的生活方式，制订出适当的旅游营销方案和策略。

【小资料 3-4】

美国人的 8 种生活方式

（1）现代者：占美国人口的 8%。他们具有最大的资源。他们具有高度自信、高收入和高的受教育水平。他们可以融入所有的自我导向之中。他们利用自己的财富来显示他们个人的格调、品位和特点。他们具有广泛的兴趣，乐于赶时髦，善于接受新产品、新技术、新的分销方式，不相信广告，阅读大量的出版物，且为轻度电视观看者。

（2）实现者：占美国人口的 12%。处于这个细分市场中的人成熟、负责任，且接受过较好的教育，知道较多的信息并且年龄较大（他们中 50%的人已经在 50 岁以上）。他们乐于跟家人在一起，具有高的收入。他们消费时更加面向价值观念，对名望不太感兴趣，且喜欢教育和公共事务，阅读广泛。

（3）成就者：占美国人口的 10%。他们具有较多资源。他们关心他们的工作和家庭，并努力在工作中有所成功。他们在政治上较为保守，尊重执政当局，且这种理念不会变化。他们容易被昂贵的产品吸引。他们喜欢阅读商务、新闻和自助出版物，为中度电视观看者。

（4）享乐者：占美国人口的11%。他们年轻，精力充沛。他们花费大量的时间在身体锻炼和社交活动上，且不吝惜在衣服、快餐和音乐上的花费。其中，略低于20%的人已经完成了大学教育（无学位），但他们正在努力获得一个大学的学位。他们喜欢新产品，与细分市场中其他类型的人相比，具有更大的冒险性。他们追随时髦和风尚，在社交活动上花费较多的可支配收入，购买行为较为冲动，且广告，爱听摇滚乐。

（5）信任者：占美国人口的17%。他们具有适度的资源，且为细分市场中占比最大的类型。他们受教育的程度很低，其信仰被传统的道德观念深深束缚。他们中的三分之一以上的人已经退休。他们购买美国制造的产品，偏好变化较慢，乐于寻求廉价商品。他们阅读有关退休、家庭、花园和感兴趣的杂志，且为重度电视观看者。

（6）奋斗者：占美国人口的14%。他们具有蓝领背景，并且努力超过比他们更成功的人。他们收入有限，但能够保持信用卡平衡。他们注意形象，故而其花销主要发生在服装和个人保健产品上。与阅读相比，他们更喜欢观看电视。

（7）休闲者：占美国人口的12%。他们相对年轻，并且在价值观上易于满足。他们对物质财富或世界事件不感兴趣。他们主要关心家庭、工作和身心娱乐。他们认为商店的存在是为了体现舒服、耐用和价值观，且不被奢侈所动，仅购买基本的东西。他们阅读汽车、家用机械、垂钓和户外杂志，爱听收音机。

（8）挣扎者：占美国人口的16%。他们在所有细分市场中是收入最低、资源最少的人，因为他们主要是为生存而战，所以他们并没有任何的自我导向。但他们忠实品牌，相信广告。他们阅读小型报和女性杂志，且经常观看电视。

（资料来源：http://wiki.mbalib.com/wiki/VALS2%E6%A8%A1%E5%9E%8B）

（七）个性和自我观念

个性在心理学中也称人格特质，它是指一个人身上表现出来的经常的、稳定的、实质性的特征，如外向、内向、开拓、保守等。个性促使个人对周围环境有相当持续一致的反应，同样，个性的差别也将导致购买行为的不同。

有关个性类型的研究很多，较为典型的是著名心理学家荣格关于外向型个性和内向型个性的划分。一般外向型个性的人性格开朗、活泼，易于表达自己的感情，独立性强，不拘小节，喜欢和人交往；而内向型个性的人沉静、小心谨慎、不爱交际。美国学者斯坦利、普洛格对以上两种不同个性类型的旅游行为进行了对比分析，如表3-2所示。

表3-2　内向型和外向型旅游者的旅游行为

内　向　型	外　向　型
选择熟悉的旅游目的地	选择非旅游地区
喜欢旅游地的一般活动	喜欢获得新鲜经历和享受新的喜悦
选择晒日光浴和游乐场所	喜欢新奇、不寻常的旅游场所
低活动量	高活动量

续表

内向型	外向型
喜欢驾车前往旅游点	喜欢乘飞机去旅游景点
喜欢正规的旅游设施，如设备齐全的旅游旅馆、家庭式的饭店和旅游商店	要求一般或较好的旅馆，不一定要高级宾馆，不喜欢专门的旅游商店
喜欢家庭气氛和熟悉的娱乐活动，不喜欢外国气氛，要准备齐全的旅行袋	愿意接触民国文化和居民，旅游的安排只包括最基本的项目（交通工具和住宿）
全部日程都事先安排妥当	日程安排留有较大的余地和灵活性

自我观念也就是自我形象，是指消费者在心目中把自己看成怎样一个人、怎样一种形象，或者企图让别人把自己看成什么样的人。一般认为，自我观念是真实的自我、理想中的自我和别人眼中的自我的三者合一，这也是营销人员应关注的重要因素。消费者在购买商品时，如果认为该商品与自己的形象相一致，往往就会决定购买，与自己的形象不相称，就会拒绝购买。

四、心理因素

旅游者的购买行为通常还会受到旅游者心理因素的影响，这些因素包括需要、动机、知觉、学习、信念与态度。

（一）需要

个体在任何时候都会有许多需要。一些是生理性的，由饥饿、干渴与不舒适引起；一些是心理的，由一些紧张状态引起，比如认可、尊重或归属等。在大部分时间里，需要都是非常弱的，不足以激发一个人的行为。

（二）动机

当需要强度达到足够的水平时，便转化为动机。动机就是强烈得能驱使人采取行动的需要。人类的需要是多种多样、有层次性的。美国心理学家亚伯拉罕·马斯洛的需要层次论将人类需要分为五个层次：生理的需要、安全的需要、社交的需要、尊重的需要和自我实现的需要，如图 3-2 所示。

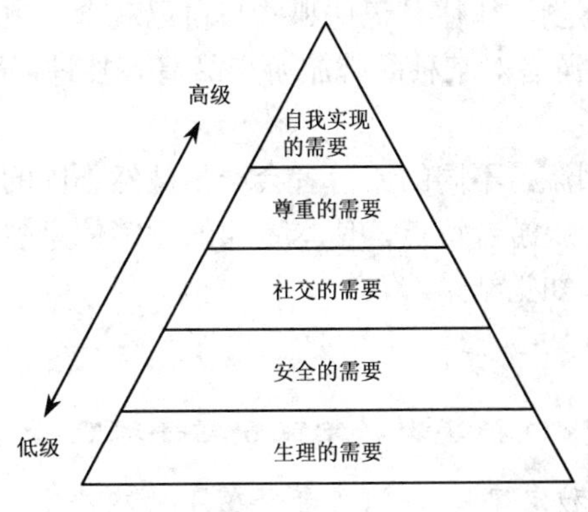

图 3-2 马斯洛的需要层次论

马斯洛认为，人的最低层次需要是生理的需要，这也是人类最基本的需要。当低层次的需要得到满足后，人们才会产生高层次的需要。旅游需要是在人的基本需要得到满足后，才会产生的较高层次的需要，是出于安全、社交、尊重与自我实现的需要而产生的。

此外，美国学者麦金托什认为，旅游动机有四类：①身体健康的需要，包括休息、运动、消遣、娱乐以及其他的与身体健康直接有关的动机；②文化方面的需要，包括了解其他国家的文化，如音乐、艺术、民俗、舞蹈、绘画和宗教等；③交际方面的需要，包括接触其他民族、探亲访友、结交新朋友以及摆脱日常事物、摆脱家庭和邻居等；④地位和声誉方面的需要，包括会议旅游、考察旅游、修学旅游，等等。世界旅游组织的专家指出，21 世纪人们的旅游动机可以归纳为：重新寻根、欣赏自然与文化、特殊兴趣旅游以及缓解现代社会紧张压力。

（三）知觉

人们凭借视觉、听觉、嗅觉、触觉和味觉来获得感觉。每个个体都以各自的方式接收、组织和解释所感受到的信息。知觉是个人选择、组织和解释外来信息而产生内心世界反应的过程。它对旅游者心理认同感受有很大的影响。旅游企业即使提供相同的营销刺激，不同的旅游者也会产生截然不同的感知反应，进而影响其购买行为。知觉存在着选择性注意、选择性曲解和选择性记忆三个过程。

1．选择性注意

在日常生活中，人们会接触到众多的旅游刺激，但这些刺激不可能全部被注意到，其中大部分会被过滤掉，人们只会注意自己一些较为关心的或者特殊的刺激物。因此，引起旅游者对旅游产品的注意应当是旅游营销人员的首要工作。

2．选择性曲解

即使是旅游者注意到的刺激，也并不一定会产生预期的作用。每个人总是按自己固有的思维模式来接受信息，从而造成先入为主、按照自身意愿曲解信息的倾向，这种倾向称作选择性曲解。例如，某些旅游者已通过亲朋好友或同事的亲身经历对某家旅游企业的信誉度形成了一定的思维倾向，当外界广告的刺激与其已建立起来的感知不一致时，他们往往对广告产生不信任感。

3．选择性记忆

人们对许多已了解的事物，往往只记住那些与自己观念一致的事物。这在旅游者的消费偏好中表现得十分明显。旅游者对某种品牌旅游产品情有独钟，而引起再次购买行为的发生，就是选择性记忆作用的结果。

企业提供同样的营销刺激，不同的旅游者会产生截然不同的知觉反应，与企业的预期可能并不一致。企业应当分析旅游者特点，使本企业的营销信息被选择成为其知觉对象，形成有利于本企业的知觉过程和知觉结果。

【小资料 3-5】

色彩营销：给竞争对手颜色看

美国营销界总结出“7 秒定律”，即消费者会在 7 秒内决定是否有购买商品的意愿。商品

留给消费者的第一眼印象可能引发消费者对商品的兴趣，希望在功能、质量等其他方面对商品有进一步的了解。如果企业对商品的视觉设计敷衍了事，失去的不仅仅是一份关注，更将失去一次商机。而在这短短7秒内，色彩的决定因素为67%，这就是20世纪80年代出现的“色彩营销”。

“色彩理论”为世界上每一个人、每一个企业，甚至一些成功的品牌，带来了全方位的超强效果。很多商家抓住商机，运用色彩理论进行产品营销，成功者数不胜数。近年来，中国的企业也越来越重视色彩在产品营销中的作用。那么，该如何运用色彩进行有效的营销呢？

（1）设定商品形象。明确商品的消费对象和公司产品的战略位置，同时顾及时代潮流、客户的嗜好等信息，以此设定商品形象。在MP3播放器市场色彩混杂，令人眼花缭乱之际，苹果公司的ipod播放器横空出世，其简洁纯净的外观立即吸引住了消费者的眼球。白色意味着极度简约，而ipod就胜在简约，成为了一代经典。

（2）色彩形象概念。概括上述基本形象概念，同时考虑色彩的组合问题，包装的色彩，商品本身的造型、材料和图案等，选定具体的颜色。同一个企业会推出不同的产品，出现不同的造型、图案等，但某一具体颜色会成为所有商品的基色，代表了企业的形象，如绿色的“鳄鱼”、红黄色的“麦当劳”、金黄色的“柯达”、海水蓝的“苹果电脑”等。

（3）展开销售计划。销售计划的实施要能给顾客留下深刻的印象，其成功运作要借助于商品本身、包装、宣传资料、说明书、商品陈列等色彩形象策略。2005年，港中旅投入巨资打造了在线旅游电子商务平台—— 芒果网。芒果网大胆采用鲜明的橙黄色和嫩绿色，并以芒果为主要形象，组合成明快易记的形象特征，配以广泛的媒介传播和公关活动，在影院、商场等场所进行会员招募等宣传。这个新进市场的在线旅游电子商务品牌，一举改变此前携程和艺龙网缺乏明显色彩营销的模式，给消费者留下了深刻印象，迅速在旅游电子商务市场崛起。

（4）建立信息管理系统。收集资料，掌握“什么东西最好卖”和“为什么好卖”两个要点，验证色彩营销策略，同时建立商务信息资料系统，利用色彩营销积累的资料，更有效地为色彩营销策略提供帮助。通过长年对中国消费者的调研，LG电子已总结出许多实用性经验。在手机这种接近于装饰品的产品领域，中国消费者已可以接受丰富的色彩和图案。而色彩因素是“巧克力”手机最重要的市场竞争力，其红黑色彩的搭配产生了巨大的视觉冲击力。这种强大的“色彩差异”让消费者在第一眼看到它时就产生怦然心动的感觉，这种“怦然心动”当然会让消费者将“巧克力”带回家。

外观是商品与消费者最直接的沟通方式，色彩是打开消费者心灵深处的钥匙，往往能引起消费者内心的共鸣。以“色”悦人营销法则的运用，能产生一种无形却又非常有效的沟通作用，会自然地引起消费者的购买行为。

（资料来源：http://baike.baidu.com/view/184137.htm?fr=ala0）

（四）学习

学习指由于后天经验而引起个人知识结构和行为的改变。内在需要引起购买某种商品的动机，这种动机可能在多次购买之后仍然重复产生，也可能在一次购买之后即行消失。为何这种动机会重复或消失，心理学家认为其来自后天经验，可以用“学习的模式”来表述，如图3-3所示。

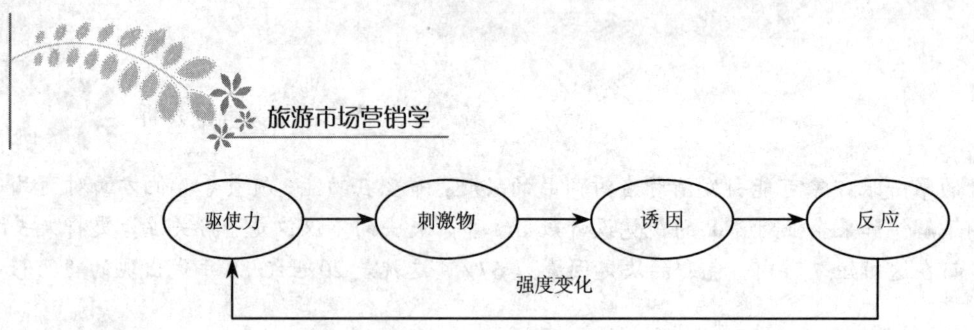

图 3-3　学习的模式

驱使力指存在于人体内、驱使人们产生行动的内在刺激即内在需要。心理学家把驱使力分为原始驱使力和学习驱使力两种。学习驱使力是后天形成的内在刺激，如恐惧、骄傲和贪婪等。如人们会担心财产安全、交通安全以及希望工作取得成就等，都是从后天环境中学习得到的。

刺激物是指可以满足内在驱使力的物品，如果内在驱使力得不到满足，人们就会处于“紧张情绪”中，当驱使力发生作用并寻找相应刺激物时就成为动机。

诱因是指刺激物所具有的能驱使人们产生一定行为的外在刺激。正诱因可以吸引旅游者购买，负诱因则会引起旅游者的反感或回避。

反应则是驱使力对具有一定诱因的刺激物所发生的反射行为。如果驱使力反应后的效果良好，则反应被增强；若效果不佳，则反应被削弱，且以后对具有相同诱因的刺激物不会发生改变。

（五）信念与态度

信念是一个人对事物的描述性看法；态度是一个人对某种客观事物或观念的比较一贯的评价、感觉和倾向。人们通过行动和学习来建立自己的信念和态度，它们反过来也会影响其购买行为。

信念和态度可能基于实际认识，也可能基于个人见解，有时也掺杂个人感情色彩。信念和态度形成后具有长期性，是不容易改变的。一个人的各种态度是与某个模式相匹配的，要改变其中一种态度，可能要牵动很多方面。对旅游企业而言，生产那些符合现存态度的产品要比改变人们对产品的态度容易得多。

当消费者形成了一种稳定的态度之后，期望改变消费者的态度从而进行有效的营销工作是不符合现实规律的。一般而言，旅游企业在营销的过程中应该首先帮助游客建立一种新态度，一种有利于企业实现营销目标的新态度，然后再进行相关的工作。

综上所述，影响旅游者购买行为的因素是多方面的，旅游者做出的消费选择是文化、社会、个人和心理等因素共同作用和影响的结果，这些影响因素使旅游者的行为呈现出不同的特征。对旅游营销人员来说，可以根据旅游者购买心理与购买行为的不同特征，采取适当的营销措施，以对旅游者的购买决策产生影响，这对于旅游企业开展营销工作具有十分重要的意义。

第三节　旅游者购买决策过程

仅仅了解影响旅游购买行为的主要因素，对旅游营销人员来说还是不够的，旅游营销人员还需要了解旅游者是谁，他们面临着什么样的决策，哪些人参与决策，旅游者购买决策过程的主要步骤是什么等。

一、旅游者购买决策的参与者

对许多商品而言，识别购买者是非常容易的。例如，烟草制品的购买者大都是男性，而一些生活用品则是女性的专用。然而，购买旅游产品或服务时，其涉及的决策单位往往不止一个。以家庭旅游为例，也许外出旅游的提议是由放暑假的孩子提出的，妻子表示了赞同后，选择了朋友推荐的旅游地，而购买决定最终由丈夫作出。营销人员应该识别是谁作出购买决策的，以便更好地针对这些角色设计产品、确定信息和安排促销等工作。所以人们在一项购买决策中可能扮演不同的角色。

一般来说旅游购买过程的参与者有以下五种。

（1）发起者。指首先想到或提议购买某种旅游产品或服务的人。

（2）影响者。指其看法或建议对最终旅游者购买决策具有直接或间接影响的人。

（3）决定者。指在是否买、为何买、买什么、如何买等方面的购买决策作出完全或者部分最终决定的人。

（4）购买者。指实际购买旅游产品或服务的人。

（5）使用者。指实际旅游或使用该旅游产品或服务的人。

二、旅游者购买决策过程

旅游者购买决策过程是旅游者购买动机转化为购买活动的过程。不同旅游者的购买过程既有各自的特殊性，也存在一般的共性。旅游者购买决策的内容可以概括为六个方面，如图3-4 所示。分析旅游者的购买决策过程，有利于旅游企业针对不同情况，采取不同的营销策略，更好地满足旅游者的需求。

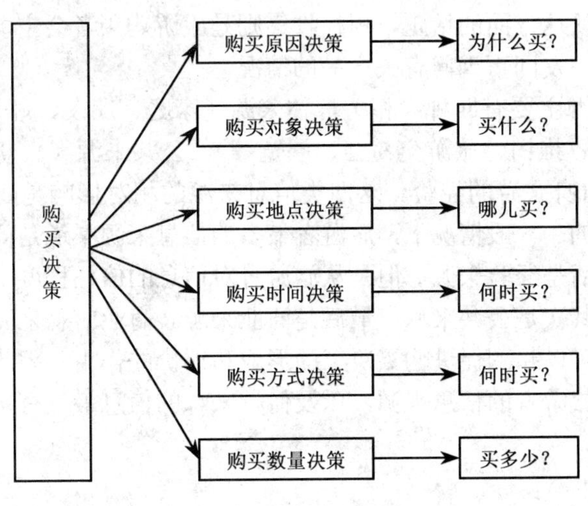

图 3-4　旅游者购买决策的内容

旅游者的购买决策过程是一个解决问题的过程。在这个过程中，既有看不见的心理活动，又有表露于市场上的有形活动。它在实际购买之前就已经开始，在购买后的一段时间才会结束。一般来说，旅游者的这一过程，一般可以分为五个阶段。如图 3-5 所示。

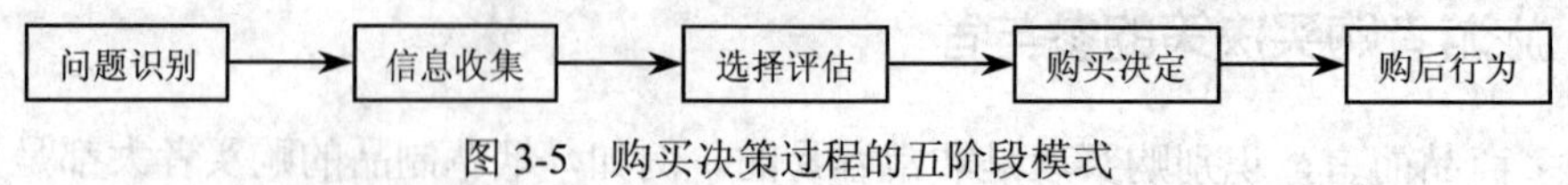

图 3-5 购买决策过程的五阶段模式

（一）问题识别

旅游者的购买过程是从问题识别开始的。问题识别的过程也是需求的认识过程。当旅游者感到某种旅游需求应予以满足时，购买过程就开始了。人们的旅游消费需要是由两种刺激引起的。一个是由内在的生理或心理要求引起的需求。当人们长期处于紧张的工作环境中，就会产生放松、娱乐的需要，从而产生了外出旅游的动机。另一个是受外界的某种刺激引起的需求。

旅游营销人员应努力去了解旅游者产生需求的自身生理、心理状况以及旅游者所处的环境，掌握旅游者的身心状况的特点和环境中促使旅游者需要产生的因素，从而发现旅游者会产生什么类型的旅游需要或问题、产生需要的原因及此次需要会引导旅游者寻求何种旅游产品等，以便有针对性地制订营销策略。

（二）信息收集

当人们产生了旅游需求时，一般会有意地或下意识地寻找有关旅游产品的信息。购买者寻找信息时的投入程度取决于以下几种因素：①购买者对各种可选产品的了解程度；②对该种产品需要的迫切性；③产品的价值和重要性；④寻找信息所需花费的时间、精力和费用。根据旅游购买者寻找信息的投入程度可以将信息搜集过程分为两种情况，即加强注意和积极收集。加强注意是指购买者只是对旅游产品的信息变得更加关心，他会适当地留意有关旅游产品的广告，同朋友谈这方面的话题。积极收集则是旅游购买者会主动寻找各种资料，打电话询问旅游机构并向朋友同事询问有关产品的情况。

旅游者的信息来源主要有四种：相关群体来源（家庭、朋友、邻居、熟人、同事等），商业来源（旅游广告、推销、旅游交易会、展览等），公共来源（大众传媒、各种非企业的评审组织），旅游者自身旅游的经验。这四类信息来源的相对影响是随着商品的类别和购买者的特征而不断变化的。一般情况下，旅游者最多的信息来源渠道是商业来源，其次为公共来源和个人来源，最后是经验来源。但是从旅游者对信息的信任程度来看，经验来源和个人来源的信任度最高，其次是公共来源，最后是商业来源。商业信息来源一般可以起到通知的作用，个人信息来源可以起到促进购买决策的形成和评价的作用。因此，旅游营销人员可以通过市场调查来了解旅游者的信息来源，以及何种来源的信息最具有决定作用。

（三）选择评估

旅游者进行购买选择时，不论是对目的地的选择，还是对单项旅游产品的选择，都会在

多个选型中进行比较。在大多数情况下，一个旅游者在进行目的地选择时，一般只会在若干个目的地中进行挑选。因此，旅游营销人员只有使自己的产品入围才有被选中的可能。旅游者的评价行为主要涉及三个方面。

（1）产品属性。指产品所具有的能够满足旅游者需要的特性。旅游产品综合性强，通过旅游活动能够满足旅游者的文化、健康、娱乐、宗教等多种动机，例如，一个度假地可以为旅游者提供利益的属性有风景、气候、居民态度、购物及娱乐条件、住宿饮食条件、安全以及价格等。而每位旅游者对这些属性的评价差别很大：有的旅游者可能比较看重价格，而将风景和安全等放在第二位；且其他的旅游者也许更注重住宿、饮食和气候，却不在乎价格的高低。因此，旅游营销者应了解旅游者主要对哪些产品的属性更感兴趣以确定本企业的产品。

（2）品牌信念。指旅游者对某品牌产品的属性和利益所形成的认识。旅游企业一般通过品牌来强化产品的属性，旅游者则是通过此属性来建立对某品牌的信念。信念越坚定，旅游者选择某品牌的倾向性越大。

（3）效用程度。指旅游者对某个品牌每一个属性的效用功能应该达到何种标准的要求。换言之，该品牌每个属性的效用功能必须达到何种标准他才会接受。

（四）购买决定

通过对可选方案的评估，旅游者已经初步产生了购买意图。购买意图如果不受其他相左意见和信息的干扰，就会导致购买决策与购买行为。一般而言，购买意图和购买决策包括品牌决策、代理商决策、时间决策、数量决策和支付方式决策等。

但是，旅游者的购买意图经常会受到来自他人意见和突发因素的干扰。他人意见会影响到各种决策的进行，他人对旅游购买决策的影响程度取决于以下两方面的因素：他人对某项购买决策的否定程度和他人意见对购买者的影响力。他人对该项旅游购买决策的否定程度越强烈，而且他人与购买者的关系越密切或对购买者越重要，购买者就越有可能改变其购买意图。突发因素也可能使旅游购买者改变购买意图。突发因素可分为与产品相关的突发因素和与产品无关的突发因素。与产品本身相关的突发因素可能是旅游购买者突然发现了有关产品的不利信息。与旅游产品本身无关的突发因素包括出现了其他更迫切的购买要求或由于工作关系闲暇时间突然减少等因素。所以，有对特定产品的购买意图并不一定有相应的购买决策和购买行为。

（五）购后行为

旅游者在完成购买行为和旅游行为之后，一般会体验到三种感觉：满意、不满意以及疑虑。每一种体验都会伴随有特定的购后行为。而这些体验和行动又会影响到该旅游者下次购买行为以及他人的购买决策。因此，购后行为对于旅游营销人员仍具有重要意义。

购买后的满意程度是以下两个因素共同作用的结果：产品和服务的实际质量以及顾客期望的产品质量。一般而言，如果产品和服务的期望质量与实际质量相符，那么旅游者会感到满意。如果产品和服务的期望质量高于实际质量，那么旅游者会感到不满意。当客人既体验不到满意感，也没有对产品出现明显不满时，顾客在旅游后就会出现购后疑虑又称

购后失调。

旅游购买后的满意度会影响到旅游者的购后行为。如果旅游购买者在旅游后最终获得了满足，那么在下一次购买中，该旅游者就倾向于继续购买该产品和服务。更为重要的是，获得了满足感的旅游购买者会倾向于在日常生活中向相关群体中的成员称赞该产品和服务，而这种口头宣传往往对相关群体成员的购买决策产生巨大的积极影响。

当旅游者不满意时，其反应则会迥然不同。首先，该旅游者倾向于下次不再购买该产品和服务。旅游者会向旅游服务企业、旅游管理机构及旅游行业协会提出投诉。对营销人员而言，更糟的情况是不满意的旅游者还有可能在相关群体成员及他人面前批评该产品，从而对这些人的购买决策产生极大的消极影响。在旅游服务中出现失误从而导致旅游者不满意是不可避免的，这就要求旅游营销人员应该注重顾客投诉及补偿服务，以使企业与顾客进行良好的沟通并为游客提供新的满足。

针对旅游者可能出现的购后疑虑，旅游营销人员可以提供诸如寄送感谢卡、有关本产品的新的支持性资料或打电话问候等服务来帮助旅游者消除疑虑，从而使旅游者增大再次购买的可能。

三、不同购买决策及其购买过程

并不是所有的旅游购买都经历上述各个阶段。购买过程根据旅游者购买的产品不同会呈现出很大的差异。旅游者购买当日往返旅游及日用品或购买远程旅游及选购品，其购买过程就有许多不同的特点。

一般来说，价值高及耗用时间长的旅游产品，旅游者介入程度高，所需信息多，其购买过程大多经历上述的五个阶段；而“一日游”游客的购买所需闲暇时间少，产品价值相对较低，也许根本不经过信息搜集和评估过程，需要的产生是瞬间完成的，往往是出于冲动性的决策。因此，购买决策的五个阶段模式就不能完全应用到冲动型的购买过程中。

旅游营销人员应注重引发旅游者的冲动性购买行为。鲜明而有说服力的广告、精彩的人员推销往往能激起游客对价值较低的产品和服务的购买。由于旅游者一般不会主动地长时间寻找有关此类产品的信息，因此，外来的刺激尤其是广告对购买决策就会产生举足轻重的影响。

总之，了解旅游者的购买行为是旅游营销的关键环节。只有通过对影响旅游者购买行为的各个因素及购买过程进行考察，旅游营销人员才能针对购买行为的每个环节及影响因素制订有效的营销规划。

第四节　组织市场旅游购买行为

与旅游者的购买行为相比较，组织市场的购买行为与其有相同之处，如都受到政治、经济等因素的影响，都要考虑产品的价格、质量、品牌等等因素；同时也有不同之处，这些差异主要体现在以下三个方面。

（1）组织市场的购买主体是机构、法人，购买数量较单个消费者而言更大，购买的目的是为单位提供消费。

（2）对组织市场购买行为决策影响最大的是法人团体的相关高层负责人。

（3）组织市场购买行为一般由具有一定专业知识和丰富经验的专人进行，故可以称为专家型购买。

一、旅游购买组织市场的类型

组织市场是以组织为购买单位的购买者所构成的市场，是旅游者市场的对称。旅游购买组织市场包括生产者市场、中间商市场、非盈利组织市场和政府市场。

（一）生产者市场

生产者市场指购买产品或服务用于制造其他产品或服务，然后销售或租赁给他人以获取利润的单位和个人。组成生产者市场的主要产业有工业、农业、林业、渔业、采矿业、建筑业、运输业、通信业、公共事业、金融业、保险业和服务业等。

公司企业是进行旅游购买的最大客户。一方面，公司企业经常需要在当地为来访的同行或有业务联系的人提供食宿服务；另一方面，这些公司的员工在外出差及参加会议、商贸洽谈等活动也需要预订各种旅游服务；另外，大公司也经常要为销售培训及特殊活动购买食宿和交通等服务。旅游企业还可能为大企业的商业谈判提供各种设施及服务。目前，公司企业还往往是奖励旅游的积极购买者。

（二）中间商市场

中间商市场也称为转卖者市场，它是指购买产品用于转售或租赁以获取利润的单位和个人。在旅游购买中，产品和服务的最终使用者并非都向旅游产品的生产者进行直接购买，很大一部分旅游购买行为产生于各种旅游中间商。这些旅游中间商主要有旅游零售商、旅游批发商、会议代理商和奖励旅游代理商等。

（三）非盈利组织市场

非盈利组织泛指具有稳定的组织形式和固定的成员，不属于政府机构和私人企业而独立运作，发挥特定的社会功能，不以获取利润为目，而以推进社会公益为宗旨的事业单位与民间团体。非盈利组织市场是指为了维持正常运作和履行职能而购买产品和服务的各类非盈利组织所构成的市场。如大学、企业行业协会及各种专业协会、社交性俱乐部以及会议机构等。

非盈利组织在购买旅游产品和服务时往往会对旅游企业提出一些特殊要求。满足这些特殊要求是使这些购买者及产品和服务使用者满意的重要保证。

（四）政府市场

政府市场指为了执行政府职能而购买或租用产品或服务的各级政府部门。政府是特殊的非盈利组织。政府经常需要为接待来访客人、出访、会谈以及职工休假等购买旅游服务。政府进行旅游购买时对产品和服务的要求较高，而且客人的旅游反映往往会给旅游企业的声誉带来极大的影响。

根据组织市场购买旅游产品和服务目的的不同又可将其划分为两类：一类是一般的组织市场，这些机构购买旅游产品和服务是为了自身的旅游，主要包括生产者市场、非盈利组织和政府；另一类则是以盈利为目的的旅游中间商，其购买是为了转卖或是一种代理活动。

二、旅游组织市场购买决策的参与者

组织市场购买决策的参与者是指那些参与决策过程、具有共同目标并担决策风险的个人和群体，主要有发起者、使用者、影响者、决策者、批准者、购买者和把关者。

（一）发起者

发起者是指提出和要求购买的人，他们可能是组织内的使用者或其他人。

（二）使用者

使用者是指组织机构中需要和将要使用旅游产品和服务的成员。在很多情况下，使用者首先提出旅游服务购买建议，也可以提出旅游服务的具体内容。

（三）影响者

影响者是指影响旅游购买决策者的人，他们一般是旅游部门的专职人员，他们有丰富的购买和旅游经验，影响者为决策者提供各种决策信息。

（四）决策者

决策者是指一些有权决定旅游产品要求和供应商的人。

（五）批准者

批准者是指有权批准决定者或购买者所提方案行动的人。

（六）购买者

购买者是指按职责有权选择旅游服务提供者并进行实际购买的人。

（七）把关者

把关者是指控制着接近购买中心其他成员途径的人。

三、影响组织市场购买的主要因素

（一）环境因素

组织购买者深受当前和未来经济环境的影响，如基本需求水平、经济前景和资金成本状况等。在经济衰退期，公司要削减旅行费用，而在经济繁荣期旅游行费用预算往往会增加。

（二）组织因素

每一个组织都有其特殊的目标、政策、程序、组织机构和系统，它们与购买密切相关。营销人员必须尽可能地熟悉它们。

（三）人际因素

组织采购中心通常由若干参与决策的人组成，他们的兴趣、权威和说服力各有不同。营销人员通过了解构成组织环境的那些个性和人际方面的因素，可以了解群体运行机制。

（四）个人因素

购买决策过程的每个参与者都有个人的动机、认知和偏好，他们的年龄、收入、受教育程度、专业身份、个性和对待风险的态度，都会对其他参与者产生影响。不同的购买者无疑会展示出不同的购买风格。

四、组织市场购买的决策过程

（一）问题识别

当组织机构意识到存在某种可以通过获得某一产品或服务来加以解决的问题时，购买决策过程就开始了。来自内部或外部的刺激都会引发问题识别。营销人员可以通过制作广告或给潜在的顾客打电话了解其需求来激发对方对问题的识别。

（二）建立购买标准

当使用者及购买者明确了旅游购买需要和问题后，就会为购买确立各种标准，其内容包括：本组织应购买哪一类型的旅游服务；有多少人参加本次旅游，旅游线路及目的地的选择；具体的时间安排；活动项目的安排；交通及饮食住宿设施的选择；所需费用的初步预算等。当较为重要的购买标准经过上级主管人员批准后，就可以以此来寻找旅游服务企业。

（三）寻找供应商

购买者可以通过查阅报刊或计算机，或给熟悉的供应商打电话来确定供应商名单。

（四）选择供应商

确定供应商名单后，就会要求供应商提供相关解决方案；采购中心的成员则通过研究、评判每个供应商的解决方案来选择供应商。

（五）绩效评价

购买者要对产品进行购买后的绩效评价。购买者要确定产品是否满足了自己所提出的各种要求，以便确定将来还会不会再从这家公司购买产品。

本章小结

在市场经济条件下，旅游企业与市场发生的联系是以旅游者进行购买消费行为为基础而实现的。因此，旅游营销人员应充分研究旅游者的购买行为，针对其购买行为的规律制订市场营销策略。本章将市场分为旅游者市场和组织市场两类，重点介绍了影响旅游者购买行为及组织市场购买行为的因素以及其购买决策过程。

关键术语

购买行为（Purchase Behavior）
购买者（Purchaser）
社会阶层（Social Class）
生活方式（Life Style）
相关群体（Reference Group）
购买动机（Buying Motive）
购后行为（Post-purchase Behavior）
组织市场（Organizational Market）

案例分析

自驾车旅游在中国的兴起

随着旅游业发展的日益成熟，自助旅游、个性旅游将成为趋势，自驾车旅游就是其中一种受到旅游者青睐的旅游形式。“自驾车旅游”一词出现于20世纪的美国，是早年流行于发达国家的旅游形式。1997年，美国公路管理局的资料表明：美国人在旅行中使用私人小轿车比例已经达到了83%。最初人们把周末开车出游叫Sunday-drive，发展到后来叫Drive Travel，自由和个性化使自驾车旅游充满了无穷的魅力。

自驾车近年来在中国悄然兴起，与这些年来中国老百姓整体生活质量提高、汽车迅速进入家庭是分不开的。目前，我国居民的消费支出结构正向“发展型”和“享受型”消费转变。一份统计数字显示，2002年北京市恩格尔系数为33.7%。因而，私家车快速进入寻常百姓家已不再是梦想。我国国内的汽车拥有量为1400多万辆，拥有驾驶执照的人高达4000多万。目前北京市私人拥有汽车数量达到120多万辆，其中私人小轿车达65万辆，私家车拥有量位居全国首位，持有驾驶执照的至少有200多万人。汽车交通工具开始进入寻常百姓家庭，也逐渐改变着人们的生活

方式。有些家庭一改以往逢年过节与亲朋好友轮流做东举行家庭式聚会的传统，而是选择一条路线，组织开车上外地旅游，既开了眼界，又增加了友谊，既省事、省心，又很开心。近年来，每逢周末和黄金周，北京、上海、广州等大城市的居民选择自驾车旅游的不在少数。自驾车旅游已成为“有车一族”的新时尚。

自驾车旅游日趋火暴的另一个重要原因是我国近年来加快了高速公路网的兴建和交通网络的改善。在江浙沪地区，一小时交通图正在形成，上海人旅游、休闲度假的“平均活动半径”也从5年前的150公里提高到400公里。高速公路的延伸，活动半径的加大，使得国内的自驾车旅游实现从城市周边游发展到跨省出游。据有关资料显示，截止到2002年，我国高速公路总里程已达2.1万公里，居全世界第二。东方网2002年12月22日一则信息称，2001年12月开通的四川成都至广西北海的西南公路出海大通道，是中国继北京至沈阳、北京至上海高速公路后修筑的第三条国道主干线，目前已成为中国西南腹地自驾车旅游“热线”。该线是中国西部第一条跨省国道主干线，穿越四川、贵州、云南和广西四省区，大大缩短了西南腹地到大海的距离，使沿线许多城市与终点的北海市之间实现了“朝发夕至”。据北海市旅游部门统计，2002年“十一”黄金周7天长假，有超过1.4万辆私家车抵达北海。

相对随团旅游，自驾车旅游充满了个性色彩。自驾车旅行的旅游者随心所欲，不需要别人的刻意安排，可以随时调整旅行线路；自驾车旅游者可以尽情地观赏沿途的美丽风景，享受远离都市喧嚣的自在惬意、恬静与舒适。他们不仅可以随时停下车欣赏“路边的一段溪流、城外的半截石塔、山湾里烂漫的桃花、崖壁上稀微的石刻”，也可以穿越旅行团无法触及的地方，尤其是那些尚未开发和开放的地方，领略最淳朴的民风和未遭破坏的自然风光。

随着自驾车旅游的兴起，各种提供自驾车旅游的相关服务也逐渐出现。目前，各种有关的汽车俱乐部已经有12000多家，还有很多的车友会，他们大都提供各种关于自驾车旅游的信息和服务。广州番禺成立了自驾车旅游体验中心，专门为有车人士提供自驾出游当中有关查询、报名、组团、用品等各方面的“一条龙”服务，除介绍自驾车旅行中的车辆维修、保养和线路等知识外，还免费提供关于自驾车旅游的书籍、风光片等供客人阅读与观看，定期开展自驾车旅游的知识讲座等，这是全国首家由旅行社创办的自驾车旅游体验中心。

目前28%的广州人、19%的北京人、12%的上海人拥有驾驶执照。众多的“有本无车”者也十分向往自驾车旅游的感觉。世界上最大的汽车租赁公司之一的赫兹公司瞄准中国这一需求，通过与中汽安华（天津）国际贸易有限公司合作，迅速登陆中国汽车租赁市场。赫兹公司是世界上历史最早的汽车租赁公司，租赁网点有7000多个，业务遍及140多个国家。目前，赫兹公司已在北京、广州、上海3地的主要机场及市中心区域建立了租赁网点。赫兹公司租赁所实现的“异地租车、本地还车”强化了自驾车旅游的自由性，客户可以通过网络、免费预订电话进行预订，并实现本地还车。客户还可以选择短期租赁、长期租赁、带司机服务或自己驾驶等多项服务，车辆有国产车辆、进口车辆及合资车辆，其目标客户明确定位为商务客户和休闲客户。通过赫兹汽车租赁系统，不但可以向中国消费者提供北京、上海等地的国内租车服务，甚至还能预订赫兹公司在全球范围内140多个国家的租赁网点的车辆。

目前，中国的公路网络仍然不成熟，尚没有形成密集的高速公路全国网络，同时缺乏相应的旅游信息和配套服务。这使得一些旅游者难以找到本地有关住宿、餐饮等方面的旅游信息，以及详细的公路标志、路线指引、旅游地图等交通信息。而又由于各地交通管理制度不同，加上驾车者缺乏足够的汽车知识，行驶中还会遇到意想不到的麻烦。因此，如何引导自驾车旅游在我国良

性发展，成为旅游业界的一个重要课题。

1995 年，在北京成立了中国第一家也是最大的一家以服务质量、服务规范为第一的汽车俱乐部—— 大陆汽车俱乐部（CAA）。1999 年 12 月，大陆汽车俱乐部与澳大利亚 NRMA 保险集团共同出资成立一家合资企业。大陆汽车俱乐部结合了 NRMA 已经建立起来的优良声誉、经营理念和商业成功经验，其企业宗旨是成为中国最大、最好的汽车俱乐部，让中国的驾车人士像发达国家的驾车人士一样，享受世界水准的汽车服务。

（资料来源：张玉明：《旅游市场营销学》，广州，华南理工大学出版社，2005）

分析与思考题：

1．试分析我国自驾车旅游的市场特征。

2．分析我国自驾车旅游者的消费行为特点。

复习与思考

1．旅游者购买行为有哪些特点？可以分为哪些类型？

2．影响旅游者购买行为的因素有哪些？举例说明这些因素是如何影响旅游者的购买决策的？

3．旅游者购买决策的过程一般有哪几个步骤？在不同的阶段，旅游企业应该采取什么样的营销策略？

4．选择一个群体作一次调查，了解他们的旅游动机并写出一份分析报告。

第四章　旅游市场营销调研及信息管理

学习目标

知识目标

1. 掌握旅游市场营销调研的步骤、方法
2. 认识旅游营销信息系统的作用

技能目标

具备进行简单的旅游市场营销调研的技能

第一节　旅游市场营销调研概述

在旅游市场营销活动中，旅游市场的调研和市场预测是重要的一环。市场营销决策来源于市场营销情报，而市场营销情报来源于市场营销调研。因此，市场营销调研是企业营销决策的前提和基础。

一、旅游市场营销调研的概念

旅游市场营销调研，是指运用科学的方法和手段，有目的、有系统地收集、记录、整理、分析和总结与旅游市场变化有关的各种旅游消费需求以及旅游营销活动的信息和资料，以了解现实的旅游市场和潜在的旅游市场，并为旅游开发规划与经营决策者提供客观依据。旅游市场调研的目的是为旅游企业决策者或管理部门提供参考依据，可能是为了制订旅游企业长远性的战略性规划，也可能是为了制订某阶段或针对某问题的具体政策或策略而提供参考依据。

二、旅游市场营销调研的作用

现代旅游企业的营销活动应当是以市场调研为起点的。旅游市场营销调研的目的，就是帮助旅游企业分析旅游市场供求关系的变化，准确选择目标市场，认识营销问题，把握营销机会，更好地进行经营决策。旅游市场营销调研的作用表现为以下几个方面。

（1）旅游市场营销调研是旅游企业进行科学预测与决策的前提和基础。旅游市场是一个动态变化的市场，能否对市场未来发展趋势做出准确判断和估计，以及能否根据预测结果对未来行动方案做出正确的选择和决定，就成为旅游企业在竞争中能否发展的关键。这就需要运用科学的方法，进行深入细致的市场调查，全面收集相关信息。市场调查工作做得越充分，预测和决策的准确性就越高。

（2）旅游市场营销调研能及时探明旅游市场需求变化的特点，掌握市场供求平衡情况，为旅游企业编制旅游经营计划和制订科学的旅游营销决策提供依据。

（3）旅游市场营销调研是有效地促进市场营销活动的保证。在整个旅游市场营销活动过程中，旅游企业必须有效地加以控制、引导和调整，以保证其战略和计划的正确执行。同时，由于环境和市场始终处于变化状态，一旦出现了新情况、新问题，原定计划应适当地进行修订。这一切都只有通过市场调研获取的最新信息来作出决断。因此，旅游企业开展经营活动，要进行充分的市场调研，不断收集和获取新的信息，以增进旅游企业自身在市场中的竞争能力。

（4）旅游市场营销调研能充实和完善旅游市场信息系统，有助于开拓新市场。旅游企业通过旅游市场调研，系统、连续地搜集来自市场各方面的信息资料并输入到旅游市场信息系统中，使之不断充实和完善，最终凭借其开展旅游市场预测。

三、旅游市场营销调研的类型

根据旅游市场营销过程中出现问题的性质不同，调查所要达到的目的不同，收集资料的方

法不同以及市场营销调查在决策中所起的作用不同，旅游市场营销调研可为为以下两种类型。

（一）按调研的目的和作用分类

（1）探测性调研。这种市场调研是旅游企业对市场情况很不清楚或者感到对调查的问题不知从何处着手时所采用的方法。探测性调研主要是发现问题和提出问题，以便确定进一步调查的重点。

（2）描述性调研。描述性调研是对已经找出的问题作如实的反映和具体回答，主要是通过掌握其过去和现在的资料来进行研究。在现实中，绝大多数的市场营销调研均属此种类型。

（3）因果关系调研。因果关系调研是在描述性调研的基础上进一步分析问题的因果关系，并弄清楚原因和结果之间的数量关系。

（4）预测性调研。预测性市场调研是针对研究对象，收集旅游市场过去与现在的相关信息资料，通过对资料的分析，掌握研究对象的发展变化规律，运用科学的方法预测其未来的发展变化趋势。预测性调研对于旅游企业制订经营计划、进行科学决策、避免经营出现较大风险和损失都有十分重要的意义。

（二）按调研范围分类

按调研范围分类，市场营销调研可分为全面调研和非全面调研。

1. 全面调研

全面调研也称市场普查，是对研究对象的全体进行逐一的、普遍的、无一例外的调查。全面调研能获利较为完整、全面、系统的总量资料。实际运用时，可以根据研究目的与要求，确定一定市场范围，对范围内的市场各个方面情况进行全面调研，也可以为解决某个具体问题而对市场的某个方面进行专项普查。

2. 非全面调研

非全面调研是对调查对象中的部分单位进行调研。其优越性在于选择了一部分具有代表性的单位作调查，可以节约成本，且运用起来比较灵活，效果较好。非全面调研又可分为重点调研、典型调研、抽样调研等形式。

（1）重点调研。重点调研就是在被调研对象中选择一个或几个市场特征值比较集中，对全局具有决定性作用的重点单位进行调研。所选择的重点单位应符合以下条件：重点单位在全部总体中只占一小部分，但其某一主要标志的标志值在总体标志总量中占有绝大部分比重。重点调研适用于总体单位数量大，但其中一些单位规模很小，并且当调研任务只要求掌握调研对象的基本信息，而在总体中确实存在着符合条件的重点单位时的情况。

（2）典型调研。典型调研是在对调研对象已有初步了解的基础上，主观选择若干个具有代表性的单位作为典型单位，对其进行深入细致的调查。典型调研适用于调研对象总体数量较大，调研项目较多，调研人员对总体情况非常了解并且能准确选择有代表性的典型单位做调研的情况。

（3）抽样调研。抽样调研是指从研究对象中选取一部分单位作为样本进行调查研究，以样本的特征值去推算总体指标的调查方法。抽样调研同其他调研方式相比，工作量小，调查费用低，所花时间少，既可以提高信息资料的时效性，还可以取得较正确、全面的信息资料。在市场调研实践中，抽样调研是采用最广泛的调研形式。

第二节　旅游市场营销调研的内容及程序

一、旅游市场营销调研的内容

为了制订正确的市场营销决策，旅游企业市场营销调研人员必须有针对性地收集相关的资料和信息，这些资料和信息构成了旅游企业市场营销调研的主要内容。通常情况下，旅游市场营销调研主要包括以下内容。

（一）旅游市场营销环境的调研

旅游市场营销环境即旅游企业的外部环境，它包括政治与法律环境，即对旅游市场能产生影响的国际国内政治形势、政治状况、政治制度和国家对旅游行业管理的有关方针政策和法律法规；经济环境，即人口、国内生产总值、消费者收入及消费水平、物价水平、通货膨胀情况、旅游资源情况；还有科学技术环境和社会文化环境等。

（二）旅游市场需求调研

旅游市场需求变化表现为旅游消费心理、消费欲望、消费动机、购买能力等方面的变化。对旅游市场需求的调研主要是针对旅游者的旅游消费过程进行。调研内容包括以下两个方面。①旅游消费市场容量和市场结构调研，即调查旅游者的数量及其构成，调查人口、职业、年龄、收入、教育水平、民族、宗教信仰等人口统计特征；②旅游者心理、消费欲望、消费观念、消费行为特征调研。

（三）旅游市场微观调研

（1）竞争对手状况调研。竞争对手状况调研主要围绕五个问题展开，即谁是我们的竞争者；其战略是什么；其目标是什么；其优势和劣势是什么；其反应模式是什么。调研的具体内容包括两个方面：一是竞争对手的产品调研，二是竞争对手基本情况调研。

（2）旅游产品调研。旅游产品是旅游企业经营活动的主体。旅游企业在确定旅游营销组合策略时，应先确定旅游产品。旅游产品调研的内容包括产品的特色、风格、声誉、组合方式，产品的生命周期，旅游产品的市场占有率和销售潜力等。

（3）旅游价格调研。旅游价格调研包括旅游产品或服务的定价是否合理、旅游者的价格心理状态、旅游产品价格的供给弹性和需求等。

（4）旅游分销渠道调研。旅游分销渠道调研包括服务销售渠道的数量、种类和营销业绩；现有的销售渠道是否畅通；市场是否存在经销此类产品的权威性机构；市场上主要的中间商渠道策略实施、评估、控制和调整情况及其对本旅游产品的要求等。

（5）旅游产品促销调研。旅游产品促销调研的内容主要是了解在各种市场情况下，哪种

促销方式对企业最有利。企业如何选择广告媒体、进行广告设计才能使广告更能引起旅游者的兴趣等。

二、旅游市场营销调研的程序

旅游市场营销调研的全过程可分为三个阶段：调研准备阶段、调研实施阶段和调研结果处理阶段。每个阶段又可分为若干个具体步骤，如图 4-1 所示。

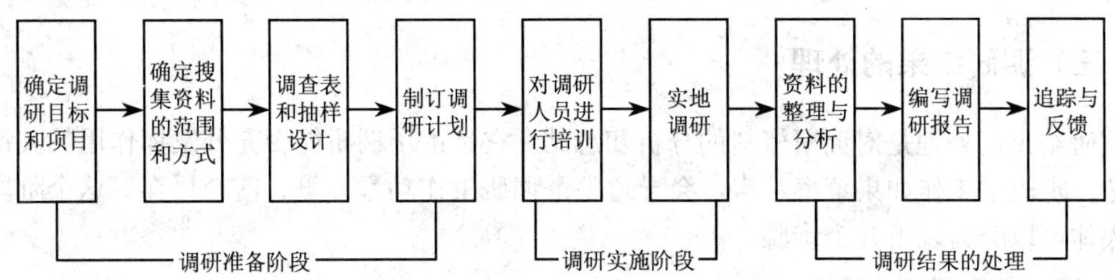

图 4-1　旅游市场营销调研的程序

（一）调研准备阶段

旅游市场调研的准备阶段主要解决调研目的、要求、范围和规模以及调研力量的组织问题，并在此基础上制订一个切实可行的调研计划。这个阶段工作步骤大体如下。

1．确定调研目标和项目

调研目标是指调研要了解什么问题，了解这些问题有什么用处等。项目是指调查什么样的对象，应该搜集哪些方面的信息资料。

2．确定搜集资料的范围和方式

确定搜集资料的范围，就空间范围和资料数量而言，是指确定应搜集什么资料，向谁收集资料，在什么时间、什么地方搜集资料。搜集资料的方式是指通过实地调查取得第一手资料还是搜集第二手资料，是一次性调查还是多次性调查，是普查还是抽查等。

3．调查表和抽样设计

调查表或问卷设计要符合简明扼要、突出主题和便于统计分析的要求。抽样设计需要解决好抽样方式和样本量大小的选择问题。

4．制订调研计划

调研计划是旅游市场调研的行动纲领。它应包括以下内容：采用什么调研方法、调研步骤，调研人力的安排及如何组织分工，整个调研工作的时间和进度，调研费用预算等。制订调研计划，可使调研工作有条不紊、按部就班地开展。

（二）调研实施阶段

调研实施阶段的主要任务是组织调研人员按照调研计划的要求，系统地搜集资料和数据，听取被调查者的意见。这个阶段大体可以分为以下几个步骤。

1．对调研人员进行培训

对调研人员进行培训是保证调研质量的一项重要措施。培训的内容主要包括明确调研计

划、掌握调研技术、了解同调研目标有关的经济知识与业务技术知识。

2．实地调研

实地调研就是调研人员按计划规定的时间、地点、方法、内容进行具体调查，以搜集有关资料。在实地调研中，不仅要注意搜集第二手资料（现成资料），而且更要注意搜集第一手资料（原始资料）。实地调研的质量取决于调研人员的素质、责任感和组织管理的科学性。

（三）调研结果的处理

调研结果的处理是对调研资料的分析和总结。它是市场调研能否充分发挥作用的关键一环。这一阶段的工作如果草率从事，会导致整个调研工作功亏一篑、前功尽弃。这个阶段的工作大体可以分为以下几个步骤。

1．资料的整理与分析

资料的整理与分析主要是对调研所得到的原始资料进行分类、编校、统计与分析。分类要详细、科学，编校要消除资料中的错误和不准确因素，统计与分析要运用数理统计等方法得到结果，并用统计图表把分析结果表达出来。通过“去粗取精，去伪存真，由此及彼，由表及里”的分析过程，作出合乎客观事物发展规律的结论。

2．编写调研报告

旅游市场调研报告的基本内容包括调研单位的基本情况、所调查问题的事实材料、分析说明、调研结论和建议。此外，调研报告还可以包括对调研目的、方法和调研程序等所作的说明。旅游市场调研报告虽然没有统一的规格，但一般应由以下几个部分组成：引言、正文、结论和附件。

3．追踪与反馈

追踪与反馈是指追踪与反馈调研报告的结论和建议是否引起领导者的重视，是否被采纳，采纳的程度及采纳后的实际效果如何，调研结论与市场形势发展是否一致，以便积累经验，改进调研方法，提高调研质量。

【小资料4-1】

七城市旅行社调查分析报告

一、项目概述

1．研究背景和目的

央视无锡影视基地市场营销部通过产品创新策略和跨地区产品拓展策略的实施，于2001年底初步扭转了几年来的旅游业务下降趋势。总结止跌回升的原因，有效地打开了团队旅游的市场空间。在1997年之前，团队旅游份额仅占游客总数和营业总额的约6%。经过不懈的努力，至2001年底，团队旅游份额已经上升到近40%。这一比例虽然已经有效冲抵了散客市场下降的动能，但是，央视无锡影视基地市场营销部认为，只有使团队份额超过50%，甚至达到60%、70%，才能确保旅游业务持续健康地稳定增长。为此，需要对旅游经销商的渠道主体—— 旅行社，作进一步的深入调查研究。

1999年、2000年两次旅游市场调查，主要针对全国各地的大中型城市。本次调查范围确定

为华东地区，研究的主要目的，是摸清目前华东七个城市（上海、济南、温州、徐州、宁波、杭州、南昌）旅行社是如何作出旅游线路、旅游景点选择的。另外，我们也研究了这些旅行社目前的经营线路，对华东线路中一些景点的评价，对主题公园、影视三城的评价等。

2．抽样方法和访问方法

采用配额抽样方法，规定七个城市抽取10个旅行社作为调查对象，其中正式员工20人以下的调查3个，正式员工20人及以上的调查7个。

3．访问对象/样本量

访问对象：了解旅行社路线经营状况的人员。

具体要求：旅行社部门主管、经理、总监，及旅行社工作2年以上的正式员工，所有被调查人员必须负责经营或比较了解华东线。通常情况下每个旅行社调查1人。

本次计划调查70家旅行社，实际完成70个。样本结构图表略。

4．关于执行

本次研究自2001年12月13日起，在七个城市同时开始实施执行，历时14天，于12月26日完成。实地执行过程中每个地方安排督导1名、访问员2～3名。

二、重要结论

1．经营的旅游线路

80%以上经营华东线的旅行社同时经营了10条以上其他旅游线路，云南线、北京线是90%以上旅行社的选择。两类城市旅行社在经营线路方面存在着一定差异。

华东线是50%以上旅行社经营状况最好的线路之一。

2．华东线路经的城市和景点

上海、苏州、杭州、无锡、南京是华东线路经的主要城市，45%以上的主要华东线都要分别路经这五个城市。

杭州的游湖、西湖、苏堤，上海东方明珠，南京中山陵，杭州灵隐寺，苏州虎丘是华东线中的主要景点，35%以上的主要华东线中有这些景点。无锡三国城、水浒城较为靠后，分别有28%、15%的主要华东线中有这两个景点。

各主要景点以及无锡三国城、无锡水浒城的满意度之间差别不大。

3．旅游线路、城市、景点的选择

“接待条件”、“旅游者的意向或兴趣”、“有吸引力”是大多数旅行社在确定旅游线路时考虑的因素。

“可游览性、观光性”，“历史与文化背景”，“城市特色”是选择路线城市时70%以上旅行社考虑的因素。

“知名度”、“自然景观”是多数旅行社选择旅游景点时考虑的因素。

两类城市旅行社在选择旅游线路方面存在着较大的差异，但这种差异在选择路经城市、旅游景点时逐渐缩小。

4．老景区里的新景点、未来旅游产品

大多数旅行社对于老景区里的新景点采取积极态度，A类城市旅行社中更是如此。“回归自

然”、“游客参与”是未来旅游产品开发应考虑的方向。

5．主题公园

“环境优美，有自然的山水”、“具有清楚的路标”、“各个景点具有详细的解说词”是旅行社评判有观赏性旅游氛围的以历史文化为主题的公园时比较看重的因素。

“游客可以参与影视拍摄”、“可观看影视拍摄现场”、“提供特技表演”是旅行社评判以影视为主的主题公园时比较看重的因素。

6．影视三城

本地调查的旅行社中有80%组团到过央视无锡影视基地的唐城、三国城、水浒城。

组团到过三国城、水浒城的旅行社对央视无锡影视基地的建筑有着较多的正面评价。超过半数的旅行社对“古色古香”、“整体感不错”、“宏大”等正面评价表示同意。

节目评价方面，旅行社普遍反应是“应加入游客参与的内容”、“增强与建筑的统一”、“应经常更换节目”。

两类城市旅行社在建筑评价、节目评价方面都存在着差异。无论从哪方面的差异来看，A类城市旅行社都比B类城市旅行社有着更高的要求。

7．旅游者喜欢的景观类型

旅行社认为旅游者目前最喜欢的景区类型为“观光型”，其次为“度假型”。

目前并不被看好的“探险型”景区，在未来几年则被看好。“度假型”、“生态型”也被一些旅行社看好。

相对于对目前旅游者爱好较为集中的认知，旅行社对旅游者未来几年的认知较为分散，这本身说明了今后旅游者的爱好会多元化的发展。

三、两点对策

1．必须不断提高知名度

从旅行社确定旅游线路、城市、景点时的考虑因素来看，“知名度”可以说是目前最有空间改变从而提高三城被选中的可能性的因素。因为就目前的评价来看，旅行社对各主要路经城市、景点的满意度差别不大，而影视三城在主要华东线中被选中的比例也还有提升的可能。（两年后，央视无锡影视基地经过与在基地拍戏的剧组反复协商，通过资源互换的方式，在部分电视剧中播出免费贴片广告，同时，利用基地在上海的中视国际广告公司买断央视一套和八套电视剧广告的良机，不断在央视播出标版提示广告，对促进团队和散客两大市场的增长，效果均十分明显。迄今为止，央视无锡影视基地的特约旅游经销商队伍，已经从三年前的751家发展到1972家，旅游业务由此获得稳定发展的渠道。）

2．增强景区内各种活动的探险性和参与性

“回归自然”、“游客参与”是较多旅行社认为未来旅游产品开发应考虑的方向，而且较多旅行社在未来几年比较看好探险型、度假型、生态型景区。对于影视三城来说，增强景区内活动的探险性和参与性是有基础的，如仿古战争演示等，而且区别于各种生态型景区和人工观光景区（华东线的几个主要景点中都没有同样类型的优势）。

（资料来源：http://blog.sina.com.cn/s/blog_53925132010006jh.html~type=v5_one&label=rela_nextarticle）

第三节　旅游市场营销调研的方法及技术

旅游市场营销调研是一项重要而又复杂的工作，市场营销调研的质量直接关系到所获市场信息的可靠性，进而影响到营销决策与营销活动的成功与否，这就要求进行旅游市场营销调研时要选择合适的调研方法与技术。

一、旅游市场营销调研的方法

旅游市场营销调研所要获得的资料有两类，即二手资料和一手资料。二手资料是通过间接方式取得的，也叫间接资料；一手资料必须通过实地调查才能获得，所以也叫原始资料或直接资料。因此，旅游市场营销调研的方法可分为间接资料调研法和直接资料调研法。间接资料调研法也称文案调研法、二手资料调研法或案头调研法，是对已经存在的或旅游企业内部和外部现有的各种情报、信息、资料进行收集。直接资料调研法，也称实地调研法，是为解决特定问题而深入现场专门收集资料和数据，包括访问法、观察法、实验法三种。市场营销调研方法分类如图 4-2 所示。

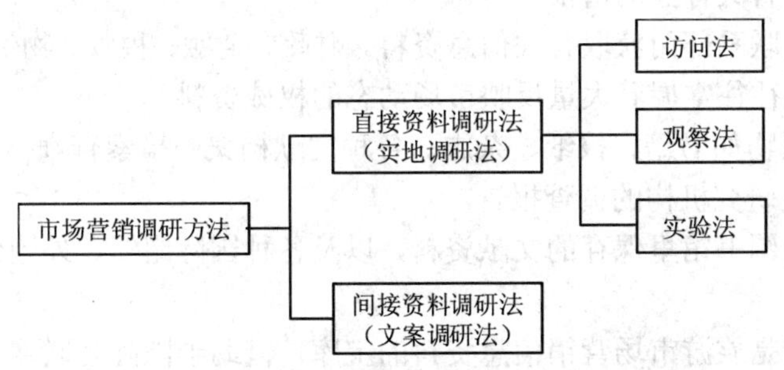

图 4-2　市场营销调研方法分类

（一）间接资料调研法

间接资料调研法是根据一定的研究目的，通过对收集到的与调研课题相关的各种信息和资料进行分析研究，获得调研成果的一种调研方法，是一种获取二手资料的调研方法。开展市场营销调研首选文案调研法。比起一手资料收集，二手资料的获得更方便且更便宜。因为它是已经收集好了的，只不过是为其他目的而收集起来的。只有当间接资料不能提供所需的足够依据时，才进行直接资料调研。文案调研法的信息来源有两大渠道，即企业内部和企业外部。

1．企业内部资料

企业内部资料即旅游企业内部生产经营活动各环节所产生的各种记录、资料、信息。主要包括以下几种。

(1) 业务资料。这是指与旅游企业业务经营活动相关的资料，包括销售量及销售量分布、客户订单、销售记录、库存记录、客人数、经营总收入、客房占用情况、平均日房价、预订客人数、入住团队数、预订记录、入住登记信息、客户的历史信息、顾客意见，以及企业与

客户的往来函电等。

（2）财务资料。这是指来自企业财务部门的资料信息，如各种成本统计表、顾客账单、经盈利润记录、资金流动情况记录、财务计划、财务报表、财务报告、资产负债表、公司损益表等。

（3）统计资料。这是指旅游企业统计部门按统计工作制度要求建立的有关企业运营情况的各方面统计信息，如各类统计数据、统计报表、统计分析及统计预测资料等。

（4）其他资料。这是指除上述三种资料以外的、对市场调研有一定参考价值的资料，如企业发展规划、企业简报、经验总结、企业审计报告、各地市场状况总结、以前所做的调研报告、人员推销报告等。

2．企业外部资料

企业外部资料是指企业外部组织、公共机构和人员提供的资料，主要包括以下几种：

（1）政府机关即旅游管理部门公布的有关经济与旅游业发展的方针、政策、法律法规、规划、产业政策等。

（2）国家统计机构和地方统计机构发布的相关统计资料。

（3）各种市场调查公司、咨询公司、行业协会、市场信息网络、经济信息中心公布或保存的市场信息资料及有关行业的情报。

（4）通过经常性联系部门获取有关信息资料。财政、金融、税收、物价、工商行政管理、审计等部门或组织，往往掌握着大量反映市场动态的权威资料。

（5）从公开出版物如书籍、报纸、杂志、各种文献档案中检索查询得到的资料。

（6）专业组织及研究机构的调查报告。

（7）各种类型的图书馆里保存的文献资料，以及各种国际组织、外国使领馆、商会提供的国际市场信息。

（8）国际互联网是旅游市场营销信息资料的宝库，借助于国际互联网，可以获得各种数据及图像、声音文件，使二手资料的获得进入了一个新的时代。

【小资料 4-2】

顾客数据库

拉尔夫·希茨首先开发了饭店业的顾客数据库，建立了客户档案及会议档案，以便更好地开展饭店的营销活动。现在，许多旅游企业都十分重视内部营销信息的积累，纷纷建立起自己的内部数据库。有些企业的数据库规模大得惊人，如美国运通公司能够从其信用卡数据库中调出过去6个月中在高尔夫用品专卖店买过东西的客人名单，或者听过音乐会的人员名单，或者上一年去过欧洲至少一次的旅客名单。福特汽车公司的数据库中存有5000万个用户的信息，卡夫通用食品公司的数据库中存有3000万个用户的信息。

沃尔玛的数据库建于20世纪80年代，1988年其顾客数据库容量为12GB，1989年升级为24GB，1996年达7.5TB。1997年为预测和分析圣诞节市场，沃尔玛将顾客数据库容量扩展到24TB。利用规模巨大的顾客数据库，沃尔玛可以规划商品布局，进行库存管理，掌握销售全局，分析市场趋势。

（资料来源：李翠微：《旅游市场营销学》，北京，经济科学出版社，2008）

（二）直接资料调研法

直接资料调研法是一种通过现场收集数据资料而获得原始信息的方法，具体可分为访问法、观察法、实验法三种。访问法适合于描述性调研，观察法适合于探测性调研，实验法适合于因果性调研。

1．访问法

访问法是通过向被调查对象提出问题而获取所需资料的一种方法。使用这种方法可以获得观察法无法得到的信息，如被调查对象对某些问题的看法、态度等，因此，在进行描述性调研时，这种收集资料的方法是最有效的。根据旅游营销调研人员与被调查对象的接触方式不同，询问法还可以分为面谈法、电话询问法、函件通信法和留置问卷法四种。

（1）面谈法

面谈法是通过向被访问对象当面提问来收集信息的一种方法。使用面谈法进行提问时，可以使用问卷调查表，也可以采取提纲式交谈的方法，具体采取什么方式取决于所要调研问题的性质。面谈有个人面谈和小组面谈、一次面谈和多次面谈之分。

旅游营销调研人员使用面谈去进行市场调研，可以当面听取被调查对象的意见，根据其临场反应，调研人员可以及时、灵活地改变提问的角度和方法，引导被调查对象全面、真实地发表自己的意见。但是，使用面谈法的调研成本较高，调查的结果正确与否受旅游营销调研人员技术熟练与否和被调查对象诚实与否的影响较大。

（2）电话询问法

电话询问法是旅游营销调研人员通过使用电话向被访问对象提问来收集信息的一种方法。

电话询问法的优点是成本低、速度快，但这种方法在使用范围上有一定的局限性。由于电话交谈时间短，一般只能用于一些比较简单的问题的调查；同时在调查对象的选择上也有局限性，所选的调查对象只能是调研人员已经掌握或可以查询到电话号码的单位或个人。

（3）函件通信法

函件通信法是旅游营销调研人员将事先设计好的调查问卷邮寄给被调查对象，让其回答后再寄回的一种收集信息的方法。

旅游营销调研人员使用函件通信法进行调研时，受地点的限制较少，只要通邮的地方都可以；另外被调查者有比较充足的时间对所提问题进行考虑，因而所收集到的信息是比较可靠的，而且调研成本较低。但在使用这种方式时，事先必须查到有关单位和个人的名称或姓名、通讯地址等资料，因而在调查对象的选择上受限制更大。这种方法在使用中遇到的另外一个难题是问卷回收率低。此外，因函件通信法要求所有被调查对象按照问卷的既定顺序回答同样的问题，因而缺乏针对性，显得不够灵活。

（4）留置问卷法

旅游营销调研人员把问卷当面交给被调查对象，说明回答方法后，将问卷留给被调查对象手中，让其自行填写，再由旅游营销调研人员定期收回的办法叫留置问卷法。这种方法是面谈法和函件通信法的折中办法，因此其优缺点也就介于两者之间。

2．观察法

观察法是通过观察被调研对象的行为表现及客观事物的状态、过程，获得一手信息资料

的调研方法。这种方法是市场调研人员深入到市场、商店、消费场所、商品展销、洽谈会、博览会或其他场合，通过感官或借助仪器对被调研对象进行观察，取得有关被调研对象的第一手资料。在实际运用中，既可以由调研人员通过“耳闻目睹”的方式观察，也可以采用录音机、照相机、摄像机、监视监听设备等各种专用仪器，由机器观察；既可以在销售或消费现场观察，也可以在专门的实验室观察；既可以观察人的活动，也可以观察现象的状态；调查人员既可以作为旁观者观察，也可以身临其境地去观察。

观察法可以客观地收集、记录被调研对象的现场情况，调研结果较真实可靠，还可以收集到采用访问法无法收集到的资料。被调研者在不知不觉中被观察，处于自然状态，观察结果比较客观、生动、详细、可靠。不足之处在于所要调研的问题只有发生在现场才能被观察到，往往需要较长时间的观察才能取得调研结果；对被调研者内在的心理、动机、态度、偏好等不一定都能观察出来；调研时间较长，费用较高，对调研人员业务技术水平要求较高。

常用的观察法有直接观察法、实际痕迹测量法、行为记录法。如今，在市场调研中还运用了一种新的观察调查方法——“神秘购物者”法，就是市场调研人员伪装成购物者、消费者，在被调研单位或人员不知情的情况下，观察、感受并记录下被调研者提供服务的情况。

3. 实验法

实验法是从自然科学的实验室实验法借鉴而来的一种调研方法。设定特殊实验场所，在特定状态下对调研对象进行实验，控制某些实验因素（实验变量、营销自变量），研究实验因素的变动对目标变量（营销因变量）产生的影响。调查人员在做实验时，可有计划地改变实验变量，考察这些变量的变化对所研究的目标变量究竟会产生什么样的影响、产生多大的影响。一般作为目标变量的有销售量、销售额、市场份额等，作为实验变量的是营销组合变量，如价格、广告投放、店铺陈设、产品功能、产品品种、产品包装、促销方式等。例如，餐饮销售量会受到餐饮价格、产品品种结构、餐饮广告、用餐环境等因素的影响，对实验餐馆来说，可以小规模地改变其中的某个或某些因素，观察、记录顾客的反应及销售量的变化。

对旅游企业来说，当某种产品或服务在设计、价格、包装、广告策略、促销等方面作出改进及向市场推出新产品前，需进行实验调研。实验调研的方法包括：实验前后对比、控制组同实验组对比、控制组同实验组前后对比。

上述的市场调研方法各有优缺点，在实践中应根据具体的调研问题灵活选择、综合运用，以便提高调研结果的可靠性。

二、旅游市场营销调研的技术

（一）抽样调查

在市场调研中，普查是不经常使用的，因为大规模的普查在时间和成本上耗费巨大。通常使用的是抽样调查，即从研究对象总体中抽取一部分单位作为样本，对样本进行调查，根据样本信息推断总体情况。按照抽选样本的方法不同，抽样调查可以分为概率抽样和非概率抽样两类。概率抽样是按照随机原则从总体中抽选样本，总体中每个单位都有同等的被抽中的机会，然后根据样本调查结果推算总体，并可以计算和控制抽样误差的大小。概率抽样的具体抽样方式有简单纯随机抽样、分层随机抽样、等距抽样和整群抽样。非概率抽样不遵循随机原则，而是根据一定的主观标准，靠调查者个人的判断来

抽选样本，总体中每一个单位不具有同等被抽中的机会抽样。非概率抽样包括任意抽样、判断抽样和配额抽样等几种类型。

（二）问卷设计

1. 使用问卷的目的

调查问卷是用来收集数据的一种重要工具，是调研人员根据调研目的和要求设计的，由一系列问题、备选答案、说明及编码组成的书面文件。它将调研目标转化为具体的问题，为从被调研者那里获得准确信息提供了一种标准形式和访问结构，为数据资料处理提供了方便。问卷在调研目标与调研信息之间架起了一座桥梁，在数据收集过程中起着重要的作用。问卷设计的好坏，直接关系到调研结果的真实性、针对性和准确性，关系到调研目的能否顺利实现。

2. 问卷结构

旅游市场调研问卷应包括如下构成要素。

（1）开头部分。内容包括标题、问候语、自我介绍、问卷填写说明，重点在于说明调研目的和要求，指导被调研者正确填写问卷，请求被调研者予以合作并表示感谢。

（2）主体部分。这是问卷的核心，主要是提出相关问题，提供回答方式，以求获得所需资料。要求问题的设计必须具体、客观、简明、通俗易懂。

（3）背景部分。这是调查内容的一部分，主要是为了了解被调研者的基本情况，如年龄、性别、民族、家庭、职业、教育和经济状况等。

（4）问卷编码。在问卷上编号，以便于汇总整理。

（5）调研人员备注。注明调研人员的姓名、调研时间、调研地点等，以证明调研过程的真实性，便于检查和修正调研计划的执行情况。

3. 问卷中问题的类型

（1）开放式问题。开放式问题是不设计备选答案，而是让被调研者自由地用自己的语言来回答和解释有关想法的问题类型。调研人员没有对被调研者的选择进行任何限制，让其自由问答。这类问题能进行深入调查，有利于激起被调研者的兴趣，能够得到较为深入的观点和看法，并获得较为广泛的信息资料，在动机调查中的应用尤为广泛。常用的开放式问题有如下几种。

1）自由回答式。不做任何提示，请被调研者自由回答。例如：

您认为本餐厅还有哪些方面有待改进？

2）语句完成式。提出一些不完整的句子，请被调研者续写完整。例如：

当我们一家人想出去吃一顿随意的小吃时，我们通常选择______。

3）文字联想式。列出与调研主题相关的词汇和文字，请被调研者写出在他脑海中最先出现或感觉最强烈的几个字或几句话。例如：

碧峰餐厅______。

4）故事完成式。提供一幅漫画，一般漫画中包含两个人物，其中一个人物配有对话，要求被调研者填写另一个人物的对话；有时也会要求被调研者画出他们对事物的感知和感受。

（2）封闭式问题。封闭式问题是调研人员在提出问题的同时，将问题的一切可能答案或几种主要可能答案全部列出，让被调研者从中选出一个或多个答案作为自己的回答，而不做所给答案以外的回答。这类问题标准化程度较高，被调研者容易回答，对调查资料的统计整理分析也较方便。常用的封闭式问题有如下几种。

1）是非式。给出两个相互排斥的答案，被调研者选择其中的一个即可。例如：

您以前是否去过西藏旅游？

是□　　　　否□

2）多项选择式。提供含有三个或三个以上备选答案的问题，请被调研者作出选择，可选择一项或几项。例如：

什么是您这次来访的主要目的？

游乐□　　　　会议/团体□　　　　集会/宴会□　　　　商务□

3）量表式。用调研人员划分的等级来表示研究对象的属性，问卷后会对答案选项的含义作说明。这类问题可以对被调研者的回答强度进行测量。常用的量表有如下几种。

① 李克特量表。该量表要求被访者对一系列说法表示同意或不同意的程度。例如：

小航空公司通常会提供比大航空公司好的服务。

□非常反对　　□反对　　□既不赞同也不反对　　□赞同　　□非常赞同

② 语义差别量表。在两个意义完全相反的词语间提供不同的尺度，请被调研者选择代表自己意愿的某一程度的点来表示自己的意见。例如：

请根据您对本饭店的评价在您认为合适的空格上打勾。

	非常	比较	稍	一般	稍	比较	非常	
态度热情	______	______	______	______	______	______	______	态度冷淡
价格合理	______	______	______	______	______	______	______	价格昂贵
环境清洁	______	______	______	______	______	______	______	环境肮脏

③ 重要程度量表。该量表对所要了解的某个问题的某种性质，按重要性程度“非常重要”至“极不重要”排序，请被调研者按自己的意愿选择。例如：

宾馆的叫醒服务对我来说是______的。

极其重要	很重要	比较重要	不很重要	不重要	极不重要
1. ______	2. ______	3. ______	4. ______	5. ______	6. ______

④ 等级量表。该量表对某种属性按“极好”至“极差”的顺序排列。例如：

本餐厅食品______。

极好	很好	好	一般	差
1. ______	2. ______	3. ______	4. ______	5. ______

⑤ 购买意向量表。该量表描述被调研者的购买意向。例如：

如果在飞机飞行中提供电话服务，您会______。

肯定购买	可能购买	不确定	可能不买	肯定不要
1. ______	2. ______	3. ______	4. ______	5. ______

问卷在收集数据过程中起着重要作用，其设计要做到主题明确、篇幅简短、结构合理，问题编排恰当，版面布局美观。具体应注意以下事项。

（1）问卷开头语要亲切，能引起被调研者的回答兴趣。如某饭店产品需求调查问卷的开头：

尊敬的各位女士、先生：

为了更好地满足各位的住店需求，本公司特别开展此项调查，以了解广大客户对饭店产品的需求，以及对我公司经营活动的期望和意见，以便于我们改进工作，提高服务水平。请您就下列问题，提出宝贵答案。

为了维护您的隐私，本问卷采用不记名方式，请您如实填写答案。您将有机会获得精美礼品一份。感谢您对我们工作的大力支持！

（2）问题要简明易懂，语言表达要清晰准确，避免使用模棱两可的词，如“也许”、“可能”、“有时”、“偶尔”、“大概”等。例如：

您经常在外用餐吗？

从不外出用餐□　　偶尔外出用餐□　　有时外出用餐□　　经常外出用餐□

在这个问题设计中，“经常”就是不准确用词，到底多少次算“经常”呢？被调查者难以分清其确切含义。“偶尔”、“有时”亦如此。

（3）避免使用专业性术语，应使用通俗易懂的语言。如“您认为 POP 广告……”中的“POP”即为专业术语，一般的被调研者可能不懂其含义。

（4）问题的内容要具体，一个问题只包含一项内容，避免把两个或两个以上的问题合在一起提问。例如，“您喜欢旅游和购物吗？”“旅游”和“购物”是各自独立的两个问题，应分开询问。同时应避免使用长而复杂的句子。

（5）尽量避免涉及私人生活的、有威胁性的、令人窘迫的问题。例如，“您不去旅游，是不是因为收入低、经济拮据？”这就是让人感到窘迫的问题；“您结婚了吗？”则是一个涉及个人隐私的问题。对一些敏感性问题，以及与个人不愉快的经历有关或个人不愿真实回答的问题，应采用委婉的方式来提问。

（6）问题不要带有倾向性。问题的设计应避免诱导和暗示，保持中性。例如，“许多人都认为承德避暑山庄是值得一看的旅游景点，您对它印象如何？”这个问题就带有倾向性。

（7）避免假定性问题。例如，“假如您选择了‘五一’外出旅游，您是否会来平遥？”被调研者可能会因假设不成立（不打算外出旅游）而说“不”，也可能会因假设成立（打算外出旅游，但不是平遥）而说“不”，因此这类问题收集的信息可能不准确。

（8）问题按顺序排列。尽可能按照逻辑关系、时间顺序排列问题；相同主题、相同形式的问题尽可能安排在一起；一般应先易后难，容易回答的、一般性的问题放在前面；需要思考的问题放在中间；敏感性的问题，如涉及收入、财产、婚姻、宗教信仰、个人消费等方面的问题，最好放在最后。

（9）问卷要简短，问题数量要适当。问题过多会使被调研者感到时间太长而敷衍了事或拒绝回答。

第四节　旅游市场营销信息系统

旅游市场营销调研一般都是针对具体问题进行的，其资料的收集与分析处理都是孤立的、间歇性的，这显然不能满足旅游业对旅游市场信息资料需求量的不断增长，不能适应形

势的需要。因此，有必要建立起一套完整的市场营销调研信息系统，经常性、连续地收集信息资料并进行分析、研究，以更好地为旅游企业的经营管理服务。

一、旅游市场营销信息的含义

旅游市场营销信息是指与旅游企业的市场营销活动有关的各种内、外部环境的状态和特征，以及发展变化的各种消息、资料、数据等的总称。其中，外部环境信息包括与旅游企业经营活动相关的入口信息、经济信息、政治法律信息、社会文化信息、科学技术信息、市场竞争信息、市场需求信息等；内部信息则包括旅游企业的营销成果信息、生产技术信息、资源供应信息等。

二、旅游市场营销信息系统的概念

旅游市场营销信息系统是指由旅游企业的营销人员、信息处理机器设备和运作程序组成的一个持续的、相互影响的系统。它的任务是准确、及时地对有关的信息进行收集、分析、评估和分发，供营销决策者运用，以便营销计划的制订、执行和控制更加准确、有效。旅游企业的市场营销信息系统如图 4-3 所示。

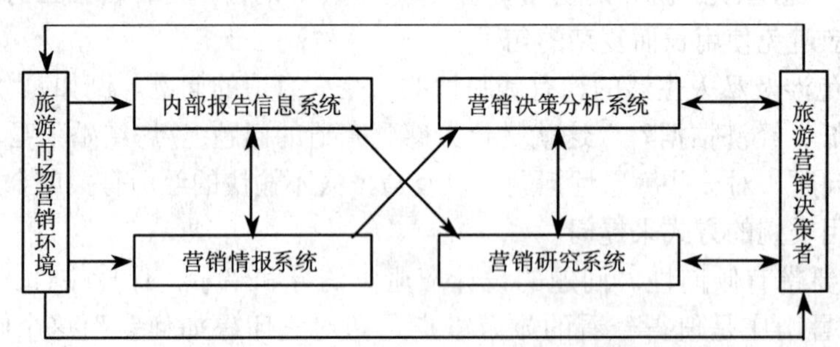

图 4-3　旅游市场营销信息系统的组成

（资料来源：马勇，刘名俭：《旅游市场营销管理》，大连，东北财经大学出版社，2008）

三、旅游市场营销信息系统的概况

（一）内部报告信息系统

旅游企业内部报告信息系统，又称旅游企业会计系统，它致力于从旅游组织内部收集、储存和挽救数据。这些数据信息主要指根据内部信息通报制度要求，企业内部相互传递或上报的各种销售单证和报表，如旅游产品的成本、销售额、利润、资金流动、应收付账款等方面的信息。这些资料可以帮助调研人员评估企业目前的活动与实绩。目前，根据旅游业服务性强的特点，旅游企业逐渐建立起服务档案系统，如旅游者的建议与投诉、重要客房信息等。

（二）营销情报系统

营销情报系统通过一系列程序与渠道获利外部环境发展的系统性信息，如新法律通

过、社会和文化的趋势、人口统计资料、旅游业内部新的竞争动态等。营销情报系统的来源主要包括四个方面：①训练和鼓励旅游企业内部营销人员收集和反馈外部环境信息；②激励分销商、零售商及其他中间商向旅游企业提供环境情报信息；③旅游企业从某些专业市场营销研究公司购买商业情报；④旅游企业建立专门的组织，负责营销情报的收集和处理。

（三）营销研究系统

营销研究系统也称营销调研系统，主要通过对采集数据进行动态的规划、收集、分析与解释，使数据信息可以应用于详细的营销决策。旅游市场营销调研人员通常需要针对一些特定问题进行出详细的研究，以减少主观所造成的失误。由于旅游市场营销调研是专业性较强的研究性工作，因而在市场营销调研过程中，旅游市场营销调研人员应运用专业知识对有关问题进行研究。一般大型旅游企业与饭店自己设有营销调研部门，小型旅游企业一般由专业市场调研公司完成调研任务。

（四）营销决策分析系统

营销决策分析系统由一系列先进的技术和模型组成，以对影响旅游营销活动各因素的因果联系和市场预测等方面进行研究，并建立模型库，专门用以协助决策人员选择最佳的营销策略。营销决策分析系统具有运用相关数学工具定量分析和处理各种营销信息的能力。

本章小结

本章主要阐述了旅游市场营销调研的相关内容，包括旅游市场营销调研的概念、作用和类型；旅游市场营销调研的内容及程序；旅游市场营销调研的方法和技术。最后介绍了旅游市场营销信息系统的含义和概况。

关键术语

旅游市场营销调研（Tourism Marketing Research）
市场营销信息系统（Marketing Information System）

案例分析

旅游服务市场调查报告

旅游已逐渐成为人们娱乐生活中不可缺少的一部分，人们除了能享受到旅游过程中的惬意与放松，其实更多的是对生活的体会。但随着旅游逐步深入生活，关于旅游的投诉也常见于报端。最近的一次调查结果显示，20%的受访者对随团旅游表示不满意，不满意的原因主要

来自导游和旅行社方面。对于没有随团出游的受访者，旅游费用及旅行社的信誉仍是主要的影响因素。

该项调查由北京科思瑞智市场调查公司于 2002 年 2 月底在北京实施，调查采用电话访问的方法，共完成有效问卷 201 份，调查对象为年龄在 18～60 岁之间、家中有电话的北京居民。调查结果可以推论北京有电话的居民的意见。

随团旅游：不满意

旅游服务一直以纷争不断而出名，从调查显示的结果看，人们对随团旅游的评价的确不高。在有随团旅游经验的受访者中，有五分之一的人对其最近一次随团旅游表示不满意，表示满意的只有三分之一，近一半的受访者表示服务一般。

导致受访者不满意的主要原因是“导游未尽职责”和旅行社“降低等级标准”。这两项的比例分别达到 30.8%；其次是“擅自变更行程安排”，占 23.1%；再次为“配套设施不完善”，占 15.4%。

在整个旅游过程中，游客与旅行社的接触更多的在出游前期的报名环节。而在旅行途中，导游则很大程度上充当了旅行社的代表。游客对旅行社服务的不满意在得不到导游的妥善处理时，则很容易转化成对导游的不满。

科思瑞智的研究人员认为，旅游作为一个服务行业，消费者花钱购买的即是旅行社和导游提供的服务。对服务的满意程度的高低是保持回头客的关键所在。对于旅行社来说，其所提供的服务并非杀鸡取卵的短期利益行为，所带来的回报应是长期收益。我国加入世贸组织之后，国外旅行社加入竞争，必然会使旅行社的客源结构发生变化。对于某些愿意尝新，或更加信任外国货的人来说，参加外国旅行社推出的旅游团出游具有不小的诱惑力。国内旅行社可能会发现，他们所面临的问题很简单，就是服务质量的竞争。

费用和信誉：参团出游的主要障碍

受访者中，有七成的人没有随团出游的经历。其中，近一半的人是由于“没有时间”；而三分之一左右的受访者则是因为“费用较高”；还有 7%的受访者表示不随团旅游是因为“对旅行社不信任”。从这一结果看，费用和旅行社的信誉问题是阻碍人们参团旅游的重要因素。

从交叉分析看，家庭收入越高，有随团旅游经历的人所占比例越大。在家庭月收入低于 2000 元时，90%左右的人没有随团旅游的经历；当家庭月收入达到 5000 元以上时，则有超过一半的人有随团出游的经历。看来，尽管对旅行社而言，价格的可调节余地不太大，但普通工薪阶层对旅游费用的可支持能力依然有限。

或许在达到规模效益情况下，价格还可以适当调整，毕竟目前降价仍是旅行社屡试不爽的刺激需求的看家法宝。但对于信誉问题，树立起良好的形象，扭转人们心中已形成的观念则非短时间内即可达到的，因为人们更愿意接受与自己观念相近的意见。

假期放飞，出游最宜

调查显示，消费者在选择何时出行方面越来越理智，有可能是吸取“十一”期间黄山惨案的教训。四成的受访者表示愿意在寒暑假出游，两成的受访者会利用单位休假出游，依然希望在“春节”、“五一”、“十一”等节假日出游的受访者不到 15%。

另有相关分析显示，不同年龄的消费者对出游时间的选择有显著差异。

年龄在30～50岁之间的受访者中，有50%的人会利用孩子的寒暑假带孩子出去旅游；而年龄在18～29岁的年轻人则更多地会在单位休假期间出游。

对于出游时间的选择，具体因人而异。但可以看出，人们在出行时间安排上都注意避开节假日的高峰期，因而外出旅游的时间结构发生了变动，学生的寒暑假将会是颇受青睐的旅游时期，这也提醒旅行社针对学生组织旅游团可以成为旅行社经营的另一方向。

潜力巨大的自助旅游

就像自助餐一样，旅游也可以自助。但就目前来看，了解自助旅游的人还不是很多，只有30%左右。与没有随团旅游经历的受访者相比，有随团旅游经历的受访者了解自助旅游的比例更高一些。但无论是否有随团旅游的经历，当受访者被询问是否希望尝试自助旅游时，一半左右的人表示希望。

相关分析显示，年轻人更愿意尝试自助旅游，随着年龄的增加，希望尝试的比例逐步降低。这种差异还表现在家庭收入的差异上：家庭月收入在2000元以上时，超过半数的受访者希望尝试；家庭月收入2000元以下的，则只有三分之一的人希望尝试。

传统的随团旅游，衣食住行不用自己操心，但代价是失去了自由；自己出行有了随意安排的自由，但凡事都需自己操办，难免玩得不够尽兴。自助旅游似乎实现了两者的结合，取长补短。而调查结果也说明这种新型旅游方式潜力巨大，这是否意味着在自助旅游市场上，另一场战争又要开始了呢？

交叉分析显示，希望尝试自助旅游的人中，有44%选择寒暑假出行，25%的人选择单位休假期间出行。研究人员认为，考虑自助旅游的主要消费群是学生，因此开发寒暑假档期的自助旅游更具可行性。

旅游服务的市场细分

科思瑞智的综合分析显示，如果不包括单位组织的开会、疗养等团队，个人旅游市场的消费群可以根据其生活形态划分为以下几个群体：

一是“高级灰”，主要由城市中的白领阶层和管理者构成，在周末他们一般选择城市周边游，交通方式以自己备车或租车为主，几个亲朋好友找个有山有水的地方吃、住、玩，目的是换个环境、换个心情。要求环境卫生、安静，对于娱乐设施并不注重，也不在意风景名胜。人均消费一般在300元以内。国内游基本是在个人休假期间，他们大多有一个旅游计划，只要时间允许，一般半年或3个月会参团或自助旅游一次。对于服务价格并不十分敏感，但对服务质量要求较高。他们也是个人出境游的主要消费者。

二是“探险者”，主要由富冒险精神的学生和年轻人构成，他们的收入有高有低，但酷爱大自然，喜欢行走露宿于荒山野岭之间，向往西藏、新疆等富传奇色彩的地区。他们充满活力，旅游知识和经验极为丰富，是身边很多人的旅游导师。自助旅游和连锁式学生旅馆是他们的最爱。事实上，绝大多数的学生出游都属于此类。

三是“拍照留念者”，主要由新婚夫妇、年轻伴侣组成。他们的旅游目的非常明确，即风景名胜，倾向于哪儿人多就去哪儿。作为纪念日的象征，拍照是必不可少的，为此经常穿着高跟鞋和旗袍跋山涉水。他们基本选择国内参团游，对价格和服务都比较敏感，旅游过程中购物也是一大主题。

（资料来源：http://www.rztong.com.cn/shownews_41723.htm）

分析与思考题：

案例中的调查人员采用了哪些调研方法？

复习与思考

1．旅游市场营销调研有哪些作用？

2．旅游市场营销调研包括哪些内容？

3．旅游市场营销调研有哪些方法，各有何优缺点？

4．针对在校大学生的旅游动机，设计一份调查问卷。

第五章　旅游市场细分及定位

学习目标

知识目标

1. 了解旅游市场细分、目标市场策略、旅游市场定位的概念
2. 学会旅游市场细分的方法
3. 掌握三种目标市场策略

技能目标

1. 培养对旅游企业进行准确定位的能力
2. 培养对旅游产品进行准确定位的能力

由于旅游市场具有复杂多变的特性，因此，任何旅游企业都不可能满足市场上所有旅游者的需求，他们只能在整体旅游市场中选取满足一部分旅游者的需求。在市场竞争日趋激烈的情况下，现代旅游企业开始采用目标市场定位营销战略，这样可以更好地帮助企业找到市场机会。旅游目标市场营销战略的主要内容包括：旅游市场细分、选择旅游目标市场和旅游市场定位。

第一节　旅游市场细分概述

旅游企业对于市场的开发，关键在于找到目标市场，而目标市场则需要通过对市场细分后予以明确。市场细分是旅游企业目标营销的前提和基础，在现代营销中占据重要地位。

一、旅游市场细分的概念

（一）市场细分

市场细分又称市场分割，是按照消费者的需求和欲望、购买态度、购买行为特征等不同流动性，把一个市场划分为若干不同的消费者群体的行为过程。目的是使同类产品市场上，同一细分市场的消费者具有更多的共同性，不同细分市场之间的需求具有更多的差异性，以使企业明确有多少数目的细分市场及各细分市场需求的主要特征。

市场细分在本质上并不是对整体市场的地域范围或数量规模进行划分，而是一种对不同顾客按需求特征的差异性与相似性进行非常接近客观事实的分类。在不同细分市场内，消费者的需求和对营销因素的反应具有明显的差异。假定从消费者对产品各种属性的需求反应中，任意取两种属性（如服务质量和价格水平）的不同偏好分布情况加以分析，即可以得出市场需求格局的三种基本偏好模式（如图 5-1 所示）。

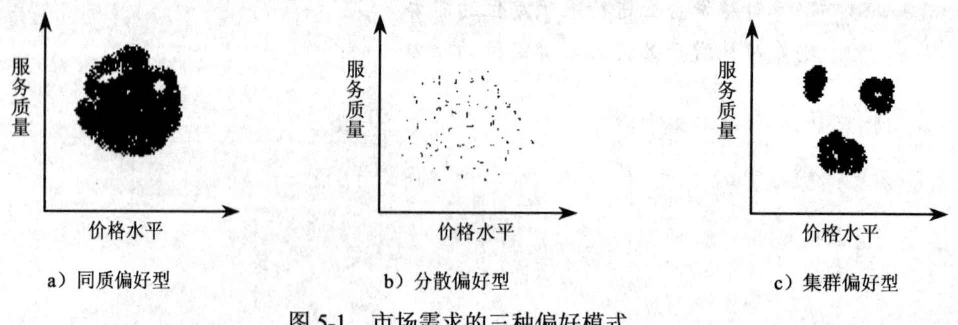

图 5-1　市场需求的三种偏好模式

1．同质偏好型

所有消费者对服务质量和价格水平的偏好都是一致的，即在此市场中不存在市场细分的客观基础。

2．分散偏好型

每一位消费者对服务质量和价格水平的偏好都不相同，在理论上可以将每一位消费者都作为一个细分市场，但在实践中针对每一位顾客制定产品及营销组合往往不现实，所以这类市场一般也不存在市场细分的基础。

3．集群偏好型

各消费者群体对服务质量和价格水平的偏好具有显著差别，而在每一个群体内部，其成员对这两种属性的偏好又是大致相同的，因而此市场可明显地划分为若干细分市场。

（二）旅游市场细分

世界上有众多的国家和地区，其人口、经济、自然条件，以及政治与法律环境千差万别，旅游消费需求也不一致，旅游企业不可能同时满足所有国家和地区的所有旅游者的需求，也不可能满足同一国家所有旅游者的消费需求。因此，必须将旅游市场进行细分，以便使旅游企业更好地满足特定旅游者的特定需求。

所谓旅游市场细分，是根据旅游整体市场上旅游者需求的差异性，以影响旅游者需求和欲望的某些因素为依据，将一个整体市场划分为两个或两个以上的消费者群体，每一个需求特点类似的消费者群体就构成一个细分市场。旅游市场细分具有以下几层含义。

（1）市场细分的过程是一个先分后合的过程，即从纷繁复杂的旅游者个体中找出相同的特征，加以归类，施以相应的营销措施，使旅游企业在面对整体市场时能充分发挥有限的生产能力。

（2）市场细分的标准是不同旅游者的旅游特征，诸如需求特征、购买动机、购买行为特征等。细分市场后，旅游者的旅游特征更为鲜明，有利于旅游企业制定合理有效的营销策略。

（3）市场细分的最终目的是使使旅游企业现有的生产能力、产品供应特征能够最大限度地满足旅游者的需求，以此实现旅游企业的经营目标，维持和扩大旅游企业的市场占有率。

【小资料 5-1】

国际凯悦酒店集团的市场细分

国际凯悦酒店集团下分三类酒店，分别为凯悦摄政王酒店和娱乐场（Hyatt Regeney Hotels and Resorts）、公园凯悦酒店（Park Hyatt Hotels）及凯悦大酒店和娱乐场（Grand Hyatt Hotels and Resorts）。无论是属于集团自己财产的饭店还是代为管理的饭店，都要列入这三类中相应的一类。由于每一类都有不同的建筑风格和设施标准，因此，饭店在设计前就已经明确了类别，目的是吸引不同的目标市场。

（一）凯悦摄政王酒店

有古典式的，也有现代派的，均十分豪华，属 20 世纪 70 年代和 80 年代风格，主要建于中等国际商业都市，接待对象以商务旅游者为主。这类饭店有标准化的预订系统和通信网络、大量的宴会和会议设施、高技术的商务中心、设施健全的健身中心，以及带有梦幻情调的、面向饭店内外全方位客人的餐厅和酒吧，还有完善的接待服务和宾客活动服务。凯悦摄政王酒店内有“店内之店”，它是专为一个称之为“摄政王俱乐部”的“签名宾客”实行专项服务的单独楼层。该楼层向客人提供其需要的特殊额外服务，有专门的接待宣传和休息娱乐室。

（二）公园凯悦酒店

国际性的小型饭店，是精心设计的住宅式饭店。公园凯悦酒店建于各国首都，它的目标客源是高标准的精明客人。他们寻求对个人特别关照，进行专业性的服务并备有高质量的设施。这类饭店有以下显著特征：地理位置好；非同寻常的饭店内部装潢设计；饭店内布置有大量鲜花和各种树木；有风味餐厅和特殊的接待部；有主要针对特别要求的晚宴；服务规格高。

（三）凯悦大酒店和娱乐场

这类饭店中不存在代为管理的形式，凡是打出“Grand Hyatt Hotel”牌子的凯悦酒店必定是集团自家拥有的产业。凯悦大酒店乃是20世纪90年代流派，它们建立于主要出入境口岸城市或是著名旅游胜地的最佳地段。凯悦自豪地称之为“超时代的设计”，饭店内部装饰仍是古典式的。这类饭店的客源市场也是全方位的，包括当地市场。

（资料来源：魏敏：《旅游市场营销》，长沙，中南大学出版社，2005）

二、旅游市场细分的作用

旅游市场细分的作用，集中表现在以下几个方面。

（一）有利于旅游企业发现市场机会

市场机会是指市场上客观存在的未被满足的旅游需求。通过市场细分，旅游企业可以对每一个细分市场的购买潜力、满足程度、竞争情况等进行分析对比，找出有利于本企业的市场机会，进而结合企业资源条件，开发出相应的旅游产品，迅速占领这一旅游市场。

（二）有利于旅游企业资源的优化配置

旅游市场细分有利于旅游企业资源的合理配置。旅游企业的资源都是有限的，通过细分市场，选择适合自己的目标市场，旅游企业可以集中人、财、物等资源，去争取目标市场上的优势，并可以根据目标市场需求变化来及时调整营销组合，合理配置使用企业有限的资源，达到事半功倍的效果。

（三）有利于旅游企业制定灵活的营销策略

旅游企业通过市场细分，可以比较直观、系统地了解目标市场，从众多的细分市场中确定旅游企业的经营方向、产品战略和服务特征，从而更合理地制定旅游营销策略，及时调整旅游企业的产品、价格、销售渠道及促销手段，并且随着市场的变化作出及时调整。

（四）有利于提高旅游企业的竞争能力

无论旅游企业的规模大小，都有其优势和劣势，而成功经营的关键就是充分发挥优势，有效避开劣势，合理配置和使用企业资源，市场细分为旅游企业提供了这一可能。在市场细分的基础上，旅游企业可以根据自己的条件，选择最合适的目标市场，做到扬长避短，在竞争中赢得优势。

【小资料 5-2】

相亲旅游市场

南京市场首现出境“相亲旅游”

花上 6980 元，不仅能出国旅游，还能到普吉岛参加“全球华人单身面对面”活动。昨天，传出消息，声称这个个性化旅游产品，主要针对的是高学历、高收入、高年龄的城市“三高”消费者。据悉，今年的“单身派对”时间在 3 月 31 日到 4 月 4 日之间，但因为参与的活动多，住宿条件好，价格比普通的普吉游高得多。

经理李琰告诉记者，“三高”青年恋爱难成了一个社会问题，但却也孕育了一个巨大的商业市场，如给这些人提供相识机会的各种商业活动。因此，国际度假村集团 Club Med 便联合国内旅行商打出了“浪漫相亲牌”，让单身高收入游客到异国他乡旅游时顺带寻找生命中的另一半。据悉，该相亲游除了有高尔夫、出海潜水、瑜伽、射箭等常规度假项目，还特意安排了诸如鸡尾酒会之类的特别活动，给年轻人创造相互认识、相互了解的机会。

昆明一旅行社推“千人相亲旅游”

3 月 31 日，昆明一家旅行社出了揽客“奇招”，高调宣布将以“千人单身旅游相亲”的方式，尝试在旅游新领域里闯出一条路子。而首次千人单身旅游相亲派对，将于 4 月 18 日至 20 日在昆明的一处风景区内举行。

昆明旅行社（国际）有限公司总经理和炜认为，旅游或郊外派对的形式非常轻松随意，更利于参与者敞开心扉，成功率更高。

新西兰航空公司组织“相亲之旅”

新西兰航空公司决定向美国单身男女提供“相亲之旅”，请他们飞到新西兰参加相亲主题舞会。按计划，入选单身者将于 10 月搭乘新西兰航空公司班机从美国洛杉矶出发，飞往新西兰奥克兰参加“大配对舞会”。

据新西兰航空公司营销部门负责人介绍，班机起飞前，乘客们将在洛杉矶机场参加飞行前派对；班机起飞后，机组人员将向乘客提供主题食品、饮料，并组织游戏等娱乐活动。

（资料来源：http://www.traveldaily.cn/news/30487_0.html）

三、旅游市场细分的原则

旅游企业可根据单一因素，亦可根据多个因素对市场进行细分。选用的细分标准越多，相应的旅游子市场也就越多，每一子市场的容量相应就越小。如何寻找合适的细分标准，对市场进行有效细分，在旅游营销实践中并非易事。一般而言，成功、有效的旅游市场细分应遵循以下基本原则。

（一）可衡量（区别）原则

本原则要求各细分市场的需求特征、购买行为等要能被明显地区分开来，各细分市场的规模和购买力大小等也能被具体测度。主要包括两重含义：一是细分旅游市场所选择的标准要能被定量测量，以明确划分各细分市场的界限；二是所选择的细分标准要与旅游者的某种或某些旅游

购买行为有必然的联系，这样才能够有效地针对不同细分市场制定营销组合提供实际可能。

（二）可赢利原则

本原则既要求细分出的市场在旅游者人数和购买力上足以达到有利可图的程度，也要求市场要有可开发的经济价值。即：第一，虽然市场细分有整体大市场小型化的趋向，但又绝对不可能过分细分到失去一定规模经济效益的程度。第二，应注意到某些细分市场虽然在整体市场中比重小，但其绝对规模或购买力足以达到赢利的水平，甚至具有很大的开发价值。第三，当细分市场的旅游者人数规模和购买力一定时，是否有利可图还与开发成本有关。当由于外界条件的变化或者通过主观努力而使开发成本得以降低时，就可能使一些市场从原本无利可图变为有利可图。

（三）可进入原则

本原则要求细分出的市场旅游产品能够进入并占有一定的市场份额。它包括可接近原则（即客观上要有接近的可能）和可行动原则（即主观上要有能开发的实力）。可接近原则是指营销者要有与客源市场进行有效信息沟通的可能，同时还要具有通畅可达的销售渠道，这对于具有异地性特征的旅游市场尤为重要。假使旅游广告根本无法让细分市场的旅游者看到或理解，或者细分市场的旅游者受到种种限制根本不可能达到旅游目的地，这样的细分市场即使开发潜力再大对企业而言也没有任何价值。而可行动原则是指营销者要有吸引和服务于相关细分市场的实际操作能力，否则即使是再有吸引力的细分市场也没有意义。

（四）稳定性原则

严格的旅游市场细分是一项复杂而又细致的工作，因此要求细分后的市场应具有相对稳定性。如果变化太快、太大，会使制定的营销组合很快无效，导致营销资源分配不得不重新调整，并形成企业市场营销活动前后脱节的被动局面。

四、旅游市场细分的标准

旅游市场细分的标准，也称旅游市场的细分变量，受到这些因素的影响和作用，旅游者在旅游欲望和消费方面产生了明显的差异。细分旅游市场所依据的变量很多，一般从地理变量、人口统计变量、心理变量和行为变量四大类进行划分。

（一）地理变量细分

地理变量细分是旅游企业按照旅游者居住地所在的地理位置来细分旅游市场。具体可以从以下几个方面细分市场。

1．根据六大旅游区细分市场

世界旅游组织根据地区间在自然、经济、文化、交通，以及旅游者的流量、流向等方面的联系，将世界旅游市场划分为六大旅游区：东亚及太平洋旅游区、南亚旅游区、中东旅游

区、非洲旅游区、欧洲旅游区和美洲旅游区。这六大旅游细分市场的基本特征各不相同（见表 5-1）。

表 5-1 六大旅游市场基本特征

旅 游 区	旅游市场基本特征
东亚及太平洋旅游区	1．地跨南北半球，沿经线延伸的旅游市场 2．在地理环境、人文景观等方面的内部差异较大 3．是当今世界上旅游业发展速度最快的旅游市场 4．将成为未来崛起的世界著名海滨胜地
南亚旅游区	1．包括部分喜玛拉雅山脉、中部印度河、恒河平原、南部德干高原 2．典型的热带气候与热带季风林景观 3．属印度文化区，人口稠密，宗教以婆罗门教和佛教为主 4．以旅游输入国居多，国际旅游市场开发较晚，是新兴的旅游市场 5．旅游市场资源丰富，市场潜力大
中东旅游区	1．联系三大洲、沟通两大洋的世界海陆空交通要冲，地理位置重要 2．以高原地形为主，气候火热、干燥，属于荒漠、半荒漠景观 3．属伊斯兰文化区，民族构成复杂
非洲旅游区	1．地形是以高原为主的热带干燥大陆，自然景观以赤道为中轴呈南北对称分布 2．属非洲文化区，居民的种族构成复杂 3．语言复杂，宗教也呈现多样化 4．旅游资源大部分处于原始待开发状态
欧洲旅游区	1．从白令海滨向西一直延伸到大西洋沿岸 2．纬度位置高，自然景观丰富多彩，拥有发达的海滨旅游地 3．属西方文化区，宗教以天主教和基督教为主，人文旅游资源非常丰富 4．欧洲旅游者在本洲内旅游以个体旅游和家庭旅游为主 5．世界上最发达的游客客源输出地区和旅游接待地区
美洲旅游区	1．从北冰洋沿岸向南一直延伸到德雷克海峡，跨南北两半球 2．气候类型齐全，自然景观多样，拥有新兴的海滨旅游地 3．属西方文化区，民族构成复杂，宗教以天主教和基督教为主 4．世界上发达的旅游客源输出地区和旅游接待地区

（资料来源：马勇，毕斗斗：《旅游市场营销》，汕头，汕头大学出版社，2003）

2．根据客源国进行旅游市场细分

按国别进行旅游市场细分的方式，是旅游目的地国家或地区细分国际旅游市场最常用的形式。在世界六大旅游市场中，欧洲旅游市场和美洲旅游市场同时又是世界上最发达的旅游客源地，这两个地区的旅游者旅游需求强烈，喜欢度假旅游。而东亚及太平洋旅游区作为经济快速发展的受益者，他们正在从传统的旅游目的地转变为重要的客源地。例如，根据近年来中国内地旅游入境人数统计（见表 5-2），日本、韩国、美国、俄罗斯等是主要的客源国；新兴的客源市场，如意大利、荷兰、加拿大等有所发展；周边客源市场，如澳大利亚、泰国、马来西亚、新加坡、菲律宾等发展迅速。

表 5-2　2007-2008 年我国主要客源市场情况

（单位：百万人次）

国家＼时间	2007 年	2008 年
韩国	477.68	396.04
日本	397.95	344.61
俄罗斯	300.39	312.34
美国	190.12	178.64
马来西亚	106.20	104.05
新加坡	92.20	87.58
菲律宾	83.30	79.53
蒙古	68.20	70.53
澳大利亚	60.74	57.15
泰国	61.16	55.43
英国	60.51	55.15
加拿大	57.72	53.47
德国	55.67	52.89
印度	46.25	43.66
法国	46.34	43.00
印度尼西亚	47.71	42.63
哈萨克斯坦	43.89	30.07
意大利	21.52	19.44
荷兰	19.41	18.09

（资料来源：http://www.cnta.gov.cn）

3．根据潜在客源地区与旅游目的地之间的自然环境差异进行旅游市场细分

这主要有地貌、气候、地形、水体、生物构成自然旅游资源的重要因素，这些往往对旅游者具有较大的吸引力。例如，黄土高原的人对戈壁、沙漠及丹霞地貌、熔岩地形、大峡谷很感兴趣，海边生长的人向往神秘的雪域高原，南国热带的旅游者新奇于北国的雾凇与冰雕，都是客源地区与旅游目的地之间的自然环境差异作用的结果。当前世界上以气候为主导因素的自然旅游资源（如地中海风光）在旅游市场细分中占有较为重要的地位，反映了人们对变换自然环境的一种需求。

4．根据客源地与旅游目的地的空间距离进行旅游市场细分

当前旅游业中还流行以车程或机程来计算旅游客源地与旅游目的地的空间距离，并据此对旅游市场进行划分。由于旅游客源地与旅游目的地之间的旅游交通条件、旅游时间、

旅游费用都是两地间旅游活动发展的制约性因素。因此，可以将旅游市场细分为远程市场、中程市场和近程市场。一般近程旅游市场比较活跃，是旅游目的地国争取客源的焦点；远程旅游市场的旅游者出游时间较长、消费较高，通常为经济较为富裕、闲暇时间较多、生活条件比较优越的中上层人士，他们一般在旅游目的地停留时间长、消费水平高。随着交通工具向现代化发展，远程旅游市场有逐步发展的趋势。因此，旅游目的地国在大力发展邻近旅游市场的同时，应有针对性地挖掘开发远程市场，以保持国际旅游市场的均衡发展。

5. 根据旅游者的国际流向划分旅游市场

按照旅游者的国际流向，旅游市场可以细分为一级市场、二级市场和机会市场。一级市场也称重点市场，是指一个目的地国接待的旅游者人数在接待总人数中占比例最大（一般为40%～60%）的两三个国家或地区的旅游市场。旅游企业在制订营销计划时应优先考虑一级市场的市场需求和消费特点。二级市场也称辅助市场，指在目的地国接待人数的总量中占有相当比例的市场。二级市场的特点是有较大的市场潜力，只是需要旅游企业加大营销力度，了解当地旅游者的需求，采取有效的促销手段，激发旅游购买动机，把潜在需求转变为现实需求。机会市场也称边缘市场，是指一个旅游目的地国计划开拓的市场，其特征是该市场的出国旅游人数日渐增多，但前往本目的地旅游的人数很少，因此，该市场有待于进一步开发。

（二）人口统计变量细分

人口统计变量细分是按照旅游者的年龄、性别、家庭人口、收入、职业、受教育程度、宗教等人口变量来对旅游市场进行划分。这类因素对旅游者的需求影响较大，并且该信息可以较好地为市场营销人员所获得，并进行分类处理。因此，依据人口变量划分旅游市场是旅游市场细分最常用的一种方法，如表5-3所示。

表5-3　旅游市场人口统计变量细分

人口统计变量	细分市场类型
年龄	老年旅游市场、中年旅游市场、青年旅游市场、儿童旅游市场
性别	男性旅游市场、女性旅游市场
家庭人口	情侣市场、三口之家市场、四世同堂市场
收入	高收入市场、中等收入市场、经济型市场等
职业	商务旅游市场、公务旅游市场、学生旅游市场等
受教育程度	高学历旅游市场、中等学历旅游市场、低学历旅游市场
宗教	不同宗教信仰旅游市场、少数民族旅游市场等

在进行旅游市场的人口细分时，单一人口因素的有效性往往不太理想。例如，按年龄要素划分出来的细分市场，旅游企业不一定能从中发现自己的目标市场。此时，在旅游市场细分中，更多的是采取多因素联合的人口细分方式，如将收入和年龄结合起来作为旅游市场细分的标准，或将职业、家庭人口及年龄等三个因素联合起来细分旅游市场。

【小资料 5-3】

女子客房——为单身女性提供特殊服务

在全世界酒店行业中，希尔顿酒店是最早注意到单身女性顾客的特殊性的，为此他们早在 1974 年就在美国希尔顿酒店里开辟了专门的女子专用楼层，为单身女性提供旅途中的一切便利。

近 30 年来，希尔顿酒店联号一直致力于为单身女性客人提供更专业化、更精细的服务，从而赢得了一片相当稳定的大市场。尤其是近些年来，随着单身女性商务客人的增加，而入住环境也在发生许多微妙的变化。这时候对于单身女性客人来说，能否拥有一个轻松方便、无拘无束的居住环境就显得尤为可贵了。不断发生的对女性房客的骚扰案件使这一问题越来越突出。在希尔顿酒店的女子专用客房里，所有的设施设备和装饰色调都从女性的生理特点与旅途需要出发，不仅配备有特制的穿衣化妆镜、品牌化妆品、各种牌号的洗涤剂和沐浴用芳香泡沫剂；同时还会提供女士睡袍、挂裙架、吹风机、卷发器、针线包，以及其他妇女专用的卫生用品。客房通常会被装饰成温馨的色调，如粉红、天蓝或米黄等，而床上用品和窗帘等织品往往也与房间色调相匹配，就连客房里的电话机都选择了活泼、灵巧的款式，床头柜或是小茶几上还备有专供女性阅读的书刊和最畅销的妇女杂志。

女子客房单独辟成楼层并配有大量的便装女保安人员。别看这些女保安个个温文尔雅，一旦有人想乱闯“禁地”，她们立时就成了谁也突破不了的坚强堡垒；除了便衣保安外，女子楼层还有很多专门的保安措施，例如，房间号码对外严格保密，不准任何人查询；外来电话未经客人同意不能随意接进客房……总之，这是一片完全独立的空间，甚至连进出大堂都可以选择另外的通道。

（资料来源：马勇，王春雷：《旅游市场营销管理》，广州，广东旅游出版社，2002）

（三）心理变量细分

心理变量是反映旅游者心理状态的变量，它能够提供更深刻的信息去理解旅游者的行为。心理变量细分是指按照旅游者的个性、兴趣、爱好等心理因素来划分旅游市场，常用的标准有社会阶层、生活方式、个性特点等，如表 5-4 所示。

表 5-4　旅游市场心理变量细分

心理变量细分	细 分 类 型
社会阶层	下层、中层、上层
生活方式	变化型、参与型、自由型、稳定型
个性特点	冲动型、进攻型、交际型、权利主义型、自负型

（资源来源：[美]菲利普·科特勒：《旅游市场营销》，谢彦君，译，北京，旅游教育出版社，2002）

旅游者的心理因素十分复杂，是一个内涵丰富的概念，它不仅与旅游者的收入有关，而且与旅游者的文化素养、社会地位、价值观念、职业等因素密切相关。因此，运用心理因素这一变量细分市场是一项非常复杂的工作，每一类旅游者群体，均体现出不同的特点。因此，旅游企业需要有针对性地开发旅游产品和制订旅游策略，以吸引不同类型的旅游者。

【小资料 5-4】

中国消费者被划分为 14 种族群

日前，新生代市场监测机构（简称新生代）宣布在中国消费者细分市场的分群深度研究上取

得重大成果。基于在美国、日本业界领先的消费者生活形态的分类研究模型 VALS（Value And Life Style），通过 1997 年以来在中国内地进行的关于居民媒体接触习惯和产品/品牌消费习惯的连续调查积累的大量详实的数据，新生代对中国的消费者进行了心理层面上的分析，建立了适应中国市场分众时代复杂的经济态势下的中国消费者生活形态模型—— CHINA-VALS。

这一模型把中国消费者按消费心理因素分为 14 种族群。其中理智事业族、经济头脑族、工作成就族、经济时尚族、求实稳健族、消费节省族 6 种族群为积极形态派，占整体的 40.41%；个性表现族、平稳求进族、随社会流族、传统生活族、勤俭生活族 5 种族群为求进务实派，占整体的 40.54%；平稳现实派包括工作坚实族、平稳小康族、现实生活族 3 种族群，占 19.05%。

从整体分析，包括积极形态派和求进务实派的 11 种族群占中国消费者整体的 80%以上，反映了中国消费者普遍持有积极、务实的消费心态。而 14 类消费者分别在消费者总量的比例大多都在 6%～8%之间，分布均匀，其中随社会流族（13.95%）、经济时尚族（8.54%）在 14 类消费者中所占比例最大。而以随社会流族、经济时尚族为代表的随社会流族、经济时尚族、平稳小康族、工作成就族、平稳求进族、工作坚实族占整体的 47.9%，共同构成位于社会中层的中国消费者人群。这与中国整个社会发展态势及典型消费形态相吻合，也验证了 CHINA-VALS 模型的精确与精准。

新生代的专家还根据 97 条有关生活形态测试的语句获得的数据进行分析，在深入到消费者生活形态和消费心理层面上综合消费者的分层（以教育程度、职业、收入等为标准），“画”出了 14 类消费者的心理“肖像”。理智事业族事业成就欲望强，饮食生活超脱社会水平，男性七 7 成；而随社会流族个人主观性较弱，易受他人影响，男女比例、年龄分布较均匀，工作倾向也不明显。而不同族类的人在消费行为上也有显著的不同：理智事业族高收入倾向明显；随社会流族习惯“货比三家”。

据悉，新生代的中国消费者 14 族群的划分方法，很大程度上改善了市场细分的效果，以这种市场细分为基础，该公司还可以从消费者的产品及品牌消费习惯、媒体接触习惯、人口统计变量等多个角度针对具体的某一族群进行详细的分析。

中国消费者生活形态模型——CHINA-VALS 源于在新生代自 1997 年开始的关于居民媒体接触习惯和产品/品牌消费习惯的连续调查 CMMS 项目，此项目通过 PPS 抽样和入户访问的形式连续 5 年调查了涵盖全国 30 个重点城市的 15～64 岁消费者，2001 年调查的样本量达 70684 个，涉及消费者生活形态的方方面面。

（资料来源：范卫华：《中国消费者被划分为 14 种族群》，载《中国经营报》，2002 年 7 月 9 日）

（四）行为变量细分

按行为变量细分市场是指按消费者不同的购买动机、购买数量偏好程度、购买时间及购买次数、购买行为特征细分市场。根据旅游者购买过程中比较关键的行为特征，如购买形式、购买时机、购买数量及频率等，可细分出一些需求各异、具有综合性特征的重要旅游细分市场。

1．根据购买时间细分旅游市场

按购买时机可以将旅游市场细分为旺季旅游市场、淡季旅游市场、平季旅游市场和节假日旅游市场（如寒暑假旅游市场，我国的春节、中秋节、国庆节旅游市场）等。旅游企业可以把特定购买时机的市场需求作为服务目标，如我国近年来发展迅速的周末度假市场就引人关注。

2．根据旅游者购买旅游产品追求的利益细分旅游市场

按旅游者购买旅游产品所追求的利益诉求点，可以设计开发专项旅游产品以满足其需求。例如，为新婚旅游者设计浪漫舒适、愉快安静的旅游产品，为商务客人提供优质快捷的旅游服务，为工薪阶层与学生提供质优价廉、经济实惠的旅游产品等，都是基于旅游者对旅游产品追求的利益基础之上。

3．根据旅游者旅游方式的不同细分旅游市场

根据旅游方式不同，旅游市场可划分为团体旅游市场与散客旅游市场。其中，团体旅游又可依据团队性质与档次差别，划分为观光团或专业团，普通团或豪华团。目前散客旅游市场已发展成为世界旅游市场的主体。散客旅游的方式多种多样，包括独自旅游、家庭旅游、俱乐部旅游、自驾车旅游、徒步旅游等，如近年来兴起的各种驴友俱乐部就是这种旅游方式的典型代表。

4．根据消费者购买旅游产品的使用频率来细分旅游市场

根据旅游者购买旅游产品的数量和频率特征来细分，旅游市场可分为较少次旅游者、多次旅游者和经常旅游者三种细分市场。经常旅游者人数可能并不很多，但他们的旅游消费在全部消费量中占有很大的比重，旅游企业可以把他们作为重要客户，在服务、定价、广告宣传等方面制定相应的措施，以及优厚的待遇。

5．根据旅游者购买动机细分旅游市场

根据旅游者购买动机的不同，旅游市场可以分为观光旅游市场、商务旅游市场、度假旅游市场、奖励旅游市场、探亲访友旅游市场、体育旅游市场和文艺旅游市场等七种细分子市场，每一个子市场表现出不同的市场特点，这也为旅游企业开发设计旅游产品并制定相应的旅游营销策略提供了依据。

五、旅游市场细分的方法

前面介绍了旅游市场细分的一般标准，但在现实中，这些细分标准必须根据具体旅游产品市场的旅游需求特征和旅游企业达到的目标来加以选择运用，通常依据以下方法对旅游市场进行细分。

（一）单一变量细分法

单一变量法也称一元细分法，即根据影响旅游者需求的某一种因素进行旅游市场细分，这一变量一般是与旅游者需求差异相关的某一个最重要的变量因素。这种单一变量细分旅游市场的方法一般只适用于产品（服务）通用性较强、选择性较弱的市场。在大多数情况下，它只是对旅游市场进行细分的起点，即先期用此方法对旅游市场作比较粗略的划分。把某单项细分变量的细分程度加深以适应不同旅游者的需求和市场竞争，这种方法即为单一变量的深度细分法。

（二）综合变量细分法

综合变量法又称交叉细分法或多元细分法，即根据影响旅游者消费需求差异紧密的两种

及两种以上的并列变量对旅游市场进行细分的方法，例如，同时以旅游者的收入状况（高、中、低）、年龄（老年、中年、青年、儿童）、利益追求（观光度假、修学求知等）三个变量因素细分双休日市场。运用这种分析方法时要注意选择与一定旅游产品消费需求有关的并且影响突出的变量因素来综合分析，这样细分出的市场比单一变量细分法对企业营销活动更有价值，它能有效地帮助企业选定最佳的市场机会，但使用此方法时要选准细分变量，避免过多变量造成细分的困难。

（三）系列变量细分法

系列变量细分法即考虑与旅游需求差异相关的各种因素，将其按照一定的顺序对旅游产品市场依次进行系列细分的方法。此方法对旅游者需求差异较大而市场竞争又较激烈的旅游产品市场细分比较适合。其要点是在各变量之间充分把握它们在内涵上的从属关系，进行合理排序，否则会造成细分工作混乱，导致成本增加。图 5-2 所示的细分组合示意图就是用系列变量法研究旅游市场。

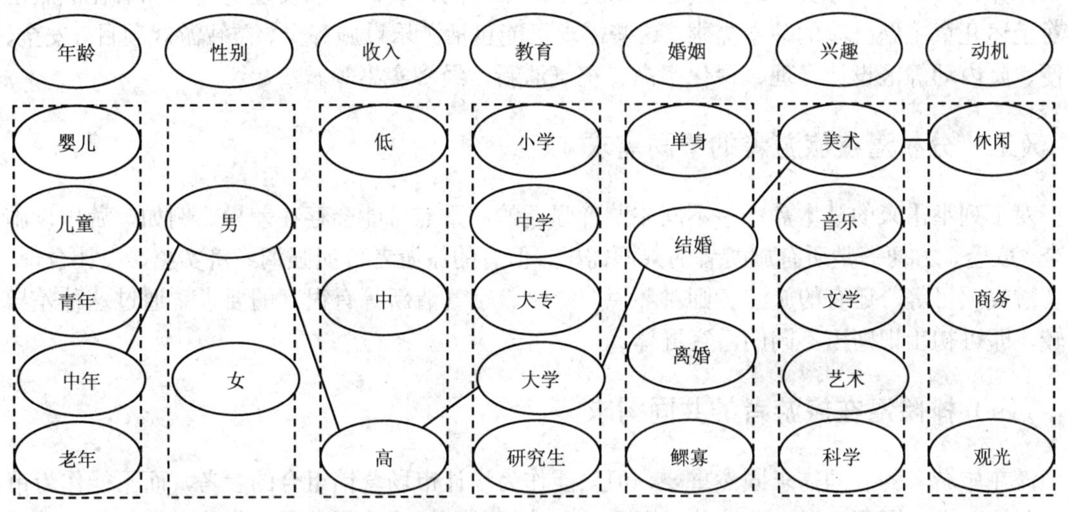

图 5-2　旅游市场细分的系列变量法

（资料来源：郭英之：《旅游市场营销》，大连，东北财经大学出版社，2006）

（四）顾客赢利能力细分法

顾客赢利能力指企业顾客在未来很长一段时间内（指其作为企业顾客的时间长度内）为企业贡献利润的一种能力。根据顾客赢利能力的不同进行市场细分，就是把顾客赢利能力作为市场细分的变量，把每一个顾客都作为一个细分市场，分析企业服务每个顾客的成本和收益，得到每个顾客对企业的财务价值，然后与企业设定的顾客赢利能力水平进行比较，如果顾客的赢利能力达到或超过企业设定的顾客赢利能力水平，那么他就是企业目标市场中的一员，所有满足这个条件的顾客构成企业的目标市场；否则，企业就不向他们提供服务。

六、旅游市场细分的步骤

旅游市场细分大致可分为以下七个步骤。

（一）依据需求选定产品市场的范围

即确定企业进入什么市场、生产什么产品。旅游产品的市场范围应根据旅游者的需求而不是旅游产品的特性来确定。例如，一个以儿童娱乐为主的大型主题公园，可能被认为只是以儿童为对象的，但从市场需求的角度来分析，便可以看到儿童的父母、谈恋爱的青年男女，以及到公园锻炼身体的老人也都是潜在的旅游者。

（二）列举潜在旅游者的基本需求

在选定产品市场范围的基础上，旅游企业通过市场调查，了解现实和潜在旅游者的全部需求，并详细地列举分类。例如，通过对儿童游乐场的调查，可以发现现实的和潜在的旅游者对上述儿童主题公园的基本需求，这些需求可能包括游乐设施齐全、益智游戏项目、安全、方便、园内动静区设计合理、绿化率高、空气清新、经济实惠等。

（三）分析潜在旅游者的不同需求

对于列举出来的基本需求，不同旅游者强调的侧重点可能会存在差异。例如，游乐设施齐全、安全、方便等是所有旅游者的共同需求，但有的旅游者可能强调经济实惠、设计合理、益智游戏项目等，还有的旅游者则对环境、绿化、空气清新等有很高的要求。通过这种差异比较，即可初步识别出不同的游客群体。

（四）排除潜在旅游者的共同需求

潜在旅游者的共同需求固然重要，但只能作为设计市场营销组合的参考，而不能作为市场细分的标准，因而可以排除这些共同需求，选择具有鲜明特征的需求作为市场细分标准。上述所列的儿童游乐场的共同需求，如游乐设施齐全、安全、方便等固然重要，但不能作为市场细分的标准，应该剔除。而应以设计开发益智游戏、提高环境质量、制定合理价格等要素来细分市场。

（五）为细分后的市场取名

根据潜在旅游者基本需求上的差异，将其划分为不同的子市场，并给每一个子市场暂时命名分类。

（六）进一步分析各旅游子市场的特点

旅游企业应进一步分析每个子市场的需求与购买力特点，并分析原因，以便决定是否有必要对这些细分出来的子市场进行合并，或作进一步细分。

（七）确定可进入的旅游细分市场

旅游企业通过对细分的各旅游子市场的调查、分析、评估，估计每个细分子市场的旅游者数量、购买频率、平均每次的购买数量等，结合企业自身的经营目标和资源优势，选择可进入性强、赢利性大的细分市场，并制订相应的市场营销组合。

【小资料 5-5】

华山旅游市场细分

陕西省的华山景区是国家首批颁布的 44 家风景名胜区之一，多年来和许多名山大川一样在国内旅游市场中拥有较高的地位。而近几年来旅游业发展迅猛，新开发景区（点）如雨后春笋一般涌现，旅游市场竞争日益激烈。没有一个科学的市场细分和有效的营销手段，就无法满足旅游者日益扩大的消费需求和瞬息万变的市场竞争。现结合华山的实际情况，探讨市场细分的四类因素。

（一）地理因素

按地理因素细分旅游市场是一种传统但至今仍然得到重视的细分方法，主要以地域、距离、气候为划分依据。旅游景点、企业的接待对象来自世界上各个地区，分布于不同地区的旅游者对同一类旅游产品或服务的需求、偏好存在着较大的差异，对旅游产品的价格、销售渠道和促销措施的反应也各不相同，而且地理因素相对来说是静态因素，利用比较容易，细分出的市场也较易辨认，按照细分市场所在地安排广告促销、布局销售网点，费用合理，营销力量也比较集中。这是旅游景区（点）、企业细分市场遵循的重要因素。

华山地处我国北方地区，有北国之雄、南国之秀之称，是较为独特的山岳风景区，目前面对的市场主要是国内旅游市场，国际旅游市场占有份额非常小，每年的国际旅游者人数只占到全年游客量的 6%。国内旅游市场以市场占有额相对稳定的黄河金三角地区为中心，循序渐进，向外辐射。近年来，在陕西、山西、河南的主要城市设立华山旅游服务咨询中心，与当地有一定影响的酒店、旅行社建立旅游协作关系，并通过一定形式的广告、信息宣传，使该地区成为华山旅游的重要客源市场，2000 年这几个地区游客量占到 52%。今后的营销目标应进一步向外延伸，主打交通较为便捷的西北、华北、华南地区，使之成为华山旅游市场的新亮点。在气候方面，华山地处北温带地区，可根据自身优势把旅游市场划分为南北两大市场。春夏的市场营销重心放在北方地区和交通较为便捷的地区，用秋冬品牌主打长江以南地区，效果会非常明显。国外旅游市场的营销必须突出区别于其他景区（点）的旅游产品，华山攀岩就是一个推向国际市场相当好的产品，今年举办的华山围棋论赛就是占领日、韩市场的起点。

（二）心理因素

按心理因素细分旅游市场，主要根据旅游者个性特征、兴趣和爱好、生活方式等因素作为划分旅游者群的基础，注重了同一区域需求差异性，但具有相同心理因素的旅游者通常分散于不同的地理区域，增加了景（区）点针对各细分市场布置营销力量的难度。而且，心理因素是动态的，不如地理因素容易把握，因此，在旅游市场细分中，应着重考虑将心理因素与地理因素结合起来。

（三）购买行为因素

购买行为因素是指根据旅游者的旅游动机、旅游组织方式、购买时机、对企业营销的敏感程

度、购买频率、购买数量及对品牌的信赖程度等因素为基础进行市场细分。

首先，按旅游动机细分，有探亲访友旅游、观光旅游、度假旅游、公务旅游、奖励旅游五类。其次，按购买时机、频率、数量细分为淡季旅游市场、旺季旅游市场和平季旅游市场。在当前市场条件下，华山可尝试使用淡旺季门票价格平抑淡旺季旅游市场。同时充分利用华山季节变化形成的风光优势，进一步包装旅游产品，炒热淡季旅游。

（四）人口因素

人口因素是一个复杂的变量系统，它包括年龄、性别、职业、收入、教育、家庭状况、民族、国籍等。

按年龄可将旅游市场细分为青年旅游市场（15～24岁）、成年旅游市场（25～34岁）、中年旅游市场（35～54岁）和老年旅游市场（55岁以上）。青年旅游市场以求知、猎奇为主要动机，如探险、骑自行车、武术、修学旅游等颇受青年人欢迎。去年的北京、上海两次促销活动中，一幅“千尺幢”景点照片，引起两个大都市许多青年旅游者前来攀登；一部《笑傲江湖》倾倒无数青年人“华山论剑”，思过崖畔、铁剑寒情、飞花雪月正好满足了青年人的猎奇心理。但华山旅游产品包装过于单一，深层次地反映华山文化内涵的旅游产品挖掘不够，旅游者来华山除了爬山就是看山，其他旅游项目寥寥无几、缺乏活力。老年旅游市场是一个长期稳定的市场，休疗、消遣、度假、寻根是旅游主要目标。寻根旅游是老年旅游市场和海外华侨旅游市场的一个亮点。“天下杨氏出华阴”，前些年华山曾尝试举办过一次杨氏寻根祭祖活动，在国内引起较大反响，杨振宁博士还专门发来信函。找准切入点，进一步挖掘杨氏先祖在华阴的踪迹，通过多种形式对外宣传，提高杨氏寻根旅游市场的效应。同时与道教文化相辅相承，也是对华山旅游产品的强有力补充。

（资料来源：http://coast2coast.blogbus.com/logs/41574627.html）

第二节　旅游目标市场的选择

旅游企业的一切营销活动都是围绕目标市场进行的。旅游企业在市场细分化的基础之上，结合企业自身的资源条件选择和确定目标市场，明确企业的具体服务对象，实施相应的目标市场营销战略，是实现企业顺利运作、提高经济效益的重要途径和手段。

一、旅游目标市场的含义

市场细分是旅游企业选择目标市场的依据，选择目标市场是市场细分工作的延续。所谓旅游目标市场，是指在市场细分的基础上，旅游企业决定要进入的细分市场。它是旅游企业在整体市场上选定作为营销活动领域的某一或某些细分市场。旅游经营者根据自己的条件，从细分市场中选择出一个或几个子市场作为从事市场营销活动的对象，这一过程就是目标市场的选择。

并非细分出来的任何一个子市场都可以作为旅游企业的目标市场，一个有效的目标市场应该具备以下几个条件：第一，具有未被满足的旅游需求，即这个目标市场对本企业的旅游产品和服务有需求、购买欲望和购买能力；同时这种旅游需求未被市场上的旅游企业所满足，或满足程度不够。第二，本企业有能力满足这一需求，即在满足这种需求方面本企业有竞争优势。第三，在满足旅游需求的同时取得一定的经济效益。

二、旅游细分市场评价

对于旅游企业来说，只有既能提供足够的获利机会又能发挥企业优势的细分市场，才值得企业去进入并占领。因此，旅游企业必须对每一个细分市场进行获利性评价。这种评价可以从三个方面考虑：旅游细分市场的规模和成长潜力、旅游细分市场的吸引力、旅游企业的资源与目标。

（一）目标市场要有一定的规模和发展潜力

旅游企业进入选定的细分市场是为了扩大旅游产品的销售，增加企业赢利，这就要求选择的目标市场必须有一定的市场容量和未来发展的潜力，使企业有利可图。如果市场规模狭小或者趋于萎缩，旅游企业进入后就难以如愿（可利用图 5-3 所示的“帕累托图”进行分析选择）。企业在考虑某一目标旅游市场时，还要考虑其他竞争者是否也在准备进入该市场，因为如果有多家企业同时选定同一市场，尽管该市场具有相当的规模和发展潜力，由于竞争激烈，自己所能抢占的市场也是有限的。

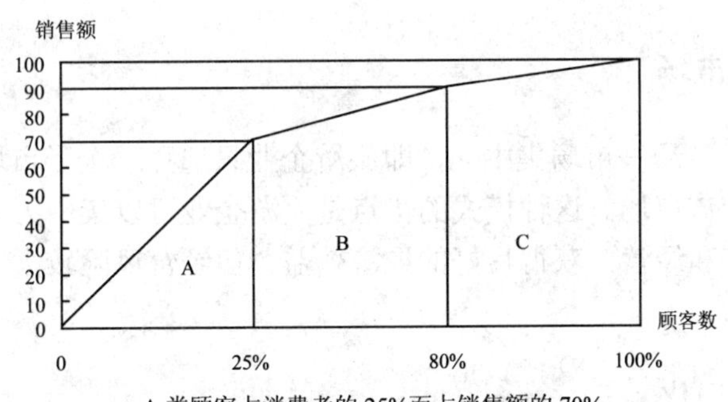

A 类顾客占消费者的 25%而占销售额的 70%。

B 类顾客占消费者的 55%而占销售额的 20%。

C 类顾客占消费者的 20%而占销售额的 10%。

图 5-3 顾客数与销售额的帕累托图

（二）旅游细分市场的吸引力

从赢利的角度看，具备理想的规模和发展特征的细分目标市场势必具有吸引力。但从长期赢利的观点看，该市场未必具有长期吸引力。一个旅游目标市场是否具有长期的吸引力主要取决于五种因素，即现实竞争者、潜在竞争者、替代产品、购买者和供应者。旅游企业必须充分评估这五种因素对长期获利率的影响。

（三）旅游企业的资源与目标

有的旅游细分市场具有适应规模和成长潜力，而且也具有长期的吸引力，但旅游企业还必须考虑企业是否具有占领该市场所必需的能力和资源，同时还要考虑是否符合本企业的长远目标。如果不具有资源或者不符合长期目标，则只能放弃这样的市场。

三、目标旅游市场选择

旅游企业通过细分市场评价，将决定进入哪些细分市场，即目标市场。在选择目标市场时，有五种可供考虑的市场覆盖模式，如图 5-4 所示。

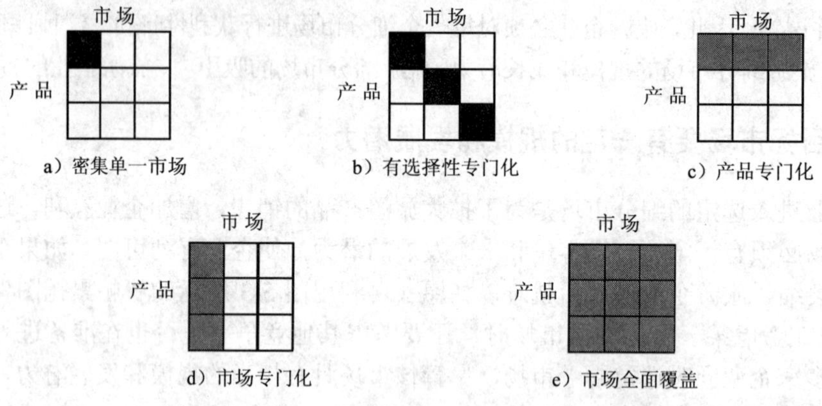

图 5-4　旅游目标市场的五种模式

（一）密集单一市场

密集单一市场也称产品—市场集中化，即旅游企业只选择一个子市场作为目标市场，并且只经营一种产品供应该市场。这种模式的优点是旅游企业可以集中力量了解这个细分市场的特点，实行专业生产和经营，获得良好的经济效益。但经营风险较大，一般适合较弱的中小企业。

（二）选择性专门化

旅游企业选择各不相连的细分市场作为目标市场，推出不同品种的专项产品以满足不同消费群体的需求。这种模式要求旅游企业旅游资源非常丰富，综合生产能力非常强，规模较大，在购物、住宿、餐饮和娱乐等方面都有较高的知名度且各有特色。这种模式有利于分散旅游企业的经营风险。

（三）产品专门化

旅游企业选择几个细分市场作为目标市场，向其顾客群同时提供某种产品。当然，面对不同的旅游者人群，旅游产品的档次、质量、价格有所不同。这种模式的优点在于能够分散旅游企业的经营风险，即使其中某个子市场旅游者的需求偏好发生转移，企业还可以在其他市场获利；能够在某个旅游产品方面树立很高的声誉，企业可以集中力量把该产品在旅游市场上做精做大。但是如果市场上出现替代品，就会给旅游企业造成威胁。

（四）市场专门化

旅游企业对于同一细分市场供应各种不同的或者系列化的产品，以最大限度地满足该类消费者群体的需求。这种模式要求旅游企业具有较强的产品开发能力，自身资源丰富，有利于与目标顾客群建立长期稳固的关系。

（五）市场全面覆盖

旅游企业选择整个市场作为目标市场，全方面地进入各个细分市场，为所有的旅游者提供他们需要的各种产品。

四、目标旅游市场策略

旅游企业选择的目标市场和目标模式不一样，营销策略也不一样。一般可供旅游企业选择的目标市场策略有三种：无差异营销策略、差异性营销策略和集中性营销策略（如图 5-5 所示）。

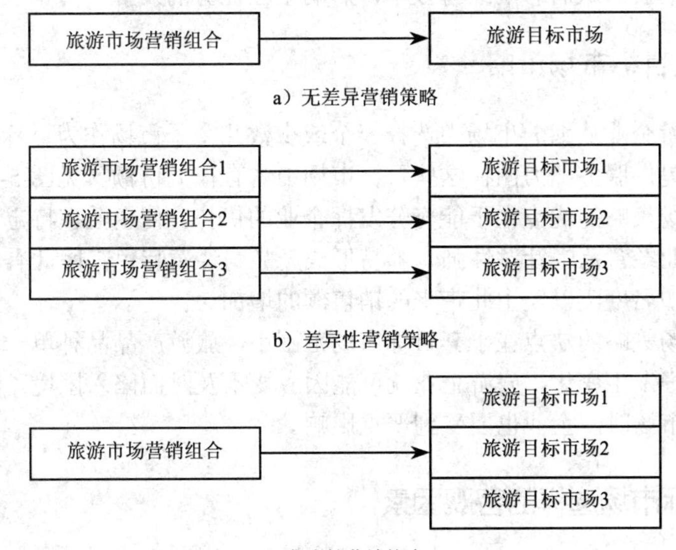

图 5-5　三种旅游目标市场策略

（一）无差异目标旅游市场策略

该策略是指旅游企业把整个旅游市场看成是一个具有类似需求的整体，只提供一种产品，采用一套旅游市场营销组合（见图 5-5a）。

无差异目标市场策略的优点有以下两点。①规模效应显著。由于可以大规模销售，分销渠道简化，广告宣传费用较低，有利于降低成本，获得较好的规模效益。②易于形成垄断性的名牌旅游产品。

无差异目标市场策略的缺点有以下两点。①加剧市场竞争，不能满足旅游者需求的差异性。当有若干旅游企业都采用此策略时，就会加剧市场竞争，而小的细分市场的需求则得不到满足。②旅游者的社会经济情况、个人兴趣及生活方式在不断地发生变化，旅游者对旅游多样化的需求日益增长，一种旅游产品能够长期为所有旅游者接受非常罕见，无差异目标市场策略已不能适应现代旅游市场的竞争。

（二）差异性目标旅游市场策略

该策略是指旅游企业同时经营若干个细分市场，针对每个细分市场设计不同的营销组合以适应旅游者不同的需要，凭借旅游产品与市场的差异化，获取最大的销售量（见图 5-5b）。

差异性目标旅游市场策略的优点可以有针对性地满足具有不同特征的旅游者群体的需求，提高产品的竞争力。并且由于旅游企业是在多个细分市场上经营，可以在一定程度上减少经营风险。同时，一旦企业在几个细分市场上获利成功，有助于提高旅游企业的形象和市场占有率。

差异性目标旅游市场策略的缺点在于企业产品种类多，导致研发费用增多，要求具有多种销售渠道，会使广告费用、推销费用、行政费用随之增加；由于经营分散，在某一种产品难以实现规模经济效益，从而影响经营效率，影响企业优势的发挥。

（三）集中性目标市场策略

该策略是指旅游企业从细分市场中选择一个或少数几个子市场作为目标市场，确定一种营销组合集中力量提供服务，力图在这些目标市场中占有很大份额（见图 5-5c）。

集中性目标市场策略的优点在于能充分发挥企业的优势，使企业在特定市场上具有很强的竞争力。由于企业经营范围针对性强，容易形成产品与经营特色，因此有利于扩大企业在特定细分市场上的知名度，以及由此带来的销售额的增加。

集中性目标市场策略的缺点在于其目标市场范围小，旅游产品品种单一，如果目标市场的旅游者需求和爱好发生变化，旅游企业就可能因应变不及时而陷入困境。同时当有强有力的竞争者打入目标市场时，企业也要受到严重影响。

五、影响目标市场选择的客观因素

在选择具体的目标旅游市场策略时，旅游企业要综合考虑如下五种因素。

（一）旅游企业的实力

旅游企业的实力主要包括人力、物力、财力，以及旅游产品设计、市场开发和销售能力等。如果旅游企业实力雄厚，管理水平较高，就可以考虑采取差异性市场策略；如果旅游企业的实力较弱，则宜采用集中性市场策略。

（二）旅游产品的特点

对于有同质性特征的旅游产品，可采取无差异性目标市场策略。如果旅游产品存在较大的差异性，旅游产品选择性强，相似程度较小，则适合采用差异性或集中性目标市场策略。

（三）旅游市场需求状况

当旅游市场上的消费者在某一时期的需要、偏好及其他特征很接近，市场类似程度很高

时，适宜采用无差异目标市场策略。而对于旅游者需求异质程度较高的旅游产品市场，一般要采用差异性目标市场策略或集中性策略。

（四）旅游产品生命周期

旅游产品的生命周期可以分为导入期、成长期、成熟期和衰退期四个阶段。旅游产品处于导入期时，同类竞争产品不多，竞争不激烈，旅游企业可以采用无差异策略或集中性策略。当产品进入成熟期后，产品品种增多，竞争者也增多，此时可考虑采用差异性策略。当产品步入衰退期，为保持市场地位，可考虑采用集中性策略收缩企业的产品线，以保持部分市场，延长产品的生命周期。

（五）竞争者的策略

旅游企业选择目标市场策略时，一定要充分考虑竞争者，尤其是主要竞争对手的营销策略。如果竞争对手采用差异性营销策略，企业应采用差异性或集中性策略与之抗衡；如果竞争者采用无差异性策略，则企业可采用无差异或差异性策略与之对抗。

【小资料 5-6】

四川旅游“千条线路”即将推出

今年，四川除了将向外界继续大力推介传统的优美风光外，还将围绕“冰雪”、“古镇”、“红叶”、“赏花”、“美食”、“民俗”和部分地震遗址等主题，细化设计、编排、组合出各种自助旅游和自驾旅游的线路产品。年内还会陆续对外公布1000条各具特色的旅游线路，春节前将先期推出100条。

细分四川旅游主要目标市场

为使宣传促销更具实效，四川省旅游局细分客源市场，提出了颇具针对性的促销策略，使宣传营销直达重点客源地。

在国内市场方面，将重点向重庆、陕西、云南、贵州等地主推世界遗产之旅以及川南、川东北和三国线路产品；向珠三角地区主推冬季旅游产品、大熊猫生态旅游线和邓小平故里旅游产品；向长三角和环渤海湾地区主推世界遗产之旅、川南旅游线和攀西阳光之旅；向成都及周边地区主推自助游、自驾游和乡村旅游产品。

在入境市场方面，重点向我国台湾地区、日本等近程市场主推世界遗产之旅、成乐峨旅游线、三国文化旅游线路、川南旅游线、甘孜川西旅游环线、冬季旅游产品和攀西阳光之旅；向欧洲和美国等远程市场主推大熊猫生态旅游线、东方佛教旅游线、甘孜川西旅游环线、古镇旅游和民族风情旅游产品。

（资料来源：http://www.028news.com/news/HTML/2009/1/14/20090114151536.htm）

第三节　旅游市场定位

旅游企业一旦选定了目标市场，就要在目标市场上把自己的旅游产品进行适当的市场定位。按美国学者菲利普·科特勒的观点，营销战略计划的重要内容之一就是市场定位。有人甚至认为现代市场营销已经进入了“定位时代”。所以，企业唯有在选定目标市场后及时准

确定位，才能使旅游企业的营销收到事半功倍的效果。

一、旅游市场定位的含义

（一）旅游市场定位的概念

所谓市场定位就是根据竞争者现有产品在市场上所处的位置，针对消费者或用户对该产品某种特征或属性的重视程度，从各方面为产品培养一定的特色，强有力地塑造出本企业产品与众不同的、鲜明的个性或形象，并把这种形象生动地传递给消费者以赢得消费者的认同。市场定位的实质就是使本企业与其他企业区别开来，使消费者明显感觉和认识到这种差别，从而在其心目中占据特殊的位置。这种位置是一种心理位置而不是空间位置。

旅游市场定位是指旅游企业根据目标市场上旅游者偏好、竞争状况和自身优势，确定自身产品在目标市场中应有的竞争位置。其实质就是为旅游企业产品设计鲜明、独特而深受欢迎的形象，以形成旅游企业产品的竞争优势。

（二）旅游市场定位的核心内容

旅游市场定位的核心内容，即努力实现旅游产品差异化与旅游形象差异化。

1．旅游产品差异化

旅游市场定位的出发点和根本要素在于确定旅游区或旅游企业旅游产品的特色，即旅游企业或旅游区必须在进行市场调研、了解竞争对手旅游市场定位的基础上，充分挖掘和创造自身的特色，避免与竞争对手定位的雷同。旅游产品的差异化主要体现在旅游产品设计中的价格、服务属性与利益等方面的差异。

2．旅游形象差异化

旅游市场形象分为功能性形象和象征性形象。旅游市场的功能性形象是指由价格、服务内容与服务效果等方面所反映的旅游产品的实际功效形象；而旅游市场的象征形象是指旅游企业塑造的旅游产品的人格化形象，如友好的形象、贵族化的形象等。旅游产品从整体产品上应重视象征形象的塑造，在单项产品上则应重视功能性形象的显示。

【小资料 5-7】

原始纯净的海南岛，到底是什么？

自古就有“天涯海角”之称的海南岛，位于祖国的南海，是我国的第二大宝岛、唯一的经济特区省和第一个生态示范省。其原始纯净、美丽而神奇的热带海岛生态系统，以及丰富多彩的旅游资源和热情淳朴的人民，倾倒无数游客，赢得交口赞誉。1993 年，世界旅游组织前秘书长萨维尼亚毛克先生就盛赞海南岛是“人间旅游天堂，未受污染的处女地”。1999 年，世界旅游组织现任秘书长加利先生参观游览海南岛时，同样被其原始纯净、美丽、神奇所折服，建议将“热带中国 · 海南岛”作为对外宣传的口号，以招揽更多的海外游客，使之真正成为人间的旅游胜地。

多少年来，人们赞誉海南岛是“东方夏威夷”、“东方大花园”、“东方伊甸园”等。这些宣传口号听起来都很美，但却不尽如人意。例如，“海南岛，东方夏威夷”是人们听得最多的赞美词，

这句话看起来是欲借夏威夷之名扬海南岛之名。然而，海南岛就是海南岛，它不是夏威夷第二，更不应该成为夏威夷第二；否则，潜在游客就会在心中发问："为什么我不到真正的夏威夷去走一走、瞧一瞧呢？"因此，这种没有自身特色的宣传，只能是为他人作嫁衣妆，其最终结果是世人只记住了夏威夷，却弄不清海南岛。相比较而言，加利先生的建议却极富有创意。其一是强烈的品牌意识，即海南岛不仅仅是中国的一个地域名称，而且应该作为极富特色的整体品牌大力宣传，使之成为著名品牌。因为与购买实物产品相似，人们在购买旅游产品时同样是认牌购物。创建旅游品牌，大力提升其知名度和美誉度，将为海南岛在 21 世纪国际旅游市场竞争中开拓市场奠定坚实的基础。其二是准确的市场定位，即该促销口号鲜明地凸现了海南岛地域、气候及相关旅游产品的特色，使人们自然而然地联想到：海南岛在中国；热带海岛风光，即一年四季如夏无冬、绿色的草地、盛开的鲜花、茂盛的热带雨林、清澈的河水、纯净的空气、热情的岛民，以及阳光（Sun）、大海（Sea）、沙滩（Sandy）、椰树、海风、珊瑚、海螺等。其三是有利于企业准确制定市场营销组合战略。三者之中，关键是市场定位。

（资料来源：杨益新：《旅游市场营销学》，北京，清华大学出版社，2008）

二、旅游市场定位的作用

旅游市场定位的意义主要体现在以下三个方面。

（一）有利于旅游企业有针对性地开展营销活动

旅游市场定位的前提与基础是进行旅游市场的细分。经过科学、准确的市场细分，选择目标市场和旅游市场定位，旅游企业便可以对各细分市场中旅游者的消费需求和市场竞争状况加以充分的比较，掌握各细分市场中旅游者的需求满足程度，以及自身的优势与劣势，采取有针对性的营销措施。

（二）有利于旅游企业强化在旅游者心目中的地位

旅游市场定位是通过为旅游区或旅游企业的产品创立鲜明的特色或个性，从而塑造出独特的市场形象来实现的。旅游市场定位是一个持续性的过程，旅游者由产生兴趣与注意到深入认识了解旅游区与旅游企业的特色与形象这一系列活动，强化并巩固了旅游区与旅游企业的在他们心中的地位。

（三）有利于旅游区与旅游企业拓展目标市场潜力

通过市场营销定位，旅游企业的经营范围更加清楚与明确，反馈变得迅速而敏捷，旅游区与旅游企业可以据此来开展集中有效的营销活动，并且可以充分发掘市场潜力。同时，旅游区与旅游企业可以充分合理地安排营销投入，避免了由于过度开发而造成的人力、财力、物力浪费，也避免了由于开发不足而失去有效的市场。

三、旅游市场定位的方法

旅游市场定位大致有以下六种方法。

（一）根据产品属性定位

这是最为常见的一种定位方法，即根据自己产品的某种或某些优点，或者根据目标旅游者所看重的某种或某些利益去进行定位。例如，深圳“世界之窗”旅游项目是典型的人造景观，它的定位是“你给我一天，我给你一个精彩的世界”，在旅游产品特色定位方面大获成功。

（二）根据质量和价格定位

采用这种方法进行定位的企业将其产品的价格作为反映其质量的标志。众所周知，价格的重要作用之一便是象征产品的质量。产品越具特色，即产品的性能越好或提供的服务越周到，其价格也越高。

（三）根据用途定位

许多企业根据产品的某种特别用途进行市场定位。例如，如果一个饭店拥有足够大的会展场地和健全的会议设施，则可以围绕适合接待某些类型的会展或演出活动这一长处去树立形象。这样当会议和会展组织者或某些演出活动的主办者寻找活动场所时，这类饭店都有可能因此中选。

（四）根据产品使用者定位

企业通过营销努力，特别是通过公关活动，同某一社会阶层或社会名流建立起较为经常的主顾关系，则会为某些类型的旅游者所关注。

（五）根据产品的类别进行定位

企业可通过变换自己产品类别的归属而进行定位。如有些目的地饭店不将自己定位为饭店，而定位为温泉疗养中心之类的场所，从而吸引了大量前来疗养休闲的旅游者。通过这类做法，企业可扩大或控制自己的目标市场范围。

（六）借助竞争者定位

一个企业可通过将自己同市场声望较高的某一同行进行比较，借助竞争者的知名度来实现形象定位。其通常做法是通过推出信息论广告，说明本企业广告与竞争者产品在某一些或某些性能特点方面的相同之处，从而达到引起旅游者注意并在其心中形成印象的目的。

四、旅游市场定位的步骤

旅游市场定位的关键是企业设法在自己的产品上找出比竞争者更具有竞争优势的特性，根据竞争者现有产品在细分市场上所处的地位和旅游者对产品某些特性的重视程度，塑造出本企业产品的市场定位。

竞争优势一般有两种基本类型：一是价格竞争优势，就是在同样的条件下比竞争者定出

更低的价格，这就要求企业采取一切努力来降低单位成本；二是偏好竞争优势，即能提供确定的特色旅游产品来满足旅游者的特定偏好，这就要求企业采取一切努力在旅游产品特色上下工夫。旅游企业市场定位的全过程可以通过以下三个步骤来完成。

（一）识别企业的竞争优势

美国学者波特在《竞争优势》一书中指出："竞争优势来自企业能为顾客创造的价值，而这个价值大于企业本身创造这个价值时所花费的成本。""竞争优势有两种类型：成本优势和产品差别化。"因此旅游企业的竞争优势取决于其旅游产品开发设计和经营管理方面的成本优势，以及其旅游产品的创意设计能力吸引力程度。

要想确定企业的竞争优势，就是要回答以下三个问题：一是竞争对手旅游产品定位如何？二是目标市场上旅游者欲望满足程度如何，以及确实还需要什么？三是针对竞争对手的潜在顾客的需求，企业应该及能够做什么？通过回答这三个问题，企业就可以从中把握和确定自己的潜在竞争优势在哪里。

（二）选择有价值的竞争优势

旅游企业相对的竞争优势是在对其服务质量、服务设施、管理水平、产品特色、产品质量、价格成本等系列差异逐项评估的基础上产生的。通常企业要通过对以下问题的回答来衡量。①这种差异对旅游者的重要性如何？②这种差异是否具有独特性？③这种差异是否易于被旅游者认识和理解？④这种差异对于旅游者的负担如何？⑤这种差异是否能够使企业获得利益？

大多数旅游者对各个旅游企业之间的细微差异并不十分感兴趣，旅游企业也没有必要费时、费力地深入探求每一处的不同。一般来说，旅游企业只要对一些最能体现企业风格、最适合目标市场需要的因素进行必要宣传即可。

（三）展示独特的竞争优势

旅游市场定位的最终目的是将旅游企业的独特优势成功地展示给旅游者，并在旅游者心目中留下深刻印象。旅游企业要通过营销活动使目标旅游者了解、熟悉、认同本企业的市场定位，并在旅游者心目中建立与其定位相一致的形象。

此外，旅游企业要不断强化其市场形象并保持与目标旅游者的沟通，以巩固其市场地位。如果目标旅游者对旅游企业的市场定位理解出现偏差，或者由于企业宣传上的失误而造成目标旅游者的误会，企业要及时修改与其市场定位不一致的形象。

【小资料 5-8】

如家经济型快捷酒店

从 2000 年开始，中国国内旅游总人次超过了全国总人口的 60%，基本上达到了大众旅游的标准，越来越多的工薪阶层展开了各种层次的旅游消费。另外，随着私有经济的发展，以及一些公司对差旅经费的限制，人们在进行商务活动的同时更加注重旅游消费性价比的选择。这些旅游者在行程中需要充足的睡眠、方便的地理位置，酒店对他们而言最重要的条件只有两个：床和卫生间，同时他们不希望在住宿上花费太多的金钱。

如家经济型快捷酒店正是针对这部分旅游者把自己的定位明确锁定在一点——如家的住宿。床品和卫生间是如家快捷酒店的重点所在，卫生上达到甚至超越传统酒店的卫生条件，保持叫早服务。同时在房间的颜色上增添变化，增加温馨感；开展“书适如家”的活动，给每一个房间提供几本书籍，文学的、历史的、旅游的都有，客人可以随意阅读；一盏家用普通台灯，提供免费上网等。如家快捷酒店在细节上尽可能营造出家的温馨。同时，由于经营成本的降低，酒店的价格要低于传统的三、四星级酒店。如家经济型快捷酒店正是靠这个独特的定位在竞争愈演愈烈的酒店市场上占有一席之地的。在如家已经开业的酒店中，近一半以上的酒店全年平均出租率可以达到100%，全部酒店年平均出租率也可以达到95%以上。2006年全年，如家的运盈利润达到人民币7460万元（约合960万美元），比2005年增长了145.8%。其中，2006年如家增设了40家新租赁运营酒店和26家新特许管理酒店。而来自租赁运营酒店的总收入共计5.679亿元人民币（7280万美元），比2005年增长了102.9%；来自特许管理酒店的收入共计2060万元人民币（260万美元），比2005年增长7248.5%。

（资料来源：吴金林：《旅游市场营销》，北京，高等教育出版社，2007）

五、旅游市场定位的策略

市场定位是企业营销战略的重要内容，从本质上来说，是与竞争者抢占不同制高点、占领有利位置的一种制胜之道。可供企业选择的市场定位策略有：对峙定位策略（迎头定位策略）、避强定位策略和突出特色定位策略等。

（一）对峙定位策略

对峙定位策略也叫迎头定位策略，是指企业依据自身实力，为占有较好的市场位置，不惜与市场上占支配地位的、实力较强的竞争对手发生正面冲突，从而达到使自己的产品进入与对手相同的市场位置的目的。如果挑战者确实具有强大实力，那么两个诚然大的竞争对手的激战也会引起更多的围观者，产生轰动效应，反而会增加两者的利益。这时，竞争双方都不应该以彻底打败对方为目标，如果能够平分秋色就是最大的成就。

（二）避强定位策略

是指企业尽力避免与实力较强的其他企业直接发生竞争，而将自己的产品定位于某一区域或某一层面内，使自己的产品的某些属性或特征与较强的对手有比较明显的区别，通过“避强欺小”，寻找适合自己的位置。一般来说，被市场竞争者占领的市场都是利润丰厚的市场，避强定位瞄准的只有两种情况：一是“残羹剩饭”，二是“未开垦的处女地”。

避强定位策略能够使企业比较迅速地在市场上站稳脚跟，并能在消费者或用户心目中树立起一种独特的形象；在市场领导者或挑战者未进入的市场位置经营谋利，失败的风险比较小，成功的概率比较大。当然，避强定位策略也有明显的缺点：“避实就虚”往往意味着企业放弃某个最佳的市场位置。

（三）突出特色定位策略

它是指企业通过分析市场中现有产品的定位状况，发掘新的具有鲜明特色的产品，并在

市场上找到自己合适的位置，来为企业的产品定位。企业根据市场需求情况与自身条件，尽量突出其产品的特色，本身就是差异性营销。实施这种策略，对企业是否具有差异性营销的条件要求较高，利用特色产品来占领市场最有利的位置是高明的竞争者。实践证明，特色定位策略很容易成功，一旦成功将给企业带来丰厚的收益。

本章小结

本章按市场细分、目标市场选择、市场定位的顺序阐述了旅游企业要进入市场前必须完成的三部曲。详细讲述了旅游企业进行市场细分的作用、原则、标准、方法和步骤；说明了如何评价旅游细分市场，以及在此基础进行目标旅游市场的选择和策略及影响目标市场选择的客观因素，最后论述了旅游市场定位的作用、方法、步骤和市场定位常用的三种策略。

关键术语

旅游市场细分（Tourism Market Segment）
旅游目标市场（Tourism Target Market）
旅游市场定位（Tourism Market Positioning）
无差异性营销（Undifferentiated Marketing）
差异性营销（Differentiated Marketing）
集中营销（Concentrated Marketing）

案例分析

美国酒店经营赢在市场细分

夜幕降临，“住店”成了外来客最为急切的需求。遍布美国大街小巷的旅馆和酒店经营得异常火暴，赢利能力令人惊诧。探究奥秘，发现其经营的成功之处在于市场细分。

美国作为世界主要酒店集团的发源地和总部所在地，是资本、管理和技术的最大输出国。由于“9·11”事件给美国的经济和旅游业、酒店业带来了巨大冲击，使2001年的美国酒店业营业收入同比下降6.3%，营业额减少46亿美元，入住率也相应降低。美国国内前25个主要旅游市场2001年9月份的客房出租率比上月平均减少了20%。

大酒店分档次。从目前美国市场排名前5位的酒店集团看，它们都具有全球知名度和巨大的无形资产价值，以及按不同酒店类型进行合理区分的品牌。例如，作为全世界最大的酒店连锁集团，万豪集团的主要客户为商务旅游者，因此它拥有的酒店主要为豪华型和商务型酒店，并按照不同酒店档次对品牌的使用进行区分，同时有针对性地收购酒店品牌，如将世界上豪华酒店的代表——利兹·卡尔顿收归旗下，既开拓了新的市场，又提高了自身的声誉和市场价值。在品牌经营上，六洲集团也做得十分成功，其旗下所属的假日、皇冠假日、假日特快和洲际四个品牌几乎是家喻户晓，在不同客户群中都拥有很高的品牌信任度和品牌忠诚度。

以利兹·卡尔顿酒店为例，这家1982年成立的酒店管理集团称自己是全世界最豪华的酒店。

总裁库柏表示，他们的主要客户是金融服务业，而福特和通用等名列世界500强的制造业巨头想要控制其成本，因此并没有成为利兹·卡尔顿的客户。这家到目前为止只有 59 家酒店的集团为迎合亚洲市场对豪华居住环境的喜好，将在今后两年里在大中华地区开设6家酒店，单在北京就计划在金融街和中央商务区各开设一家豪华酒店。副总裁薇薇安·杜石称，利兹·卡尔顿的低调和高质量的服务可以很好地满足中国和世界金融业人士的需求。

由于美国酒店集团经营的酒店分布在世界各地，因此这些集团大都有条件建立全球统一的人才培训体系和培训基地，其培训机制十分完善，可针对不同的国家和地区、不同的酒店和不同的培训对象进行有针对性的培养，市场划分非常细致。

小旅馆重低价便利。从美国国内市场看，客房数量在300间以上的豪华酒店房价近年来一直呈现下降趋势，很多回头客被价格优惠的小型旅馆吸引过去。利兹·卡尔顿的房费一般要高达600美元一天，而小型旅馆只要30美元就可入住。据统计，75间客房以下的小型旅馆营业额4年来增长了29.2%，同时这部分旅馆已占到市场份额的72%。位于高速公路两侧的旅馆在美国占很大部分，占酒店总数的42.2%，是近年来发展最快的市场，这主要是由于受到国际市场变化的冲击较小，同时受各种政治、经济因素的影响不像大型和豪华型酒店那样直接。在美国，道路交通网络、预定系统、信息检索系统都极为发达，自行驾车出游者众多，度假和商务旅游者对清洁、便捷的小型旅馆需求增大。

近年来在美国，互联网预订等电子商务形式对于酒店和旅馆经营的重要性越来越大。使用电子商务对于细分市场、降低成本、提高客房出租率和管理效率，以及建立统一的连锁经营标准都具有十分重要的意义。同时，电子商务对于美国酒店和旅馆的采购和供货管理的重要性也越来越突出，通过互联网订货已越来越普遍。由于采购量巨大，通过互联网比较供货商的质量和价格已经成为美国众多酒店、旅馆的普遍做法，这对于提高酒店、旅馆的品牌知名度，以及扩大销售量具有重要的作用。

（资料来源：http://www.17u.net/news/newsinfo_14539.html）

分析与思考题：

试运用所学知识分析美国不同档次酒店进行市场细分的依据。

复习与思考

1．简述旅游细分市场的概念、依据和作用。
2．简述旅游目标市场的定义，以及如何进行旅游目标市场定位。
3．常见的目标市场策略有哪些？
4．常见的旅游市场定位策略有哪些？各有何特点？

第六章 旅游产品策略

学习目标

知识目标

1. 了解旅游产品的概念、构成和特点
2. 了解旅游产品生命周期营销策略
3. 了解旅游新产品开发策略
4. 了解旅游产品组合策略以及旅游产品品牌策略

技能目标

1. 运用产品生命周期理论，制定旅游产品各个阶段的营销策略
2. 能进行旅游新产品的初步设计和开发

第一节　旅游产品概述

旅游产品作为旅游企业的经营对象，遍及旅游产业，甚至存在于旅游产业以外的其他行业。一般来说，只要在旅游市场上形成了某一需求，就为一种旅游产品的问世奠定了基础。旅游需求决定了旅游产品的生产和设计。

一、旅游产品的概念

（一）旅游产品的定义

市场营销对产品有很多定义。美国学者菲利普·科特勒认为，产品是指人们为获取、使用或消费的目的而提供给市场的一切东西，以满足某种欲望和需要。产品包括有形的和无形的物体、服务、人员、地点、组织和构思。

旅游产品与一般的产品有所不同。从供给的角度看，旅游产品是旅游企业向旅游者提供的用于满足旅游需求的全部实物和服务；从需求的角度看，旅游产品是旅游者在实现旅游消费需要中所体验到的全部经历。

旅游产品的定义有广义和狭义之分。广义的旅游产品是指旅游企业经营者在旅游市场上销售的物质产品和提供的各种服务的总和。它以旅游线路为主体，与各部门、各行业结合，从而满足旅游者伴随旅游所产生的吃、住、行、游、购、娱等六大基本需求。狭义的旅游产品是指旅游商品，是由物质生产部门所生产的、由商业劳动者所销售的物品，包括旅游者在旅游期间购买的生活用品、纪念品等各种实物商品。它仅满足旅游者外出旅游时购物的需求。本书中所指的旅游产品是从供给的角度出发地广义上的旅游产品。

（二）旅游产品的层次

按照现代市场营销学的产品整体概念，任何一种产品和服务都是一个整体系统，不单用于满足某种需要，还要求其具有与之相关的辅助价值的能力。根据整体产品概念理论，旅游产品可分五个层次，如图 6-1 所示。

1．第一层次，旅游核心产品

核心产品是指向消费者提供的产品的基本效用和利益，是消费者真正要购买的东西，因而也是产品整体概念中最基本、最主要的部分。旅游核心产品是指为旅游产品满足旅游者生理需要和精神需要的效用，是与旅游资源、旅游设施相结合的旅游服务，主要表现为旅游吸引物的功能，具体体现在吃、住、行、游、购、娱等六大要素。

2．第二层次，旅游形式产品

形式产品也称有形产品。形式产品是核心产品的载体，是核心产品借以实现的形式或目标市场对某一需求的特定满足形式，即产品出现在市场上的面貌。形式产品一般有五个特征，即品质、式样、特征、商标及包装。产品的核心利益可以通过形式产品展现在消费者面前。

旅游形式产品是以旅游设施和旅游线路为综合形态的“实物”。

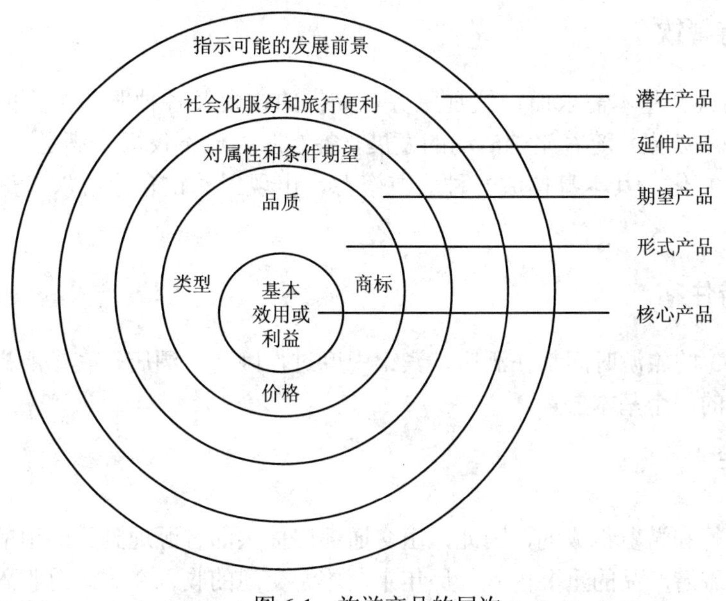

图 6-1 旅游产品的层次

3．第三层次，旅游期望产品

即为旅游者在旅游活动时期望得到的与旅游产品密切相关的一整套属性和条件。比如，旅游者在投宿宾馆时期望得到干净的床位、毛巾及安静的环境等。

（资料来源：郭英之：《旅游市场营销》，大连，东北财经大学出版社，2006）

4．第四层次，旅游延伸产品

延伸产品也称附加产品，是指消费者购买形式产品和期望产品时，附带获得的各种利益的总和。旅游延伸产品指为旅游者的旅游活动所提供的各种基础设施、社会化服务和旅行便利的总和，包括旅游者在购买之前、购买之中和购买之后所得到的任何附加服务和利益，如售前咨询、售后服务及购买中的其他服务等。

5．第五层次，旅游潜在产品

潜在产品是指现在产品在未来的可能演变趋势和前景。如果说附加产品包含着产品的今天，那么潜在产品就指出了它将来可能的演变。如旅游需求变化的多样性导致旅游企业产品内容的相应变化。

由此可见，任何一种旅游产品的消费都是一个整体系统。旅游者不单只为满足某种需求，还应得到与此有关的一些辅助利益，相应的旅游企业所出售的旅游产品也应该是一个整体系统，只有向旅游者提供更完善的服务，才能更完美地满足旅游者的需求。

二、旅游产品的内容

为了能更准确地理解旅游产品、从事旅游生产，我们应研究旅游产品的构成要素。一般

来说，旅游产品包括七大要素。

（一）旅游餐饮

为满足人们饮食基本需求而由饮食服务业提供的饮食及各种服务，构成了旅游产品不可缺少的一个基本要素。随着旅游活动的发展，餐饮服务已不仅限于满足人们的物质需求，而成为一种饮食文化，其本身构成一种旅游资源，出现了“饮食旅游”、“烹调旅游”等旅游产品。

（二）旅游住宿

旅游者近 1/3 的旅游时间都在酒店、宾馆中度过，因而，酒店、宾馆所提供的产品和服务成为旅游产品的一个基本要素。

（三）旅行

旅游是由旅行和游览组成的，因此，由交通部门提供的客源地到目的地的位移及景点之间的位移构成了旅游产品的重要内容。历年来，旅游交通的收入在旅游总收入中占有很大的比重，充分说明了旅游交通是旅游产品最基本的构成要素之一。

（四）旅游景观

旅游的一大需求是游览，而旅游景观则是满足这一需求的主体产品。景观是否丰富、独特，直接决定着旅游产品的质量好坏。对于旅游者而言，总是期望以最短的旅行去获取最丰富的游览。可见，旅游景观是旅游产品的吸引物，是旅游产品最直观、最核心的部分。

（五）旅游购物

旅游期间，在旅游地购买旅游纪念品、工艺美术品、土特产、生活用品、食品及药材等活动均为旅游购物。旅游购物是旅游产品设计、生产中不可缺少的一个重要内容。

（六）旅游娱乐

娱乐项目是旅游产品的基本构成要素，也是现代旅游即综合型非观光旅游的重要内容。娱乐项目只有多样化、知识化、趣味化、新颖化，才能广泛地吸引各类旅游者。

以上是旅游产品的基本构成要素，一种旅游产品缺少其中任何一种要素，便是一个残缺不全的产品，而以上要素构成的并非是旅游产品的最终形式，旅游产品最终表现为旅游线路。

【小资料 6-1】

四川郫县推出五条美食旅游线路

郫县作为川菜之魂，这里有很多正宗的美食，是中国川菜产业化基地、中国农家乐发源地。

郫县的美食种类繁多、特色明显、口味正宗。黄金周期间，郫县根据各镇特色美食旅游产品的特点，从9月25日到10月20日专门推出了5条旅游线路，供游客们选择。

5条特色美食旅游线路为：三道堰河鲜美食旅游线路、成灌高速—农科村的生态休闲旅游线路、犀浦美食一条街的现代美食文化旅游线路、沙西线—古城镇—川菜博物馆的历史文化旅游线路、安德—中国川菜产业园区的川菜原料辅料制作线路。以郫县豆瓣为龙头的系列调味产品、蒋排骨、杨鸡肉等地方特色食品及郫县特色的川派小盆景、安靖蜀绣等特色旅游商品也将在美食旅游节期间展出。巴登和田长青等知名演员届时将现场助阵，川菜厨艺大比拼、服务员技能大赛都将精彩上演。

这几条线路不仅仅有好吃的，还在于吃和玩、吃和体验、吃和学习、吃和休闲观光结合得很紧密。在中国川菜产业化基地，你还可以看一看郫县豆瓣、川菜系列产品是如何生产出来的。在安德的川菜产业基地，不仅可以看到世界最大的、最现代化的豆芽加工厂，还可以现场品尝到正宗的郫县豆瓣；在生态农庄，游客可以品尝、购买到刚从田里摘出来的蔬菜、水果。

（资料来源：http://tour.scol.com.cn/html/2009/09/007001003_735059.shtml）

三、旅游产品的特点

旅游产品与其他产品相比，既有个性，如都要满足人们的某种需要，都具有价值和使用价值；但也有别于其他产品的个性。这些个性就是旅游产品的特点。

（一）综合性

旅游产品的综合性有以下三层含义：①从旅游产品的构成来看，它是由物质产品、精神产品及旅游服务等多种成分构成的综合性产品；②从旅游产品的内容来看，它是以旅游线路为内容，由多种旅游资源、多种旅游设施和各式各样的特殊旅游服务活动所组成；③从旅游产品的形成过程来看，生产或提供产品所涉及的部门和行业众多，除涉及旅游部门的各个行业外，还涉及不少旅游部门之外的其他国民经济部门和行业。

旅游产品的综合性也是旅游业脆弱性一面的具体反映，相关因素稍有波动，旅游产品的需求就会马上发生变化。例如，一旦发生战争、恐怖袭击及自然灾害等，旅游产品需求就会立即萎缩。旅游企业应充分认识旅游产品的脆弱性特点，尽量减轻相关因素对旅游产品需求的负面影响。

（二）无形性

旅游企业基本上不进行实物产品的生产，而是凭借实物产品为旅游者提供服务。虽然一些旅游产品是以实物形态表现出来的有形产品，但旅游产品的主体则是以多种服务表现出来的无形产品。从旅游者的角度看，在旅游活动中除消耗少量实物产品外，大部分消费的是接待服务、导游服务、观光游览，由此构成一次完整的旅游经历。在旅游消费中，即使消费实物性很强的产品如餐饮等，服务产品也占较大比重。另外，旅游产品的无形性还表现在旅游产品的价值和使用价值不是凝结在具体的实物上，而是凝结在无形的服务中。

（三）生产和消费的同步性

一般产品总是先生产后消费，而许多旅游产品的生产只有在旅游者光临后才开始，表现出生产与消费的同步性。具体表现在以下三个方面：①旅游产品的生产表现为旅游服务的提供，因此旅游产品的生产必须以旅游者来到旅游目的地为前提；②旅游者直接介入旅游产品的生产过程，在直接消费中检验旅游产品的数量和质量，并以自己的亲身感受来衡量对它们的满足程度；③旅游产品的生产、交换、消费在空间上同时并存，在时间上同时发生、同时结束，旅游产品的价值和使用价值同时实现。

（四）不可转移性

一般产品会随着所有权的变动而移动，而大多数旅游产品的所有权则不会转移，也就是说旅游服务所凭借的旅游资源和旅游设施无法从旅游目的地被运输到客源所在地供旅游者消费，被运输的对象只是旅游者。旅游者在使用或消费过程中只是取得在特定时间和地点对旅游产品的暂时使用权，如特定班次的车、船、航班的座位代表乘坐权，景点门票代表观赏权等。

（五）不可储存性

一般实物产品暂时销售不出去可以储存待售，但以非实物形式存在的旅游产品一般不可储存，具有不可储存性。具体表现为：旅游服务和旅游消费在时空的同步性决定了没有旅游者的购买和消费，以服务为核心的旅游产品就不会生产出来，从而也就无法像其他实物产品那样，暂时销售不出去可以储存起来留到以后再销售。另外，旅游产品的核心是服务，服务是一种行为，只有当旅游者到来并消费时，服务所创造的使用价值和价值才会实现。这就意味着，无论是航空公司的飞机舱位，还是酒店客房的床位，只要有一天闲置，所造成的损失将永远无法弥补。

（六）较大的需求弹性

旅游产品是满足人们精神享受的非生活必需品，人们对精神产品的需要不仅可以通过消费旅游产品获取，也可通过教育、体育健身等方式获得，因此具有较大的需求弹性。具体表现在旅游者对旅游产品的需求强度小且极不稳定，旅游消费要受到政治、经济、文化等各种因素的影响。这种产品特性决定了对其消费具有较大的选择性。当某一地旅游产品的价格上升时，消费者会购买其他旅游产品予以取代，并且选择的余地很大，选择也带有较强的随机性。

【小资料 6-2】

“非常香港”系列产品

“童年到香港”亲子游

此项旅游产品专为 4～12 岁儿童及其父母而设计。广告口号：童年一小步，人生一大步。

深度策划公司在需求方面作了深入的研究和分析，发现随着中国加入 WTO，以深圳为代表的全国内地幼儿园、小学及幼教机构都迫切期望与香港等发达地区的同业交流、吸收观念、开阔眼界，从观念到运作上都想尽早与世界先进的教育模式接轨。内地家庭也希望有机会能与香港家庭作互相交流，多了解一些国际化的观念、现代的生活方式和前卫的子女教育及沟通方式，孩子更是对香港充满好奇。所以无论是对香港还是内地的家长、孩子、幼教机构、旅行社、香港旅游部门、内地旅游市场，都需要"香港亲子游"这样的个性化产品，种种市场需要使得广旅亲子游产品应运而生，呼之欲出。

此项产品的定位：首先积极倡导"内地孩子的童年都应该有一段在香港的经历"之观念，让孩子从小就接触国际化的城市、国际化的幼教和国际化的小朋友；其次让父母也打开国际化的育子视野，并提升亲子沟通的专业技巧。"童年到香港"旨在培养迎接未来挑战的新一代，从老师、家长和孩子三方面提升儿童教育的整体素质，多方面促进香港和内地的交流和合作。

产品设计更是突出差异化，行程安排也别具匠心。这已经不是一次简单意义上的旅行，对父母和孩子来说是亲子教育从理论到实践的一次提升过程。行程中客人一到香港就让香港一流的亲子教育专家给父母和孩子做一场大型的互动亲子教育示范，在一些轻松的游戏中，孩子和父母的感情将变得更加亲密，父母也可以学到有效的亲子沟通技巧。然后在以后的丰富行程中，还有机会让父母学以致用，在实践中感受到亲子的技巧和魅力。例如，说在香港海洋公园，开展妙趣横生的由父母和孩子共同完成的"亲子奇趣寻宝"活动，将人流分散到各个场馆，既能学到各场馆的海洋知识，又促进了孩子和父母的交流，寓教于玩，让孩子体验从未有过的快乐，最后所有的孩子都集中在威威剧场参加"童画香港"的绘画比赛，将活动推向高潮。这些绘画作品还将在组团地媒体上开辟的"童年到香港"的专栏中刊登"童画香港"和"童言香港"（一句话）。晚上父母还可与孩子到维多利亚海滨在动感之都的香江夜色中亲子嬉戏，让亲情比夜色更浓；更会让孩子在反斗城和史努比海外乐园中童真演绎"玩具总动员"，彻底玩尽兴。最后在特别有纪念意义的金紫荆广场拍一张"童年到香港" 2002 纪念照。

在推广方面我们构想了与麦当劳、幼教中心联合推广，与媒体联合举办"童言香港"有奖征文绘画预选赛、创意广告和软文推广等。我们还专门为各地组团社精心准备好不同尺寸、不同套色的报纸广告、软性文章通稿、FAQ 问答规范、推广操作指引方案和充足的折页、海报、T 恤等宣传物料。

香港探索夏令营

此项旅游产品专为 15～18 岁中学生而设计。广告口号：我们是改变的一代！

六七月份正是夏令营的旅游旺季，初高中学生是庞大的市场，有钱家庭的学生大多出国游学，钱少的参加国内门类多样的夏令营，更少的参加当地的夏令营活动。对准备在暑期参加夏令营的学生市场中，香港夏令营是一个空缺，而且去香港也算是一次出境，花钱也不是很多。所以香港夏令营值得做。

《谁动了我的奶酪》带来中国人观念的巨大变化！中国加入 WTO 后，现代学生同样要面对未来国际化竞争的压力和挑战，如何迅速培养 "应变"的观念，如何提升学生各方面素质，如何让学生学习和掌握更多的"应变"能力及技巧是未来学生如何应变的关键！中学是孩子思想定型的关键时期，尽早改变观念、增强应变能力、全面提升素质对学生来说是非常重要的。

香港就是动感之都，是中国国际化城市的代表，是世界级的经济、贸易、金融中心，也是

全球成功华人云集的地方，在国际化观念上、港人的素质上、成功人士的创业精神上和商业领域的服务意识及娱乐业、传媒业时尚前卫等方面的动感精髓都值得广大学生去开阔眼界、去体验和学习，呼吸国际化都市的现代气息，用“如何改变”的视角去探索在香港背后的应变求生的生存意识和港人精神，培养学生“处处学习，时时进步”的探索意识，让其获得“如何应变未来”的反思和成果。

因为目前夏令营产品很多，本着易于传播接受的原则，想把它做成香港夏令营的代表，然后我们引入了“探索”的概念，把整个旅行看作是一个探索和学习的过程。香港探索夏令营与普通的夏令营不同之处是它更注重提升学生素质和培养其独立探索实践能力，让学生在观念和能力上都获得受益终生的改变。

在差异化产品设计方面仍然颇为用心，首先让学生参加探索训练（即领袖力团队拓展训练），先学习和掌握探索方法和技巧，以及培养团队意识和精神，并准备在日后的探索科技日、探索文化日、探索实践日行程中把所学到的用起来，尤其是探索实践日（探索香港的一天定向活动）让学生们形成互相竞争的团队小组，每个组都有不同的课题，探索一天后晚上要做分享和汇报演讲，让学生的各方面能力都有不同程度的锻炼和提升。

在宣传推广方面首先考虑的是《南方都市报》，因为《南方都市报》整个报纸的定位也是紧扣“改变”，口号是“改变使人进步”，所以我们积极与《南方都市报》联系合作推广，甚至香港探索夏令营的推广口号也与其一致，用“改变使人进步”，将香港探索夏令营纳入到《南方都市报》的自身推广活动的一部分，突显探索旅行改变学生的观念、习惯、素质、能力等方面，真正彰显“改变使人进步”的精髓。

（资料来源：http://www.deeptour.cc/Article.asp?id=181）

第二节　旅游产品生命周期营销策略

市场营销学中的产品生命周期理论认为，产品是有生命周期的，任何一种产品都有从产生到消亡的过程。这一理论运用于旅游业，对旅游企业有效利用资源、开发特色旅游产品、制定营销策略具有重要的指导意义。

一、旅游产品生命周期概述

（一）旅游产品生命周期的概念

旅游产品在市场营销过程中，都有一个从产生、成长、衰退到被淘汰的过程，就如同任何生物都有从出生、成长到衰亡的过程一样。所谓旅游产品生命周期理论，是指旅游产品从投入市场，经过成长期、成熟期到最后被淘汰的整个市场过程。这个过程，理论上可以分为投入期、成长期、成熟期和衰退期四个阶段。

（二）旅游产品生命周期的类型

旅游产品生命周期可分为一般生命周期类型和特殊生命周期两大类型。一般生命周期类型的旅游产品都会经历投入期、成长期、成熟期和衰退期等阶段，其发展呈 S 形正态分布曲线（如图 6-2 所示）。而特殊生命周期类型是由于外部营销环境的变化和旅游产品本身发生变化，使得其生命周期曲线发生变异（如图 6-3 所示）。

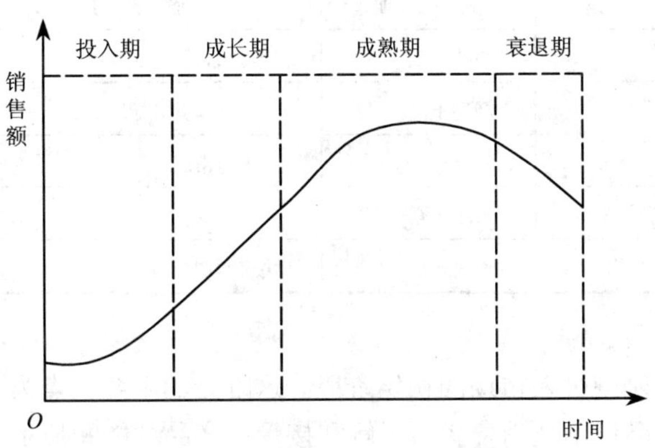

图 6-2　旅游产品生命周期曲线

特殊生命周期有三种类型。

一类是由旅游产品本身的独特型决定的，如有些旅游产品以独特的自然或人文资源垄断性为依托，时间越久价值越大，几乎不会进入衰退期退出市场。这类型的旅游产品投入期、成长期与一般生命周期旅游产品相似，只是由于其资源的垄断性，产品同质化较弱，竞争者相对较少，旅游者有不断增加的趋势。待其发展到成熟阶段后，需求量依然会不断增加，但出于保护资源等因素的考虑旅游企业反而会控制销售量，使其在一个合理水平上实现旅游企业的可持续发展（如图 6-3a 所示）。

另一种类型是当旅游产品进入衰退期后，旅游者人数已经出现大幅下滑，旅游企业通过引入新产品、增加产品特色或加大营销力度，采用更具吸引力的营销手段，使产品进入一个新的循环周期（如图 6-3b 所示）。

第一种类型是旅游产品自投入期开始很快达到销售高峰然后迅速衰退(如图 6-3c)所示)。

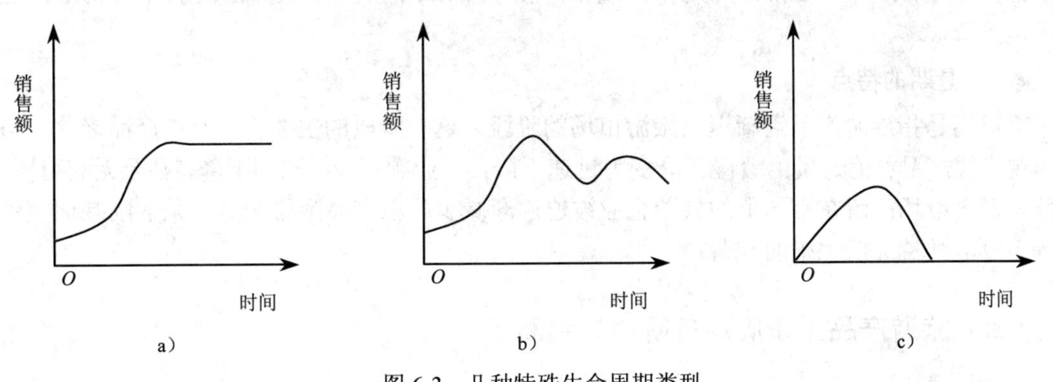

图 6-3　几种特殊生命周期类型

（三）旅游产品生命周期各阶段的特点

一般旅游产品生命周期的不同阶段具有不同的特点（如表 6-1 所示），掌握这些特点，旅

游企业可以科学地制定各阶段的市场营销策略。

表 6-1 旅游生命周期各阶段的特点

特 点	投 入 期	成 长 期	成 熟 期	衰 退 期
销量	低	快速增长	缓慢增长并达到高峰	下降
利润	亏损	利润上升	最高利润并开始减少	大幅下降
市场份额	低	扩大	最大至市场饱和	下降
顾客	创新者	市场大众	市场大众	落后者
竞争者	少数	逐渐增加	快速增加至最多	减少

1．投入期的特点

投入期指旅游产品刚刚进入市场的初始阶段。这阶段的主要特点为：由于产品刚进入市场，竞争者较少；新产品还不被消费者所了解和接受；产品性能和质量还不稳定，设计也有待进一步改进；产品的销售量低，费用及成本高，利润低，甚至有亏损；广告费用和其他营销费用开支较大；尚未建立理想的营销渠道和高效率的分配模式；利润较少，旅游企业承担的市场风险最大。

2．成长期的特点

成长期指新的旅游产品日渐被消费者所接受、销售量迅速增长的时期。这阶段的特点表现为：旅游者对新产品已经相当熟悉，销售量迅速增加；产品已经定型，销售费用减少，成本降低，利润增加；分销渠道已经疏通，模仿抄袭相当普遍，竞争逐渐趋于激烈；建立了比较理想的营销渠道；市场价格趋于下降。

3．成熟期的特点

成熟期指旅游产品在市场普遍销售的饱和阶段，这一阶段是旅游产品的主要销售阶段。其特点表现为：市场需求已经趋于饱和，销售量虽有增长，但增长速度开始变得缓慢；名牌产品开始形成，竞争激烈，仿制品大量出现；产品成本降至最低点，利润相对稳定，也有可能下降。

4．衰退期的特点

衰退期是指旅游产品逐渐退出旅游市场的阶段。这一阶段的主要特点是：产品老化，市场出现换代产品；销售量由缓慢下降变为迅速下降，营业额减少；利润下降，甚至无利可图；竞争者退出市场；留在市场上的旅游企业被迫逐渐减少旅游产品附带服务，采取削减促销预算等手段，维持最低水平的经营。

（四）旅游产品生命周期各阶段的判断

对旅游产品生命周期各阶段的判断是很困难的，在理论上无一定标准，不过一些较常使用的方法对旅游企业判断产品在生命周期的哪一阶段会有一定的帮助。通常有以下几种方法。

1．类比法

即参照类似产品生命周期曲线的各个阶段来推断某一产品的生命周期阶段，以及各阶段的延续时间。例如，用黑白电视机的生命周期来判断彩色电视机的生命周期。

2．销售量增长率判断法

即根据旅游企业常用的产品销售增长率指标来判断。

$$E_t = \frac{(Q_2 - Q_1)}{(t_2 - t_1)} = \frac{\Delta Q}{\Delta t}$$

式中 E_t——旅游产品的生命周期；

ΔQ——销售量的变化量；

Δt——销售时间的变化量。

据此，可作如下判断：

$0<E_t<10\%$时，为产品的投入期；

$10\%<E_t$时，为产品的成长期；

$0.1\%<E_t<10\%$时，为产品的成熟期；

$E_t<0$时，为产品的衰退期。

（五）旅游产品生命周期影响因素

旅游产品生命周期的变化，受到自然生态环境、社会经济、科技发展水平、社会文化及社会政治环境等外部环境的影响，也受到资源条件、规划设计、管理水平等内部环境的影响。归纳起来，有以下几个方面。

1．旅游产品的资源禀赋

资源禀赋是旅游产品开发的先天条件，是决定旅游产品吸引力大小的关键因素。一般来说，具有垄断性自然资源和深厚内涵的旅游产品，对旅游者有着强大而持久的吸引力，因此，可以经久不衰；而缺乏文化内涵和资源特色的旅游产品易被模仿，同质化严重，只能通过价格战维持相对竞争优势，生命力也不会持久。

2．旅游经营管理

旅游产品的生命周期过程，在一定程度上就是旅游企业对旅游产品的经营管理过程。良好的管理模式可以延长产品的生命周期，甚至可以使产品从衰退期再次进入成长期。如果管理不善，就算是得天独厚的资源禀赋也会使旅游产品趋向衰落。

3．突发性事件

突发性事件包括政治、经济、文化等事件的突发性，它具有双面性。战争、疾病等灾害的突发会突然打断旅游产品的生命周期。

4．旅游者需求变化

旅游者需求变化是旅游产品生产的出发点，它的变化会引起旅游产品核心内容的变化。当旅游者兴趣发生转移、需求发生变化时，产品的生命周期自然会受到影响。

5．旅游市场竞争状况

当竞争对手设计出新产品时，可能引导消费新时尚，使旅游者需求发生变化，从而导致原有产品生命周期缩短。因此，要想在市场上立于不败之地，就必须不断创新，增加产品内涵，以满足需求、创造需求为目标。

【小资料 6-3】

深圳“世界之窗”打造旅游常青树

深圳“世界之窗”打破主题公园生命周期宿命，开业 15 年始终保持良好的增长态势，成为中国旅游业不可多得的“常青树”。昨日，“世界之窗”发布景区开业 15 周年经营数据：累计接待中外游客 4000 万人次，实现经营收入 45 亿元，利润 15 亿元。

深圳“世界之窗”一开业即引起轰动，最高一天客流量超过 7 万人次，创中国主题公园日接待量之最。面对大好形势，“世界之窗”并没有光吃老本不求变化，而是在开业不久就增建新景点，推出新表演项目，先后建成环球舞台、恺撒宫、狂欢节广场、雕塑公园等一系列新项目、新景点，景区景点也由开业初期的 118 个发展到目前的 130 个。

深圳“世界之窗”在不断改造、完善、提升景区硬件设施的同时，对景区的软件也不断创新。1998 年以来，相继推出《创世纪》、《跨世纪》、《旷世迷情》、《千古风流》等大型广场歌舞和服饰晚会。其中《跨世纪》、《千古风流》连续斩获美国国际娱乐设施暨主题乐园协会（简称 IAAPA）国际大奖。目前，深圳“世界之窗”的广场演出已经形成独特的风格和品牌，被游客誉为景区之魂，成为极富景区特色、极具发展前景的名牌产品。

面对竞争日益激烈的旅游市场，深圳“世界之窗”结合景区发展和游客需求变化，利用景区深厚的文化内涵，以文化为主题，以活动为载体，把世界各地最具特色的民俗活动引进景区，推出了啤酒节、狂欢节、樱花节，以及日本文化周、埃及文化周、法国文化周等一系列主题活动，与景点互为补充，从而更充分地展示了世界风情，深受游客欢迎。

如今，深圳“世界之窗”把开业 15 周年作为一个发展新起点，再次投资亿元建设大型新项目——“飞越美利坚”，同时，推出大型新晚会——《天地浪漫》。两大新项目新晚会将于今年金秋时节推向市场。

据了解，“飞越美利坚”项目依托深圳“世界之窗”的强势品牌地位，以美洲文化为背景进行主题氛围营造，以“飞越美利坚”作为影片主题，带领观众到阿拉斯加、夏威夷、大峡谷、拉斯维加斯、纽约、华盛顿等地旅行，通过动感座椅，感受飞翔和空中飘逸的惊险，以另类的感官刺激探索神奇壮观的美洲大陆风情。在这里，游客可以感受或坠落深渊峡谷，或穿越汹涌巨浪，或盘旋摩天大楼天台，或呼啸落基山脉峰顶的惊险刺激和快意；全新大型晚会《天地浪漫》集国内优秀演艺制作班底、世界先进的综艺制作理念，秉承深圳“世界之窗”广场艺术的恢弘大气，剧场艺术、广场表演、视听科技与舞美艺术有机结合，歌舞、杂技、动漫、魔术等异彩缤纷的表现手段完美融合，打造潮流气派的综艺视听盛宴。

（资料来源：http://www.cnszw.net/travel/bencandy.php?fid=3&id=16）

二、旅游产品生命周期各阶段的营销策略

旅游企业应用产品生命周期理论的目的主要在于：缩短旅游产品的投入期，使旅游者尽快熟悉与接受旅游产品。设法保持与延长旅游产品的成熟期，防止旅游产品过早被旅游市场淘汰。对已进入衰退期的旅游产品应明确是尽快退出市场，以新产品代替老产品；还是通过促销使旅游产品的生命力再度旺盛。

（一）投入期的营销策略

旅游产品在投入期的营销策略重点在于：加强与旅游者的沟通，使旅游者熟悉了解旅游产品；扩大旅游市场营销渠道；扩大旅游产品的市场占有率；提高旅游企业的利润。若仅考虑促销和价格两个因素，则至少有四种策略（见图 6-4）。

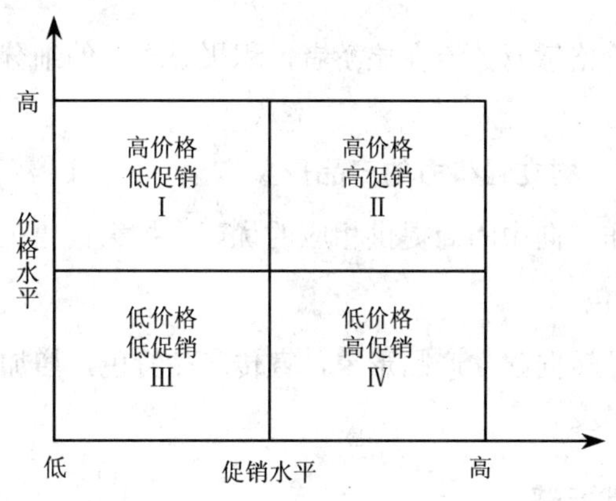

图 6-4　旅游产品投入期的市场策略

1．高低格低促销策略

又称缓慢撇脂策略，即旅游产品的定价较高，但旅游企业以较少的促销费用开展促销活动，降低营销费用以获取较多的利润。采用这种策略的条件是：首先，旅游产品的市场容量相对有限；其次，旅游产品在市场上具有高度垄断性；最后，潜在竞争者威胁不大。

2．高价格高促销策略

又称迅速撇脂策略，即以高价格配合大张旗鼓的促销策略。采用这种策略的条件是：首先，旅游产品的开发研制成本较高；其次，旅游产品特色较为突出；最后，旅游企业希望旅游产品投放市场后迅速建立起品牌信誉。

3．低价格低促销策略

又称缓慢渗透策略，即旅游企业确信旅游市场需求价格弹性很高而促销弹性较小时，以较低的价格鼓励旅游者接受旅游产品、以较低的促销费用使企业实现更多的利润。采用这种策略的条件是：首先，旅游产品的市场容量较大；其次，旅游产品需求价格弹性较高，旅游者对价格较为敏感；最后，有相当数量的潜在竞争者准备加入竞争行列。

4．低价格高促销策略

又称迅速渗透策略，即旅游产品定价较低，并配合大量的促销活动，以便以最快的速度占领市场，提高市场占有率。采用这种策略的条件是：首先，旅游市场容量较大；其次，人们对此旅游产品的特色尚不了解；再次，大多数旅游者对旅游产品的价格很敏感；最后，潜在竞争者威胁较大。

（二）成长期的营销策略

旅游产品成长期营销策略的重点在于：提高旅游产品的特色与优势；努力寻求和开拓新

的细分市场；开辟新的销售渠道。可供选择的营销策略有以下四种。

1．提高产品质量，增加产品的特色、款式

如组合和生产多品种、多规格、高质量的旅游产品，并在产品特色和服务上下工夫，创造出高声誉的名优旅游产品。

2．开辟新市场

如降低价格以吸引对价格敏感的潜在旅游者，积极寻求新的细分市场，进入有利的新市场等。

3．增加新的分销渠道，树立强有力的产品形象

如搞好渠道成员的协作，向中间商提供相应的优惠，扩大销售范围，增加分销渠道。

4．创立名牌，宣传特色

如广告宣传由介绍产品转向建立产品形象，宣传产品特色，增加旅游者对旅游产品和旅游企业的信任感，提高知名度。

（三）成熟期的营销策略

旅游产品成熟期营销策略的重点在于：尽量回收资金；在保持原有产品优势的基础上，进行旅游产品及营销组合的调整变革，努力延长成熟期。为此，可以采取以下三种策略。

1．调整市场

这种策略不是要调整产品本身，而是发现产品的新用途或改变推销方式等，使产品的销售量得以扩大。

2．调整产品

这种策略是以产品自身的调整来满足旅游者的不同需要，吸引有不同需要的旅游者。整体产品概念的任何一个层次的调整都可视为产品再推出。

3．调整营销组合

这种策略是通过对产品、定价、渠道、促销四个营销组合因素加以综合调整，刺激销售量的回升。如以降低价格来吸引更多的旅游者；采用更有效的广告形式，开展多样化的营销推广活动等。

（四）衰退期的营销策略

旅游产品衰退期营销策略的重点在于：把握好“转”、“改”、“撤”三个基本原则，决定是逐步退出还是迅速撤离市场。通常有以下几种策略可供选择。

1．维持策略

由于众多竞争者纷纷退出市场，经营者减少，处于有利地位的旅游企业可暂不退出，继续沿用过去的市场策略，仍按原来的目标市场，使用相同的分销渠道、定价及促销方式，直到这种旅游产品完全退出市场为止。

2．集中营销策略

旅游企业可以简化产品线，缩小经营范围，把企业的资源集中在最有利的目标市场和分销渠道上，从中获取利润，这样有利于缩短产品退出市场的时间，同时又能为企业创造更多的利润。

3．收缩营销策略

大幅度降低促销水平，尽量降低促销费用。这样在最短时期内虽然销售额会有所下降，但由于成本降低，旅游企业仍能获得一定利润。

4．放弃策略

对于衰退比较迅速的产品，应该立即淘汰，可以采取完全淘汰的方式，也可采取逐步淘汰的方式，使其所占用的资源逐步转向其他的产品生产。

5．重新定位

通过对产品的重新定位，为产品寻找新的目标市场和新的用途，使得衰退期产品再次焕发青春，从而延长生命周期，或者成为一个新的产品。

【小资料 6-4】

西部丝绸之路旅游产品需要深度开发

西部地区是我国旅游资源的富集地，也是 21 世纪我国旅游业保持高速增长的战略接续区。培育特色产业经济，将西部地区旅游资源优势转化为旅游产业优势是国家实施西部大开发战略的重要组成部分。而要形成旅游产业优势，实现区域旅游业的跨越式发展，西部丝绸之路旅游产品的深度开发是一个关键着力点。

丝绸之路旅游是我国自改革开放伊始向海外重点推介的 15 条黄金线路之一，也是世界旅游组织向国际旅游市场着力推介的世界级旅游线路产品之一，我国旅游业的象征性徽标“马踏飞燕”即源自丝路名城甘肃武威。丝绸之路蕴含着享誉世界的资源品位和厚重久远的人文精神，具有继承性的主题积累与线性资源区域分布的特征，因此完全可能成为推动我国西部地区旅游业实现跨越式发展的桥梁和纽带。

然而丝绸之路旅游目前的现状却不容乐观，不仅沿线各省区旅游业发展相对滞后，旅游产品本身对旅游业发展的纽带作用也远未发挥。有关统计数据表明，丝绸之路旅游沿线各省、区的客源流失比例高达 40%～70%，而真正最后完成全线路产品的购买者不足总数的 20%。

旅游产品销售的内在规律是“卖线不卖点”，对于中长线游客来讲，这个规律所显现出来的作用更为突出。丝绸之路旅游发展滞后的一个深层次原因是未能建立起围绕产品线的区域合作机制。面对潜在的合作利益空间，却缺少进行整体规划与开发的行为主体。区域内沿线各省区在资源互补的背景下缺少深层次的相互合作，游客所购买的产品是松散性的景点组合，而不是有机结合为整体的丝路旅游线路产品。

在市场经济条件下，区域旅游合作的内在动力是不同行为主体对一种潜在的利益空间的追求。由于丝绸之路沿线各省区旅游资源禀赋具有高度的互补性，区域间存在着通过合作可获取的巨大的利益空间，由此奠定了区域合作的坚实基础，目前缺少的是行为主体对合作前景的前瞻性的认识和实现合作目标的有效途径。

在丝绸之路合作机制的参与主体中，应明确政府和企业的不同职能和分工。政府的作用应突出体现在建立跨区域政府协调机制和运用政府引导企业合作行为方面。旅游企业的作用则主要体现为在政府的规治下，自发地在成本分摊、利益共享、风险共担的合作框架下构建与实现共同的利益空间，通过反复的“博弈—均衡”，形成一种“竞争—合作—共赢”的内在机制。通过政府与企业之间的合理分工与定位，最终可以构建出以政府为主导、以企业为主体的合作框架，而区域性合作组织能在合作机制中发挥组织协调作用，将政府规治和市场机制有效地结合在一起，发挥区域优势资源整合的功能。

与“长三角”与“珠三角”等经济与旅游业较发达的地区不同，丝绸之路旅游沿线区域缺乏强有力的区域经济支撑，基础设施欠发达，同时沿线区域市场化程度不高，依托城市明显不足。丝绸之路旅游沿线景点众多，也不乏世界级与国家级景点，但分散在绵延近4000公里的线路上，旅游者在交通上要耗费大量的时间和金钱，因此开发丝路旅游产品，首先要构建立体无障碍交通网络。在国家西部大开发战略实施过程中，西部各省都加大了基础交通设施的投资，公路、铁路和航空三维立体交通形成了现代丝绸之路旅游的支撑。为了进一步减少旅游者在交通过程中的时间耗费，丝路沿线区域要加快高等级公路的网状布局与对接，进行沿线支线机场的布点建设。目前丝绸之路的旅游者大都沿陇海铁路集散，铁路仍然承担着游客运输的主要任务。所以要进一步完善陇海铁路的复线建设，同时非常有必要从满足旅游者需求出发，设计推出丝绸之路星级旅游定期专列，这需要沿线各省区旅游和交通部门进行密切的配合和有效的合作。形象塑造是旅游目的地占领市场制高点的关键。整体形象的定位和推广不是依靠单个地区或企业所能完成的，丝绸之路产品整体形象的树立过程实质上表现为一种区域公共产品的生产过程，所以必然要依靠沿线各省区政府及企业联合进行开发投入。在市场经济条件下，公共产品的生产往往会出现供给不足的现象，所以进行丝绸之路形象塑造需要建立选择性激励机制，对那些品牌建设和市场开发中投入较多的企业要给予相应的激励和回报。在丝绸之路产品形象定位中应该突出个性，并且做到整体定位和分段定位相结合，整体形象应以其厚重的人文精神为基调，分段定位要突出区域特征，构建成资源互补、相得益彰并极具市场吸引力的旅游路线产品。

丝路旅游产品要有明晰的市场指向。鉴于散客旅游已经逐渐成为我国旅游客源的主体，丝路旅游在巩固团队旅游的同时，要着力于应对散客旅游快速增长的趋势，加强和完善与散客旅游相适应的设施和服务，尤其要加强旅游信息与旅游解说系统的开发建设，以满足日益个性化发展的游客需求。

（资料来源：http://news.xinhuanet.com/travel/2005-11/11/content_3764377_1.htm）

第三节　旅游新产品策略

对于旅游企业来说，当本企业的旅游产品进入衰退期后，采取适当的措施，进行新产品开发，以替代不再具有生命力的产品是最基本的反应。因此，开发新产品对旅游企业而言，是应对各种挑战与变化、维护企业生存、实现可持续发展的重要保证，是旅游企业市场营销战略的重要组成部分。

一、旅游新产品的含义和分类

旅游新产品的含义很广泛，既可能是与众不同的全新产品，如设计并推出市场上从没有过的旅游线路；也可能是局部改进与创新的产品，如原有的旅游线路增加了新的景点、新的服务项目；甚至可能是一些小小的变化，如客房、餐厅装饰作些改动。我们可以将旅游新产品定义为由旅游生产者初次设计生产的，或在原产品基础上作出重大改进，在其内容、结构、服务方式、设备性能等方面更为科学合理，更能体现旅游企业经营意图，且与原产品存在显著差异的新型旅游产品。

按照在功能上或形态上与现有产品相比而具有的新颖程度，旅游新产品一般可分为四类。

（一）全新旅游产品

这是指用新原理、新设计、新方法生产的市场上前所未有的旅游产品，如新开辟的旅游线路、新开发的一个旅游景点等。全新旅游产品推出往往给旅游者耳目一新的感觉，但全新旅游产品的开发周期较长，需要巨大的资金和人力投入，风险也较大，绝大多数企业都难以提供这种新产品。

（二）换代新产品

这是在原有旅游产品基础上作出重大变革，使旅游产品性能有重大改进，如在原有观光旅游基础上设计观光休闲旅游线路等。

（三）改进新产品

这是指旅游企业只对原有旅游产品进行局部改进而不进行重大改革所设计的旅游产品，如在原有旅游线路上增加一两个景点等。

（四）仿制新产品

旅游企业模仿旅游市场上已有的旅游产品而生产的旅游产品，也称为本企业的旅游新产品，那么如某酒店仿制其他酒店的特色菜等。

二、旅游新产品开发的意义

（一）有利于旅游企业占领和扩大市场份额

旅游企业要生存和发展，需要多种产品的支撑，如果企业不能源源不断地开发出新的产品，那么当企业产品走向衰落时，企业自身也就走到了终点。因此，每一个旅游企业的壮大和发展，都伴随着新产品开发的成功，只有这样才能保证企业有可靠的市场和高的市场占有率，确保企业的利润来源。

（二）可满足旅游者不断变化的需求

社会在进步，旅游者的需求也在变化，旅游企业应不断寻求产品与旅游者之间的契合点。那种抱着原有产品不思进取的旅游企业，最终都会被广大消费者所抛弃。因此企业应适时地开发出那些与市场变化同步的产品，接受旅游者的挑选和检验，可让旅游企业不在竞争中被淘汰。

（三）是旅游企业之间竞争的需要

产品创新是企业取得竞争优势和打败对手的锐利武器，也是一个企业充满市场活力的表现。旅游企业如果没有很好的产品创新能力，就难以应付市场上的各种挑战和变革，也不能维持自身的繁荣和发展。

（四）是科学技术进步的要求

现代科学技术的迅速发展，加速了产品的更新换代，也为旅游企业设计和开发新的产品提供了强大的技术支持。如果没有发达的现代化交通设施，就没有大规模旅游群体的出现；如果没有科学技术的保障，许多新兴的旅游项目如太空旅游、各种探险旅游、猎奇旅游等旅游产品的开发就无从谈起。

三、旅游新产品开发的步骤

为了减少风险，新产品开发必须按照一定的科学程序来进行，通过层层的严格把关，保证新产品研发的成功。新产品研发一般要经历八个步骤。

（一）新产品的构思

新产品的构思就是对准备开发的新产品进行设想或创意的过程。好的新产品构思是新产品开发成功的关键，所以，旅游企业应注重新产品创意的开发。构思的来源渠道主要有三个方面：一是来自企业员工个人的灵感，二是研发团队工作的结果。这两个渠道的共同特点是，构思人员与企业产品直接打交道，熟悉企业业务，对企业的发展有所期待，因此，能针对企业产品的优势和发展方向提出各种各样的看法和认识。例如，在美国、日本等发达国家的许多大型公司中，每年都组织员工举行产品的创意比赛，展示最新概念产品。三是从企业外部获取，如向旅游者、中间商、竞争对手、咨询公司、营销调查公司获取大量的相关信息等。有关调查数据显示，美国的新产品中有60%～80%来自消费者的建议。

（二）构思的筛选

有了各种各样的构思，但并不是每个设想都能被使用，需要从中把最有希望的构思或设想过滤出来，筛选好的构思，要做到由表及里，去粗取精，去伪存真，尽可能早地发现和放弃错误的构思，少走弯路。对新产品构思的筛选，可根据旅游企业的目标和资源条件，来评价市场机会的大小，从而淘汰那些无市场或市场机会小的构思，然后对剩下的产品构思利用加权评分法进行评价，选取企业能够接受的方案。

（三）新产品概念的发展和测试

构思筛选出来，就为新产品的开发指明了方向，旅游企业要将筛选的构思转换成设计人员和其他人能够操作的形式，将构思具体化，描述出产品的特点、质量、结构、品牌、价格和提供给旅游者的利益等，让旅游者能一目了然地识别出新产品的特征。

旅游新产品的测试是以文字、图片、声像及模型的形式，精心制作出各种新产品概念说明，通过合适的目标旅游者小组，测试新产品概念，了解旅游者对新产品概念的理解、偏好、购买意愿、改进建议、目标用户及价格认定等，来帮助旅游企业确定最有吸引力的新产品概念，淘汰没有前途的新产品概念。

（四）制订营销计划

为提高开发新产品的市场成功率，旅游企业在形成新产品概念并通过测试后，要制订相应的营销计划，主要包括三个部分：一是预期目标市场的规模、结构和旅游者行为；二是新产品导入期的价格策略、分销策略和第一年的营销预算规划；三是可预见的长期销售量和利润目标，以及在不同时期的营销组合策略。

（五）商业分析

商业分析即分析和评价新产品在潜在市场的销售量大小、综合成本和预期利润状况。

（六）新产品试制

新产品试制即将构思与设计转化成现实的旅游产品的过程。由于旅游产品的特殊性，在试制时要充分考虑实物性旅游产品和服务性旅游产品的差异性要求。实物性旅游产品要考虑旅游者需求的层次和技术上是否有一定的先进性；服务性旅游产品则要更多地考虑服务技能达到的水平及旅游者兴趣变化的趋势。新产品试制成功后，要请各方面专家、旅游者对其进行测试和鉴定，提出意见和建议，据此进行改进。

（七）新产品市场试销

新产品在大规模上市前，还要将新产品投放到有代表性的市场，在小范围的目标市场内进行试销和全面的检验，为新产品是否大规模生产、全面上市提供系统的决策依据，也为新产品的改进和市场营销策略的完善提供启示，只有这样才能使旅游企业真正了解新产品的市场前景。

（八）新产品市场推广

在分析市场试销信息的基础上，旅游企业可以作出是否推出新产品的决策。但何时推出

新产品，在何地推出新产品，旅游企业都要慎重地考虑如推出新产品的时机、注意新旧产品的衔接、产品需求的季节性等因素。与此同时，旅游企业还要对刚投放市场的新产品有应对危机的准备，如比预想的销售量大或小、各种费用支出过大、企业员工对产品熟悉度差、可能出现的意外事件、对一定幅度亏损的控制等。

四、旅游新产品的开发策略

在旅游新产品开发中，有多种相关因素将影响其开发策略的选择，如旅游企业所处的政治、经济、文化环境；新产品对旅游者需求的适应能力和激励能力；旅游企业自己的技术能力；新产品与本企业的匹配性。这些形成了多种可供旅游企业选择的开发策略，主要包括以下四种。

（一）冒险或创业策略

是指旅游企业面临巨大的市场压力时，常常会孤注一掷，调动其所有资源投入新产品开发，期望获得大的回报，这是一种高风险的新产品开发策略。该策略的产品竞争领域是产品最终用途和技术的结合，企业希望在技术上有较大的发展，甚至是一种技术突破；新产品开发的目标是以率先进入市场为契机，迅速提高市场占有率，成为该市场新产品的领导者；实施该产品开发战略要求企业具备领先的技术，巨大的资金实力，强有力的营销运作能力。中小旅游企业不适用此策略。

（二）进取策略

又称抢先策略，其目的是为了使企业保持产品领域的领导地位，或为赶上或超过行业领先企业。在新产品开发方面采用进取策略的企业一都有较强的研发能力，勇于冒险，有雄厚的财力。在国外，许多企业的研发开支占销售额度的3%～5%，而我国企业新产品的开发投放不足销售额度的1%，有待改善。实行进取策略通常是自主研发，创新主要来源于对现有产品用途、功能、营销策略等的改进，也不排除具有较大创新的新产品的出现，此策略的风险性相对较小。

（三）紧跟策略

是指旅游企业紧跟本行业实力强大的竞争者，迅速仿制已成功上市的新产品，从而维持企业的生存和发展。许多中小旅游企业在发展之初常采用该策略。该策略的特点是：产品的竞争领域和产品的最终用途是由竞争对手所选定的，企业产品开发的目标就是维持或提高市场占有率。紧跟策略的研发费用少，但市场风险相对较大。实施此策略的关键有以下三点：①要能及时、全面、迅速和准确获取竞争者有关新产品开发的信息；②对竞争者的新产品进行模仿时，要适时加入本企业的因素，使产品更具竞争力；③要有强有力的市场营销运作机制来保障该策略的实施。

（四）防御策略

是旅游企业为了保持或维持现有的市场地位，而选择的新产品开发的策略。该策略的产品竞争领域是市场上的新产品；新产品开发的目标是维持或适当扩大市场占有率，以维持企业的生存。该策略下，企业以自主开发为主，但也会采取联合开发的方式。防御策略下开发出的产品进入市场的时机通常相对滞后。

【小资料 6-5】

以韩剧为招牌的韩国主题旅游

游客再现韩国电影《丑闻》中的场景至今已在亚洲国家流行了不少年，其热度经年不减。近几年在中国更是大有燎原之势，热度一浪高过一浪。在韩国文化观光旅游的推动下，去年各类盛典及精彩演唱会、明星访华、歌迷见面会、韩国电影节、广告代言等，让中国观众目睹了韩国明星耀眼的风采，感受到了韩国独特的风情。韩国国家旅游局针对亚洲的韩流热，不失时机地推出了韩流主题旅游产品。

1．机场开设韩流主题旅游商品店

为承接席卷的韩流热潮，方便更多游客了解和亲近韩流，韩国旅游局在仁川国际机场第 46 号登机口附近，开设以韩流为主题的旅游商品店。店内专辟出展示韩流文化的韩流馆空间，设有播放《冬季恋歌》、《蓝色生死恋》、《大长今》等韩剧的大型屏幕，并有明星大型海报角，供游客拍照留念。特别是韩流先锋明星的大型海报更是让喜爱韩流的游客欣喜万分，在自己喜爱的明星大幅海报前拍照留念是不少游客乐此不疲的爱好。

除韩流相关纪念品外，店内还出售品种繁多的各类商品，包括世界知名品牌均入店销售。在这种商店购物让游客感到别有韵味。

韩流旅游商品店设在第 46 号登机口主要是因为这里是飞往中国、东南亚等地的登机口。韩流主题商店的开设，给中国、日本及东南亚等地游客关注和了解韩流、了解他们所喜爱的韩剧明星、购买所喜爱的特色韩流纪念品提供不少的便利。

2．商业街建新型影视场馆展示经典场景

为了让海外的韩剧迷能够身临其境地体验一些著名韩剧的经典场景，在韩国明洞的 T.Spark 大厦 5 层，还专门建了一座新型的影视场馆，给访问韩国的游客提供通过韩剧精彩场面感受明星风采、体验韩国大众文化的机会。

新型影视场馆是按照经典电影电视剧中的各种拍摄场景布置的新型影视场馆。只能在银幕上欣赏的电影、电视剧的场景和道具，展现在影迷面前，让影迷沉浸在昔日的剧情中，迂回于现实和剧情之间。参观者可以试穿和佩带影片中的各类服装和饰品，过一把当演员的瘾，圆一个做明星的梦。并且现场临时演员生动逼真的精彩表演也会给观众耳目一新的感受。此场馆布置主要有以下一些电影电视剧的经典场景。

韩国美男子裴勇俊主演的《丑闻》再现 18 世纪朝鲜上流社会的奢侈浮华生活，剧中的服装、道具非常昂贵，男女主角的主要活动空间——赵元和赵夫人的房间更是布置精细、华丽富贵，淋漓尽致地表现出了当时上流社会奢侈的生活。此场馆就布置了花花公子赵元（裴勇俊饰）及赵夫人（李美淑饰）的房间，再现了电影中的风花雪月，这里是朝鲜时代上流社会的缩影，精致的布景、精心制作的古典服饰，让参观这里的每一位游客为之心动。韩剧的影迷甚至可以当场佩带电影中的道具、饰品，或试穿剧中做工精致的韩国传统民族服饰拍照留念。

《冬季恋歌》中野外场景中的南怡岛被布置得别有一番韵味，另外还把内部布置成南怡岛雪人长凳的场景，在灯光和照明设备的辉映之下，显得格外浪漫温馨。

《八月照相馆》中忧郁的正元（韩石圭饰）和他那颇古老的照相馆，布置得跟电影一模一样，实际也是一个正在营业中的照相馆，为参观此处的游客提供快捷的拍照服务，并且可以拍摄穿着韩国传统服饰的相片。

获得第 41 届韩国大钟奖的电影《老男孩》中，吴大修被监禁的简陋寓所和电梯，那阴森的构造和诡异的气氛也仿效得非常逼真、生动。为了方便参观者，该影视场馆配有中文和日文讲解，另外还有精品店及休闲吧。

（资料来源：http://www.atb.gov.cn/hh_sql_news/Article_Print.asp?ArticleID=6854）

第四节　旅游产品组合策略

旅游产品本身就是一种组合产品，它不可避免地由食、住、行、游、购、娱六要素中任何两个或两个以上部分构成。旅行社或旅游产品经销商对旅游线路的设计，实质上是对要素产品的一种组合，主要是为了更好地满足旅游者的需求。同时，旅游产品不同于工业制成品的特点，使旅游者和旅游企业在购买和生产旅游产品时，面临更大的风险，因此旅游企业在供给产品时，也要根据市场需求和产品特点，对旅游产品进行组合，以分散风险获得最大限度的利润。

一、旅游产品组合的含义及类型

旅游市场营销中的旅游产品组合，是指旅游企业通过生产不同规格、不同档次的旅游产品，使其旅游产品结构更为科学合理，更能适应市场的需求，从而能以最小的投入最大限度地占领旅游市场，实现经济效益的最大化。

旅游产品的组合原则应该以最有效地利用资源、最大限度地满足市场需要和最有利于竞争为标准。常见的旅游产品组合有以下四种类型（如图 6-5 所示）。

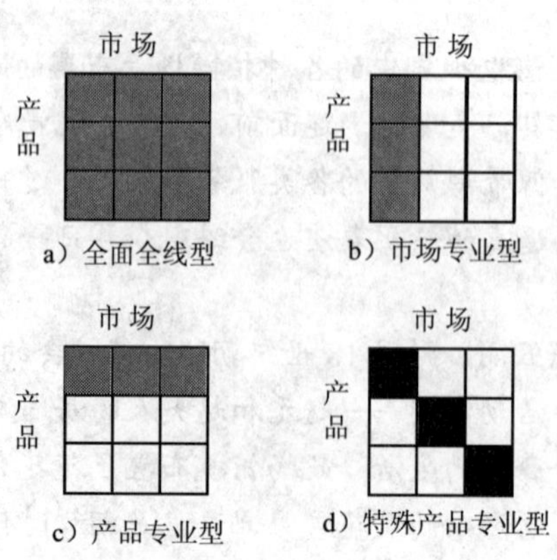

图 6-5　旅游产品组合的类型

1. 全面全线型组合

即针对全部旅游市场的各种旅游需求的旅游产品组合，包括各种类型的旅游线路。

2. 市场专业型组合

即向某一特定的市场提供其所需要的产品。

3. 产品专业型组合

即只经营一种类型的旅游产品来满足多个目标市场的同一类需求。

4. 特殊产品专业型组合

即针对不同目标市场的需求提供不同的旅游产品。

二、旅游产品组合开发的作用

如果说旅游产品的生产是一种“硬操作”的话，那么，对已经生产出来的旅游产品，通过一定的组合推向旅游市场则是经营管理中的“软操作”。这种“软操作”配以生产的“硬操作”促使企业向前发展。总体而言，旅游产品的组合对企业市场营销具有以下几个方面的作用。

（一）满足旅游者的需求，以确保市场营销的成功

任何一种旅游产品都是用来满足旅游者的需求的，不同档次的旅游产品满足不同档次的旅游消费需求，而不同数量的旅游产品则不同程度地满足旅游消费需求。在既定的旅游市场中，企业通过推出不同档次、不同数量的旅游产品的组合，便可进入旅游市场，实现企业的经济效益。同时，这种组合的科学与否，决定了企业进入旅游目标市场的成败与快慢。

（二）树立旅游产品形象

各种不同的旅游企业总是通过不同的旅游产品组合树立产品的整体形象。主导产品的推出使企业的形象更加鲜明，符合旅游企业的长远发展战略。例如，在传统概念上中国国际旅行社以经营国际旅游产品为主，中国旅行社的产品主要面向港、澳、台同胞及海外华侨四种人，中国青年旅行社以经营国际青年旅游为主，而天马旅行社则以国内旅游为主导产品。但并非说主导产品的生产就已完成了企业的产品组合，在主导产品的经营上，再配以一定数量、一定档次的副产品，从而完善产品组合。中国国际旅行社也经营国内旅游或组织出国旅游，中国青年旅行社也经营体育旅游、修学旅游等。总之，旅游产品的组合使旅游企业的市场形象更鲜明，也更加具有个性化。

（三）产生良好的经济效益

旅游产品的组合如果科学合理就能适应旅游市场的发展，分散旅游企业投资的风险，使

产品适销对路，取得较为理想的市场份额；否则，产品组合适应不了市场需求的变化，即便是高质量的新产品，也不能在短期内进入市场，还需花费较大的人、财、物力，开展较多的营销工作，其结果往往事倍功半。

三、旅游产品组合开发的指标

（一）产品组合的广度

指旅游企业生产和经营旅游线路的多少。企业的旅游线路多，则为宽产品线；反之，为窄产品线。宽产品线的组合，可以从多方面满足旅游者的需求，拓宽市场面，增加销售额，提高经济效益，充分利用旅游企业的人、财、物力发挥潜力，适应竞争状况，减少旅游市场变化带来的风险，提高企业自身的应变能力。而窄产品线的产品组合，可使企业集中力量，提高旅游产品的质量，便于提高专业化水平，降低旅游企业经营成本。

（二）产品组合的深度

指某一旅游路线中旅游活动项目的多少。如果某一旅游路线中旅游活动项目多，旅游者逗留时间长，则谓之产品组合较深；反之，产品组合较浅。较深的旅游产品组合，能在旅游市场细分化的基础上扩大旅游市场，满足不同旅游者的需求，提高市场占有率，生产上实现批量少、品种多，有利于企业经济效益的提高。而较浅的产品组合，便于企业集中力量发挥专长，创名牌产品，吸引旅游者，增加旅游产品销售量，可进行批量生产以求得规模效益，降低企业成本。

（三）产品组合的相关性

指旅游企业在进行各种旅游产品的生产时，旅游设备—— 酒店、宾馆、交通、旅游景点、娱乐、旅游购物等方面的一致性。一致程度高则产品相关性就大；反之，相关性较小。相关性大，可使企业精于专业，提高旅游企业与产品的市场地位，有利于经营管理水平的提高。一般而言，中小型企业宜于产品组合相关性大。而产品相关性较小则使企业具有较强的垄断性。

四、旅游产品组合开发的策略

（一）扩大产品组合策略

扩大产品组合的广度，增加旅游路线数量；扩大旅游企业经营范围，增加产品组合相关性大的旅游产品品种。

（二）缩小产品组合策略

缩小产品组合的广度，使之成为较窄的产品组合；缩小经营范围，求精、求专，实现旅游生产的专业化，淘汰已过时的旅游路线。

（三）改革现有产品的策略

这是向产品组合的深度发展，提高产品质量，改变旅游方式，吸引旅游者的参与，使产品以新的形式出现在市场上。

（四）高（低）档产品策略

高档产品策略指在原有的旅游产品路线中增加高档产品的项目，可提高同类旅游产品的知名度和企业的形象，增加销售量。相对应地，低档产品策略则是在高档产品路线中增加低档产品项目，使旅游产品大众化，可利用高档产品的声誉吸引消费能力有限的低层次旅游者。

其他的组合策略还有产品差异化策略、产品大众化策略等。

【小资料 6-6】

长江中下游沿线十三个省市将联合推出旅游精品

“故人西辞黄鹤楼，烟花三月下扬州。”长江流域春暖花开的时节，湖北、江西、安徽、江苏等长江中下游沿线十三个省、市的旅游部门汇聚黄鹤楼下，共同签订了《关于开发推广长江中下游旅游产品的联合声明》，开创了该地区旅游整合发展的新篇章。

长江是中华民族的母亲河，这里孕育了众多的名山大川、人类文明，旅游资源十分丰富。借助长江“黄金水道”，中上游地区的三峡地区每年吸引数百万中外游客。“高峡出平湖”后，在湖北、重庆两地联手推动下，旅游市场更显旺盛势头，几乎成为长江旅游的标志和品牌。

长江中下游地区虽也有着极为丰富的高品质旅游资源，如武汉、南京、扬州、苏州、杭州、上海等历史名城，还有九华山、黄山、庐山等名山。但相比之下，长江中下游旅游产品尚未得到有效整合，未能形成有影响力的完整市场，表现出相应的旅游活力。

在今年国家“中部崛起”战略的感召下，长江中下游沿线的武汉、九江、庐山、景德镇、黄山、九华山、苏州、扬州等十三个省市的名城、名山、名水、名人、名址率先行动，按照“平等互惠、责任共担、客源互换、宣传互动、资源共用、利益共享”的原则，运用长江轮船海外旅游公司的国宾级豪华游轮，打破传统的条块、地域分割界限，联合开发该地区的旅游产品，降低整体运作成本，提高区域旅游产品的竞争力，拟在未来三到五年内将其打造成一条国际旅游精品。

此外，来自东南亚以及我国台湾、香港和内地40多家旅行商代表，将乘坐长江“国宾七号”游轮，自武汉港起航，一路顺江而下，直抵扬州，领略重新组合后的“长江自然文化之旅”。据悉，这也是长江中下游最大规模的一次旅游实地考察活动。

（资料来源：http://www.tcpark.com.cn/site9/news_4819.htm）

第五节　旅游产品品牌策略

品牌属于形式产品的范畴，任何一个旅游产品的品牌都代表着一定的产品形象。品牌已

越来越受到重视，成为旅游者选择旅游产品时重点考虑的一个因素。随着旅游市场由卖方市场向买方市场的转移，市场竞争将更为激烈，品牌作为一种无形资产，已成为企业在竞争中的关键砝码。

一、旅游产品品牌的相关概念

旅游产品品牌是指用以识别某旅游产品的名称、术语、标记、符号、图案或它们的组合，用以区别不同旅游企业的产品和服务，或用来区别同一旅游企业不同类型的产品。旅游产品品牌包括品牌名称、品牌标志和商标等内容。

旅游产品品牌是指品牌中可以发音的部分，或者说是品牌的文字形式。如“北京饭店”、“希尔顿酒店”、“万豪酒店”等。

旅游产品品牌标志则是指品牌可以辨别、但不能读出声音的那一部分，包括符号、图案、字体等。如假日酒店和希尔顿酒店的变形英语字母、上海国际饭店的帆船标志等。

旅游品牌商标是指旅游企业将自己的名牌名称和标志在商标管理当局注册后，就享有使用其品牌名称和标志的专用权以及相应的法律保护，其他企业不得仿效使用。

【小资料 6-7】

2007 年亚洲十大著名品牌酒店有八家花落中国

被誉为全球酒店业界“奥斯卡奖”的全球酒店“五星金钻勋章”、“五星金钻奖”的盛大颁奖典礼日前在海南三亚揭晓，国内外业内知名酒店和行业精英各有斩获，其中“五星金钻奖”亚洲十大著名品牌酒店有八家花落中国。

2007 年全球酒店论坛将中国酒店业终身成就奖颁发给开创中国酒店分等定级制度先河的袁宗堂和中国合资酒店的缔造者侯锡九，肯定了他们对中国酒店业的贡献。

在著名的全球酒店“五星金钻奖”奖项中，上海锦江国际酒店股份有限公司和首旅建国酒店管理有限公司获得中国酒店集团特别荣誉奖。上海和平饭店、北京民族饭店等获颁中国民族特色品牌酒店（五星）大奖。北京饭店、上海金茂君悦酒店、三亚凯宾斯基度假酒店等八家国内知名酒店与印度泰姬酒店、韩国济州新罗大酒店共同获得亚洲十大著名品牌酒店称号。

全球酒店论坛是一个立足于中国本土、重视中国和国际酒店业发展现状及前沿理论的行业盛会，全球酒店“五星金钻勋章”、“五星金钻奖”是由全球酒店论坛组织创办的全球酒店业界权威奖项。

（资料来源：http://www.traveldaily.cn/news/13091_12.html）

二、旅游产品品牌的作用

（一）通过品牌可以很方便地识别旅游产品

很多旅游企业的品牌很容易识别，当然也就很容易被旅游者记住并给其留下深刻的印象，使他们在众多的旅游产品中轻松地识别出自己所需要的产品和服务，进而形成品牌偏好，有利于产品的销售。例如，麦当劳的黄色双拱形门标志已为全世界所熟知；中国国际航空公司的凤凰标志也使很多国家的乘客备感亲切。

（二）旅游产品的品牌代表着一定的产品品质和价值

每一个品牌都对应着一种形象、品质和价值，而且都可以被旅游者感受到。例如，北京喜来登长城饭店和国际青年旅社，所拥有的品质和价值是不相同的，旅游者可以根据个体情况而选择。

（三）旅游产品品牌具有一定的象征意义

不同的品牌代表着旅游者可以得到不同的利益，如街边小吃店意味着旅游者可以在这儿填饱肚子；快餐店意味着可以节省旅游者用餐的时间；五星级酒店的高级餐厅则意味着旅游者不仅可以吃饱，更能吃好，吃出文化，吃出层次，并获得舒适优质的服务。人是社会的人，除了生理需求以外，还有许多特定的需求，如获得尊重、回避风险、节省时间和精力等，知名品牌往往更能满足旅游者在这些方面的需求。

（四）品牌化有助于旅游企业加强自我监督

因为品牌具有识别功能，所以任何旅游企业一旦实行品牌化，建立起自己的品牌体系，就必须注意维持并不断提高产品的质量与品牌形象，否则只会自毁形象，在激烈的市场竞争中被淘汰。

（五）品牌化将促进旅游企业迅速扩张

旅游企业实行品牌化经营，需要宣传品牌、推销品牌，其间必须支出大量的促销费用。而企业如能迅速扩张，实现规模经营，则有利于分摊成本，从而降低单位成本，增加利润。一个健康发展的品牌，必然有一套完善的产品与服务质量管理体系，这便为企业扩张奠定了基础，且良好的品牌声誉及企业形象更能吸引投资者的目光。但是在品牌尚不为旅游者广泛认知、形象并未完全树立时，盲目扩张是不妥的。

三、旅游产品品牌策略

旅游产品品牌不仅是旅游产品的重要组成部分，而且是一种有效的竞争手段，正确地运用品牌策略可以取得出奇制胜的效果。旅游企业常用的品牌策略有品牌延伸策略、多品牌策略和改变品牌策略。

（一）品牌延伸策略

指旅游企业利用已成功的产品品牌来带动旅游新产品品牌或改良产品品牌。旅游酒店企业中知名的国际性酒店用品牌延伸策略扩大经营规模的案例很多。采用这种策略，由于知名品牌的市场影响力，可为旅游企业节省新产品的促销费用，还可以节省品牌的设计费用。

（二）多品牌策略

指旅游企业对各类旅游产品分别使用两个或两个以上的品牌。旅游企业针对不同的目标市场采用不同的品牌，有助于提高市场吸引力，还可以避免延伸品牌“一损俱损”的风险。

（三）改变品牌策略

改变品牌是因为旅游产品品牌在特定的目标市场上不为旅游者所欢迎，主要原因可能是：原有的旅游产品有质量问题，旅游者不认同该品牌或品牌认知被扭曲；由于竞争者大量进入和产品生命周期的变化，原有品牌已不能适应市场新形势。

【小资料 6-8】

世界著名饭店集团多品牌组合经营模式

多种品牌组合经营模式是饭店集团在共同的企业使命、经营理念指导下，对其生产经营的不同细分市场的产品冠以不同的品牌名称。它主要有以下三种类型。

1．独立的产品品牌组合

独立产品品牌组合指饭店集团对其经营的每一种饭店产品都冠以不同的各自独立的品牌，每一种品牌都针对特定的细分市场“量身制作”，从而达到明晰产品等级和功能的差异。其缺点在于缺乏统一的企业形象，品牌过多容易造成营销资源的分散，不利于名牌形成。在这方面全球饭店集团的佼佼者——圣达特饭店集团是成功的典范，它针对豪华、中档、经济型等不同的饭店细分市场针对性地提出了豪生品牌、骑士客栈品牌、天天客栈品牌等独立产品品牌，准确的产品形象定位使其在各个细分市场均保持着很高的市场占有率。

2．分类品牌组合

分类品牌组合指饭店集团对其经营的各种饭店产品按照某一标准进行分类，对每一类别的产品冠以各自独立的品牌。这种组合方式的优点是既克服了单一品牌组合经营模式所造成的品牌定位模糊的缺点，又克服了独立品牌组合带来的营销成本过高、不易管理等特点。例如圣达特集团的豪生品牌就由豪生快捷客栈、豪生广场饭店、豪生饭店、豪生客栈四个同类型的不同品牌组成。

3．母子品牌组合

母子品牌组合指饭店集团对其经营的饭店产品冠以两个品牌，即母品牌＋子品牌，母品牌代表集团整体形象，传递集团经营理念，为子品牌提供信誉保障；子品牌对母品牌起增加个性和活力、丰富内涵、提升价值支撑的作用。凯悦饭店集团是使用这种品牌组合方式的典型代表，集团母品牌凯悦向顾客展现集团产品高质量的整体形象，子品牌则从饭店档次、服务特色等方面向顾客提供不同的个性服务与价值体验，丰富并提升了母品牌的形象。

（资料来源：http://chengxinsilu.blog.163.com/blog/static/1327210432009101741526971/）

本章小结

本章介绍了旅游产品的概念、旅游产品所包括的具体内容及旅游产品的特点等。还介绍了旅游产品的生命周期，重点描述了旅游产品在不同生命周期阶段的特点，以及相应的营销策略。在旅游新产品开发一节中介绍了旅游新产品的含义和分类、新产品开发的意义、步骤及开发策略；在旅游产品组合策略一节中，介绍了旅游产品组合的含义及类型、旅游产品组合开发的作用、指标及相应的策略；在旅游产品品牌策略中介绍了旅游产品品牌的含义、作用及旅游产品品牌营销策略。

关键术语

旅游产品（Tourist Products）
产品生命周期（Product Life Cycle）
产品组合（Product Mix）
产品品牌（Brand）

案例分析

携程网卖的是什么？

携程网（简称携程）是一家吸纳海外风险投资组建的旅游服务公司，创立于 1999 年初，主要的投资者有美国 Carlyle Group（凯雷集团）、日本 Softbank（软银）、美国 IDG（国际数据集团）、中国上海实业、美国 Orchid（兰花基金）及中国香港 Morningside（晨兴集团）等，是国内最大的旅游电子商务网站，最大的商务及度假旅行服务公司，主要提供酒店、机票、度假产品的预订服务，以及国内、国际旅游实用信息的查询。

携程网于 1999 年 10 月接受 IDG 的第一轮投资；次年 3 月接受以软银集团为首的第二轮投资，2000 年 11 月收购国内最早、最大的传统订房中心——现代运通，成为中国最大的宾馆分销商，并在同月接受以凯雷集团为首的第三轮投资，三次共计吸纳海外风险投资近 1800 万美元；2001 年 10 月携程实现赢利；2002 年 4 月收购了北京最大的散客票务公司——北京海岸航空服务公司，并建立了全国统一的机票预订服务中心，在十大商旅城市提供送票上门服务。

携程网的交易额、毛利、会员数及宾馆业务连年呈直线快速上升。公司在 30 个月内实现了赢利，2002 年 10 月的交易额突破 1 亿人民币，其中酒店预订量达到了 18 万间。2002 年全年的交易额超过 10 亿人民币，其中网上交易额达到 40%。到 2002 年 12 月止，携程网拥有注册会员超过 500 万人，其中使用过携程网服务及产品的常用客户约 50 万人。

携程网的发展证明了高科技和传统产业的结合是大有所为的：不仅在存活率不到 1%的网络公司中成为赢利规模最大、稳定性最好的互联网创业公司，并且在短短的 3 年时间内逼近了传统公司几十年的发展规模，使宾馆分销成为重要的旅游服务领域。携程网以高科技的运作手段、精细化的管理模式和先进的服务理念为旅游服务企业的超常规发展拓展了新路子。

在互联网时代，每个公司都同样以一屏界面的方式展现在消费者面前。这一点非常容易引起人们的错觉：从前台来看，好像每个公司都差不多，实际上相互间的差距却十分大，网站之间真正比拼的是后台。尽管任意一个人都可以建立一个网站，号称可以提供相关服务，但最后决定胜负的还是企业的整体实力。

携程网创业就像小时候做数学题一样，从最简单的入手。携程网先从酒店订房开始，这是携程网的“初级版本”。相对于订票，订房是更为简单直接的切入点。只要顾客在网上拿到订房号，自己带着行李入住即可。所以第一年携程网集中全力打通酒店订房环节。

“上市公司的股价你无法控制，但是你可以不断地把公司的核心竞争力加强再加强。只要是金子总会发光。”给核心竞争力加分的秘诀都取决于“细节”。

比如说，携程网从3年前开始的“预留房”服务。目前有800家酒店为携程网协议保留一定数量的预留房。在洽谈这个条款时，携程网并没有期望能马上得到回报。但是其意义却非同一般。它保证了携程网的酒店订房业务在旅游旺季依然能够游刃有余。更是为携程网的长期竞争力或者说携程股票的长期不俗表现加分。

2004年10月19日，携程旅行网和携程翠明国旅在上海召开新闻发布会，正式对外宣布推出全新360°度假超市，超市“产品”涵盖海内外各大旅游风景点，旅游者可以根据自己的出游喜好自由选择搭配酒店、航班等组合套餐。面对国内发展迅猛的旅游市场，度假超市的推出对整个国内旅游业的发展起到了积极深远的影响。

随着国内旅游者出游频率的逐年增加，旅游者的旅游经验日趋丰富，旅游者的旅游需求也在不断提高，传统旅行社组团在个性化、自由度方面已无法满足现代旅游者的出游需求。在此背景下，以“机票+酒店”套餐为主的自助游产品应运而生，即旅游网站等向旅游者提供机票和酒店等旅游产品，由旅游者自行安排自己的行程，自由行的出游模式已逐渐成为人们出行的一个热门选择。

面对旅游市场这一新的变化，国内许多旅游企业开始新一轮排兵布阵，携程网也将度假业务的重点放在自助游。携程网执行副总裁范敏介绍，针对市场上自助游产品线路少、产品单一的状况，此次推出的360°度假超市主要是由携程翠明提供的自助旅游产品和携程网自行开发的“机票+酒店”套餐产品构成，携程网依托与酒店、航空公司及中国香港、新加坡、马来西亚等当地旅游局的合作伙伴关系，通过强大的技术力量搭建了度假产品查询、预订界面的度假超市。整个“超市”包括中国香港、马尔代夫、普吉岛、巴厘岛、三亚、广西、云南等几十个自由行“精品店”，每个“精品店”内拥有不同产品组合线路至少5条以上。另外，度假超市同时为旅游者提供了景点门票等增值服务及众多的可选项服务，旅游者可以根据时间、兴趣和经济情况自由选择希望游览的景点、入住的酒店，以及出行的日期。

目前携程网已把酒店、机票预订拓展到境外，可预订的海外酒店就超过500家。由于携程网保持了电子商务公司的性质，在未来发展中，其酒店预订、机票预订及旅游项目三块主业，无一不促使其和相应传统渠道存在特殊的关系：既竞争抢食，又合作发展。为此，携程网开始在度假旅行方面下工夫，并推出一些组合性的套餐产品，预先帮客户设计了一些可供选择的方案，客户可以据此安排自己的行程。度假旅行属于自助游的范畴，我国自助游的发展空间很大，在未来将会成为主流。相比传统旅行社，携程网的优势很明显。首先，携程网的成本比他们低得多；其次，自助游的选择很多，按传统方式操作，旅游者很难在短时间内全面了解清楚，而在网上一切就方便多了。最后，携程网的散客量很大，一年有50万人订房，100万人订票，目前还没有一家传统旅行社能达到这样的规模。

在美国纳斯达克成功上市后，携程网目前已经发展成为国内最大的旅游电子商务网站和最大的商务及休闲度假旅行服务公司。在酒店预订和机票预订获得双丰收后，2004 年 2 月，携程网与上海翠明国旅合作并将其正式更名为携程翠明国际旅行社，全力进军度假市场领域。

携程网永远都记得自己在卖什么，携程网本身是一个旅游服务企业，互联网只是载体！

（资料来源：王群 http://www.daxili.net/marketing/200903/1258.html）

分析与思考题：

1．携程网的产品主要是什么？为什么能够成功？

2．携程网是如何发现客户的需要，开发出针对性产品的？

复习与思考

1．旅游产品可分为哪几个层次？旅游产品包括哪些基本内容？它有哪些特点？

2．旅游产品在各生命周期阶段的特点及营销策略是什么？

3．旅游新产品开发中应当遵循的原则有哪些？

4．旅游新产品定价的主要策略有哪些？

5．联系当地某旅游景点企业，在了解实际情况的基础上，为该企业设计一份新产品市场推广方案。

第七章　旅游产品定价策略

学习目标

知识目标

1. 了解旅游产品价格的概念、分类及定价的影响因素
2. 掌握旅游产品的定价程序、定价方法和定价策略

技能目标

能运用定价方法为旅游产品合理定价

定价是市场营销组合中的一个重要部分。旅游产品的价格制定得是否合理，直接关系到旅游产品的竞争力，影响到旅游市场开拓的效果。因此，在制定旅游产品价格时，要明确定价目标，根据旅游市场开拓的任务、目标市场完成的实际情况，以及竞争对手的价格，有针对性地制定旅游产品的价格，避免定价的盲目性和随意性。

第一节　旅游产品定价概述

一、旅游产品价格的概念及类型

（一）旅游产品价格的含义

旅游产品是商品，是人类劳动的结果，凝结了人类的一般劳动并具有满足旅游者游览、观光、度假等物质需求和精神需求的使用价值，因而旅游产品在市场中也和其他商品一样要通过交换而表现出自身的价值。旅游产品价格，就是旅游者为满足自身旅游活动的需要而购买的旅游产品的价值形式，它是由生产同类旅游产品的社会必要劳动时间决定的。

（二）旅游产品价格的类型

按照旅游者在旅游活动中对旅游产品需求程度的差异，可将旅游产品分为基本旅游产品和非基本旅游产品，从而形成了两种旅游产品价格类型，即基本旅游产品价格和非基本旅游产品价格，旅者可根据需要自行选择。

1．基本旅游产品价格

基本旅游产品价格是指满足旅游者在旅游活动中的基本需求的各种单项旅游产品的价格。主要包括食宿、交通、游览等产品价格。

2．非基本旅游产品价格

非基本旅游产品价格是指在旅游活动中对每个旅游者来说可发生也可能不发生的旅游产品价格，如纪念品价格、通信服务价格、医疗服务价格等。

一般情况下，基本旅游产品价格的需求弹性较小，非基本旅游产品价格的需求弹性较大。旅游企业应针对旅游价格对基本旅游产品和非基本旅游产品的不同弹性，设计、调节不同部分的价格水平，加大对价格弹性大的产品开发的力度，提高旅游接待的整体效益。

从旅游者和旅游企业这两个不同的角度出发，可将旅游产品分为整体旅游产品和单项旅游产品，从而形成了两种基本的旅游价格表现形式，即旅游包价和旅游单价，旅游者在旅游过程中可根据自己的需要选择购买整体旅游产品或单项旅游产品。

1．旅游包价

旅游包价是指旅游者为向旅游经营商购买整体旅游产品（包括交通、住宿、餐饮、景点及其他设施和服务中的两个或两个以上要素所构成的产品）而向其支付的价格。旅游包价一般以统一的公布价格面向公众进行营销，借助于印刷品或其他媒体加以描述。

2．旅游单价

旅游单价是指旅游者零散购买一个整体旅游产品中的各个单项要素而支付的价格。如旅游者在旅游途中自己购买景区门票、自己支付酒店住宿费用等，都属于旅游单价。

另外，旅游企业为了扩大对旅游产品的需求量，刺激消费，通常还会在一般旅游价格的基础上采取一些特殊的旅游价格表现形式。

1．旅游差价

旅游差价是指同种旅游产品由于时间、地点或其他原因而引起的价格差。一般情况下，旅游差价主要有地区差价、季节差价、质量差价、机会差价和批零差价。旅游产品生产经营者在不同的时间、设施、环境等条件下，提供的旅游产品质量、特殊吸引力等会有着显著的差异，而旅游者的需求在不同的时间、空间也各不相同，因而反映旅游市场供求关系的旅游价格应有一定的区别，以便利用价格的升降调节市场供求关系，更好地满足旅游者的不同需求。

2．旅游优惠价

旅游优惠价是指在旅游产品的基本价格基础上，给予旅游者一定的折扣价格。一般情况下。旅游优惠价主要有对象优惠价、常客优惠价、支付优惠价和购量优惠价。旅游企业实行旅游优惠价的目的是为了吸引旅游者，争取客源市场，努力使企业的经营状况保持相对的稳定。

以上这两种旅游产品价格的特殊形式，在旅游市场营销活动中，常常作为旅游企业价格调整的策略和措施，有针对性地主动适应市场的供求关系和开展市场营销活动。

【小资料 7-1】

黄金周国内旅游价格最高涨 30%，节后大幅跳水

2009 年“十一”国庆假期和中秋节重合，中秋赏月、家庭团圆、观赏红叶等元素也被设计到旅游线路中。某旅行社推出千岛湖、三峡、鼓浪屿等地的夜游赏月活动；另一旅行社推出高品质休闲游线路，在部分景区通过推出“亲友式”自组小团、VIP 接待等服务，将观光与度假相结合，如山西常家庄园线路中，有中秋特色浓郁的祭月大典和五台山中秋大法会；春秋旅行社的“秋日私语”线路中，旅游者前往阿尔山、长白山及九寨沟的沿途，能够观赏树叶从绿到黄再到红的渐变过程。

西部游一直是今年国内游的热点线路，业内分析，今年“十一”，西藏、云南、四川等地的西部游将会备受欢迎。一些旅行社为抢占市场先机，纷纷推出特价（种）西部游产品。

受“十一”期间酒店特别是机票价格上调的影响，预计国内游线路整体会出现不同幅度的上涨。艺龙旅行网的预订数据显示，以北京—杭州的机票价格为例，9 月 15 日前预订的最低票价为 4.8 折 550 元起，“十一”前后机票最低折扣 6.8 折 780 元起。北京春秋旅行社总经理杨洋认为：“机票价格折扣上调对‘十一’旅游的影响最大，中线飞机团大概出现 10%左右的上涨，而云南、海南、桂林、福建等长线热门旅游城市的飞机团将会出现 30%左右的涨幅。”

2008 年春节黄金周一结束，旅游出行的价格立刻从高位回落。记者日前从游易网了解到，长假后各地的度假产品价格将普遍下降一到三成，一些黄金周期间的热门航线也将大幅跳水，比如京沪航线上就出现了单程最低 280 元的特价机票。

国内长途旅游方面，黄金周后的出行人数将比节日期间有所回落，价格降幅一般在 20%～30%。因为眼下全国大部分地区气候还比较冷，所以三亚仍是国内旅游热点。2 月底至 3 月初，上海前往阳朔、黄山、丽江等地的线路也将逐渐转旺。国内短途线路方面，热门线路节后价格将下降 15%～20%。随着天气逐渐转暖，山水踏青游将重归主流。

海外长途线路方面，节后出行的价格下降非常明显。前往欧洲的线路一般下降 1000～1200 元/人，降幅在 10%左右；澳大利亚线平均降价超过 20%，比如黄金周期间“澳大利亚+新西兰”线路的价格是 2058 万元/人，节后不到 1.6 万元/人；日本线降价 1000 元/人左右，约 10%；埃及线降价 1000 元/人，约 9%。海外中短途线路方面，前往东南亚的产品预订势头不错，价格下降幅度不大。

黄金周后机票价格跳水也很厉害。记者了解到，今后一周，从上海出发到张家界、青岛、武夷山、昆明、长沙等地的机票最低都有 5 折优惠。到三亚的机票折扣一般为 5 折，个别航班 4 折。此外，东北线路折扣也普遍较低，前往沈阳、大连、哈尔滨 3 个城市的机票折扣均为 5 折左右。

二、旅游产品定价的影响因素

旅游产品价格的影响因素很多，这些因素大致可以分为可控因素和不可控因素两类。可控因素是指营销人员在定价时有能力控制的因素；不可控制因素则是那些对旅游产品价格制定有影响，但营销人员无法控制的因素。

影响旅游产品价格的可控因素包括成本因素、定价目标和旅游产品与非价格竞争因素特性等。

1．成本因素

旅游产品成本是构成旅游产品价值和价格的主要组成部分，它由旅游产品的生产过程和流通过程所花费的物质消费和支付的劳动报酬所形成，包括固定成本和变动成本两部分组成。固定成本是指不因产量或销售额变化而变化的成本，如固定资产折旧费、租金、办公费、固定工资等。这些成本只要企业存在就必须分摊到旅游产品中去。变动成本是随产量或销售额变化而变化的成本，如采购成本等。旅游企业在确定旅游产品的价格时，要使总成本得到补偿，价格就不能低于平均成本费用。当旅游产品的售价大于产品成本时，旅游企业才有可能形成赢利；反之则出现亏损。

另外，旅游企业在制定价格时，不仅要考虑本企业旅游产品的个别成本，更重要的是要把个别成本和社会平均成本进行比较，如果个别成本比社会平均成本低，制定旅游产品价格时回旋余地就比较大。因此适当降低成本，使个别成本低于社会平均成本，争取成本领先是许多旅游企业谋求价格竞争优势的利器。

2．定价目标

旅游产品定价目标要服从旅游企业营销战略，如实行市场渗透战略的企业在定价时很可能会采取低价策略。旅游营销管理人员要根据不同阶段营销目标的不同来制定不同的价格。企业的定价目标主要有以下几种。

（1）以扩大市场占有率为目标。

市场占有率是指旅游企业产品销售量在同类产品市场销售总量中所占的比例。保持或提高市场占有率，对旅游企业来说，有时比获取投资报酬更为重要。因为这一目标一旦实现，不仅可以占有更多的市场份额，而且会随销售量的提高而带来规模效益，还可逼退竞争对手。当竞争对手被迫退出市场或不再构成威胁时，可再调高价格，以提高市场占有率和利润。在旅游市

场竞争激烈情况下，一些企业怀着“宁让利润，不让市场”的心态，为提高或维持一定的市场占有率，大打价格战，短期内甚至不考虑固定成本，只以变动成本来定价。

（2）以取得最大利润为目标。

以利润最大化为目标就是利用潜在竞争者从研发到产品投放旅游市场之间的时间差，尽可能多地赚取利润。以取得最大利润为目标不一定就是给旅游产品定高价，对于需求价格弹性较大的旅游产品，定价高，需求会下降，单位成本会相对上升，总收入反而会下降，进而会影响总利润。

（3）以求生存为目标。

当企业遇到经营困难时，为维持业务、等待市场转机、度过生存危机，旅游企业管理人员一般会采取低价策略，以低价吸引旅游者，获得喘息机会。有时营销管理人员会把旅游产品价格定在成本线附近，这种做法看起来不赚钱但却有相对利益。不然，旅游产品销不出去，固定成本将全部损失。以酒店客房为例，固定成本占相当大的比重，客房即便销售不出去，也会发生这些费用；如果以成本价销售出去，酒店虽不能赢利，但却可以减少损失。旅游企业在市场低迷时可以求生存为目标，待旅游市场情况好转后再从求生存转变为谋发展。

3．旅游产品

旅游产品的品质因素如产品特色、产品声誉、产品的独特性、产品的市场定位，以及产品的适时性等对定价的影响较大。旅游产品品质高、市场认知形象好，旅游者购买后会有一种荣耀感，营销管理人员可选择定高价；而旅游产品品质、市场认知形象一般，则可定中低价。旅游产品特色显著、垄断性强、不可替代性强，营销管理人员可定高价；而平平常常、大众化的旅游产品则宜制定中低价。

4．非价格竞争因素

旅游产品价格只表明了旅游产品价值的多少，但在市场营销过程中，旅游者作购买决策时，不仅注重旅游产品的价格，还要考虑旅游企业提供的服务质量、获得的额外利益等因素。因而，旅游企业为了实现较高价格的销售，一般都附以较高水平的服务，使旅游产品的价格和相应的服务一致，从而使旅游者加深对旅游产品价格的理解、认可；同时，旅游企业还尽可能向旅游者提供一些额外免费的服务项目，使旅游者认为是购买了旅游产品后而带来的额外利益，从而增加对购买较高价格的旅游产品的欲望。

影响价格决策的非可控因素包括旅游市场需求、宏观经济状况和法律法规因素。

1．旅游市场需求

旅游市场基本上是竞争性市场。旅游产品到底值多少钱最终取决于旅游者的认知。旅游产品是非生活必需品，需求弹性大，因此旅游产品价格决策一定要考虑市场需求因素。一般来讲，供给不变，需求上升会推动价格上涨；需求下降，价格有下调的压力。一定时期旅游产品供给是个既定的量，而旅游产品需求的季节性特点又很明显，当旺季来临时，一些旅游产品价格会随之上涨。例如，海南岛在每年12月到次年2月是旅游旺季，酒店客房价格往往会上涨60%左右；又如旅游黄金周期间，需求十分旺盛，一些包价旅游线路的价格往往会上涨20%～30%。

一般来讲，旅游产品供不应求时价格可定得高些，供过于求时价格可定得低些。供求关系的变化，要求旅游产品价格要有一定的灵活性。

2．宏观经济状况

宏观经济状况、物价因素、汇率因素等都对旅游产品价格有一定的影响。

（1）宏观经济状况。在经济发展较快、宏观经济比较景气时，旅游产品较为旺销，价格也有上行的要求；当经济增长速度趋缓，宏观经济处于萧条时，旅游产品销路不畅，价格有下行的要求。例如，1998 年亚洲金融危机期间，泰国、印尼等国民众财产大幅缩水，旅游人次大幅减少，当地一些旅游企业不得不降价促销。

（2）物价因素。物价对旅游产品价格也有较大影响。当通货膨胀时，旅游产品价格有上调的趋势，这是通货膨胀牵动所导致的；当通货紧缩时，旅游产品价格又有下调的压力。

（3）汇率因素。一国的汇率常常因各种因素而变动，汇率变动对旅游产品价格有一定影响。通常本币升值，旅游企业要考虑提高外币定价；本币贬值，旅游企业要考虑适当降低外币定价。

3．法律法规因素

出于对保护旅游者、维持正常竞争秩序的考虑，旅游价格经常也会受到政府的管制。政府会通过法律和法规的约束来干预和影响旅游企业的价格决策。由于存在这种约束，旅游企业不能任意为旅游产品制定高价来牟取暴利，同时也限制了旅游企业之间过度的价格竞争，维护了正常的市场秩序。很多国家都制定了最高限价和最低保护价。旅游企业在作出定价决策时必须将此因素考虑在内。

【小资料 7-2】

各国景点门票价格

美国：博物馆免票，主题公园最贵

与美国百姓的平均月收入几千美元相比，美国公园的门票是比较便宜的，多为一二十美元，最高的也仅为几十美元。

美国的城市都有一些免费公园，小到街心公园，大到纽约市著名的中央公园，都没有围墙，不收门票。在首都华盛顿，数不胜数的博物馆几乎都是免费的。

另外还有许多收费一二十美元的公园。宾夕法尼亚州的杜邦花园，收费 15 美元，是一个面积很大的人工植物园，是美国杜邦公司投资兴建的。但是，由于各种奇花异草常年需要精心呵护，门票收入根本无法应付巨额开支，绝大部分资金依然来自杜邦公司。另外，巴尔的摩市的海洋馆在美国家喻户晓，它规模大、表演内容丰富，门票也不过十几美元。而且，每年 12 月的第一个周末，海洋馆会以 1 美元的票价回馈游客。

美国收费最高的公园要数著名的几大主题公园：迪士尼乐园、环球影城和海洋世界。这些主题公园占地面积大、娱乐项目齐全，单日门票都是 50 多美元。不过这是通票，在门口买了票，里面就不用再买了。与此同时，这些主题公园还提供其他省钱的办法。比如环球影城分为两个子公园：环球影城和冒险岛。一张一日单个公园的门票是 54 美元，一日两个公园的门票是 79 美元，两日两个公园的门票是 99 美元，两个公园的年票是 109 美元。另外，一年超级票为 169 美元，不仅可以随时来，还可享受免费停车及购物、吃饭打折的综合优惠服务。

法国：景点门票采取“低价策略”

法国是世界旅游大国，首都巴黎是世界旅游收入最高的城市。法国旅游业的兴旺主要得益于

丰富的人文景观和历史遗产，也得益于政府的文化遗产管理制度。

法国人文景观主要包括教堂、公园、博物馆和城堡，其数量之多令人瞠目。卢浮宫、凯旋门、凡尔赛宫、枫丹白露、埃菲尔铁塔、巴黎圣母院、卢瓦尔河谷城堡群等举世闻名的景观每年吸引众多游客前来观光。对这些宝贵的“财富”，法国政府始终坚持“以人为本、着眼未来”的管理原则，不因为这些景点“有名”而随意提高门票价格，而采取“低价策略”以弘扬民族文化，最终达到吸引更多旅游者的目的。

印度：外宾门票贵几十倍悬殊价格吓走观光客

印度是四大文明古国之一，也是佛教、印度教、锡克教的诞生地，灿烂辉煌的文明在印度南北留下的许多遗迹，每天吸引着成千上万的海内外游人，其门票收入自然也成为印度政府旅游收入的一大组成部分。

除了被誉为“世界新七大奇迹”之一的泰姬陵外，印度还有 20 来个代表不同文化和宗教的古迹被联合国教科文组织宣布为世界遗产。虽说拥有世界遗产这块“金字招牌”，但门票价格长期以来都很便宜，一直是内外宾平等，只收 5～10 卢比（1 美元约合 45 卢比），就连景点中的“老大”泰姬陵，也只收 20 卢比。

但自 2000 年开始，为增加旅游收入，印度旅游部突然将外国游客的票价从 5～10 卢比一下提升至 10～20 美元，本国人票价依旧不变。泰姬陵的外国人门票甚至最高达 1000 卢比，内外相差 50 倍。虽说如今已回落至 750 卢比，但与本地人的票价仍相差 37.5 倍。

此外，无论是胡马雍陵、顾特卜塔，还是阿旃陀石窟群、埃洛拉石窟群等其他景点，只要沾上世界遗产的边，外国人的门票都高达 250 卢比。虽然印度旅游部多次以“不同人群消费能力有别”、“印度需要更多资金维护古迹”等理由为这种严重失衡的门票双轨制辩护，但印度旅游协会的调查表明，悬殊的门票价格至少吓走了 1/5 的外国观光客。

（资料来源：http://www.tripzx.com/Article/1265.htm）

三、旅游产品定价的程序

旅游产品在制定旅游产品价格时，需要考虑的因素很多，涉及的利益又是多方面的，因而旅游产品的定价工作是一项极其复杂的事情。正确合理的定价需要以科学的理论为指导并采取科学的程序。一般来讲，旅游产品的定价程序可分为下列步骤。

（一）评估目标市场购买力及倾向

目标市场是旅游企业开展营销活动的空间和获取预期收益的来源，因此目标市场的大小及购买倾向是企业定价的前提条件。旅游企业通过对目标市场的评估，可从中发现旅游者的实际需求，了解旅游者对旅游产品的价值理解程度和价格承受力，并深层次发掘旅游者的潜在需求及消费偏好变化的可能，以便采取主动、灵活的价格政策，引导目标市场的成长。因而对目标市场购买力的评估，除要了解旅游者的总收入、纯收入外，更重要的是掌握旅游者可自由支配收入和可能用于旅游产品购买的比例，以及促进其旅游活动形成的其他费用来源，还要了解目标市场中的旅游者对旅游产品的喜爱程度和兴趣转移的可能，以及对价格的敏感性、所接受的非价格竞争方式等。评估目标市场购买力及倾向时可采用问卷调查、面对面交谈和专家意见法等方法。

（二）估测旅游企业产品或服务成本及结构

通过评估目标市场购买力，就可以确定旅游企业产品供给的总量和价格的上限，再通过对企业单位产品成本估测，就可以确定企业可以支撑的价格下限，从而使企业明确产品价格灵活变动的允许范围。对单位旅游产品成本进行分析，可找出其最佳规模时的最低成本，并从中看出旅游产品成本发展的趋向，从而为确定最佳的产品价格提供可靠的依据。

（三）了解旅游企业市场环境及变化

旅游产品价格的确定，还必须考虑企业内外环境要求及变化的可能。对于旅游企业内部而言，供货商的价格稳定性、供货的时间衔接性和供货的品种齐全性等，关系到旅游企业是否能顺利地控制原材料、燃料采购成本，从而为产品成本奠定良好的基础；对企业外部环境而言，政府规定的最高限价是旅游企业价格上升的警戒线，国民收入水平、消费结构、产业结构、经济增长率、政府支出等经济环境因素的变化也会制约或促进旅游产品价格的升降；社会文化环境中的旅游者购买行为准则、道德规范与禁忌、风俗习惯等，限制了旅游者对旅游产品的购买规模和倾向，实际上也就规定了旅游产品价格的高低。

（四）确定旅游企业定价目标

目标市场购买力的大小、企业产品成本的高低、企业市场环境的走向决定了旅游企业定价的时间考虑、报酬取舍、市场占有率分析和防止竞争等目标的选择。因而，旅游企业确定定价目标关系到企业生存和发展的时间、空间，无论企业作何种定价目标决策，都必须考虑到自身的规模实力，考虑到市场拓展的有利因素和障碍，考虑到目标市场的转移、替换，以及企业资源配置的可能和变化等，进而与旅游市场中现在和今后可能变化的最高限价和理想价格比较，从而在诸多的定价目标中选择出符合自己实际的定价目标。

（五）选择旅游企业定价方法和策略

旅游产品价格的确定要遵循客观规律的要求，在全面准确的调查和预测的基础上，运用科学方法确定价格，旅游产品的价格水平就易于与市场的需求相吻合。但是由于旅游市场中竞争者的存在、旅游者千差万别的需求，以及价格因素的灵活性，旅游企业在定价过程中还必须充分考虑到定价的策略，要从竞争者和消费者的心理上、市场的差异上、需求的差别上巧妙地进行定价工作，即使定价工作与企业其他营销工作相配合，为企业的全面发展创造良好的环境和条件，又能在定价工作中充分体现出定价的科学性、艺术性和技巧性，增进旅游者对旅游产品或服务的价格理解和偏爱。

第二节　旅游产品定价方法

产品价格是由供需双方所决定的。对于旅游业这样以提供服务为主的行业，价格同样可以视为成本、利润的函数。旅游业是一个需求波动较大的行业，大多数企业，如酒店、旅游交通的成本结构中，变动成本比例高，旅游企业价格的灵活性较大，而旅游供给以小企业居多，但由于服务、地理位置、质量因素，使他们具有一定的垄断性，从而定价通常偏离完全竞争时的边际成本定价。

尽管如此，旅游企业在进行旅游产品定价时，都会遵循以下原则：成本是价格的最下线，竞争对手与替代产品是定价的出发点，旅游者对旅游产品特有的评价是价格的上线。因此就形成了成本导向、需求导向、竞争导向三种最基本的定价方法。

一、成本导向定价法

这是指以旅游产品的成本为主要依据，综合考虑其他因素来制定价格的方法。由于旅游产品的成本形态不同，以及在成本基础上核算利润的方法不同，成本导向定价又可分为以下几种具体形式。

（一）成本加成定价法

这是在单位产品成本的基础上，加上预期的利润额作为产品的销售价格，售价与成本之间的差额即为利润。由于利润的多少总是呈一定的比例，人们习惯上称这种比例为“几成”，因而这种方法就称成本加成定价法。

这种方法简便易行，应用历史悠久，在旅游企业市场营销中主要用于制定旅行社产品、酒店食品和饮料等产品的价格。但采用这种定价方法，必须事前准确地核算产品或劳务的成本，一般要以平均成本为准，另外要根据产品的市场需求弹性等因素确定恰当的利润百分比。成本加成定价法在具体应用中又可分为两种方法。

1．总成本加成定价法

总成本是旅游企业在一定时期生产经营产品时的全部费用支出，按照不同费用在总成本中的变动情况，又可分为固定成本和变动成本两部分。单位产品成本加上一定比例的利润，就是单位产品的价格。用公式表示为：

$$
\begin{aligned}
\text{单位产品价格} &= \frac{\text{总成本}+\text{预期总利润}}{\text{预期产品产量}} \\
&= \frac{(\text{固定成本}+\text{单位变动成本}\times\text{产量})\times(1+\text{预期成本利润率})}{\text{预期产品产量}} \\
&= \text{单位产品成本}+\text{单位产品预期利润}
\end{aligned}
$$

2．变动成本加成定价法

这一方法又称为边际贡献定价法，就是在定价时只计算变动成本，而不计算固定成本，在变动成本的基础上加上预期的边际贡献。所谓边际贡献，就是销售收入减去补偿固定成本后的收益。预期的边际贡献也就是补偿固定成本费用后企业的赢利。由于边际贡献会小于、等于或大于变动成本，旅游企业就会出现赢利、保本或亏损三种情况。这种定价方法一般在旅游企业之间相互竞争十分激烈时采用，尤其在产品必须降价出售时对企业的定价有着重要的指导意义，因为只要产品的销售价格不低于变动成本，说明生产可以维持；若产品出售价格低于变动成本，则表明生产越多企业亏损越大。这种方法用公式表示为；

$$单位产品价格=\frac{变动总成本+预期边际贡献}{预期产品产量}$$
$$=单位产品变动成本+单位成本边际贡献$$

（二）盈亏平衡定价法

盈亏平衡定价法即根据盈亏平衡点原理进行定价。盈亏平衡点又称保本点，是指一定价格水平下，企业的销售收入刚好与同期发生的费用额相等，收支相抵、不盈不亏时的销售量；或在一定销量前提下，使收支相抵的价格。

$$盈方平衡点价格=\frac{应摊固定成本+预期销量变动总成本}{预期销售量}$$

（三）投资回收定价法

企业开发产品或增加服务项目要投入一笔数目较大的资金，且在投资决策时总有一个预期的投资回收期。为确保投资按期收回并赚取利润，企业要根据产品成本和预期的产品数量，确定一个能实现市场营销目标的价格，这个价格不仅包括在投资回收期内单位产品应摊销的投资额，也包括单位产品的成本费用。利用投资回收定价法必须注意产品销量和服务设施的利用率。

$$单位产品价格=\frac{总成本+投资总额\times投资收益率}{预期销售量}$$

（四）目标效益定价法

目标效益定价法是根据旅游企业的总成本和估计的总销售量，确定一个目标收益率，作为定价的标准，这种定价方法用公式表示为：

$$单位成本价格=\frac{固定成本总额+变动成本总额+目标利润}{产品数量}$$

（五）千分之一法

千分之一法也称千分之一法则或千分之一经验公式，主要用于酒店客房产品的定价。由于酒店总投资中占绝大部分比例的是酒店建筑投资（约占 70%），因此，许多酒店经营者认为，酒店造价与房价有直接联系，并认为酒店要赢利，其房价应占造价的千分之一，即从造价的每千元提取一元作为制定房价的基础。这种方法可以用于作为制定房价的出发点。不过随着土地价格、建筑费用等的不断提高，千分之一法已显得保守和落后。

千分之一法的具体计算公式如下：

$$平均每间客房的售价=\frac{建筑成本总额\div客房间数}{1000}$$

（六）赫伯特公式法

赫伯特公式法是美国饭店协会创造的一种类似于目标收益定价法的另一种定价方法，它通常用于酒店业判定客房价格。其具体步骤如下。

（1）根据投资总额估算目标收益：目标收益＝投资总额×目标收益率。

（2）计算在此目标收益下酒店经营应有的总收入：酒店应有总收入＝目标收益＋折旧、税金、保险费＋管理费用、营销费用＋水电费＋维修保养费用等。

（3）估算除客房部外酒店其他部门的利润。

（4）计算客房应得利润：客房利润＝（2）－（3）。

（5）估计客房经营费用。

（6）计算客房应得收入：客房应得收入＝（4）＋（5），即客房应得收入＝目标收益＋折旧＋税金＋保险费＋各种费用－其他部门利润＋客房经营费用。

（7）估计客房每年出租天数。

（8）计算客房平均价格客房平均价格＝（6）/（7），即客房平均价格＝$\dfrac{\text{客房所得收入}}{\text{可供出租房间数}\times 365\times \text{年平均出租率}}$。

二、需求导向定价法

需求导向定价法指的是旅游产品的价格不是以其成本，而是以消费者对旅游产品的需求和可支付的价格水平为依据的定价方法。以消费者对产品的需求程度和对产品价值的理解而形成的心理价格为定价依据，是一种伴随营销观念更新所产生的新型定价方法，主要有以下几种类型。

（一）习惯定价法

这是企业依据长期被消费者接受和承认的并已成为习惯的价格对产品进行定价。某些产品在长期经营过程中，消费者已经接受了其属性和价格水平，符合这种标准的容易被消费者接受，反之则会引起消费者的排斥。经营此类产品的企业不能轻易改变价格，减价会引起消费者对产品质量的怀疑，涨价会影响产品的销路。

（二）可销价格倒推法

这是以消费者对产品价值的感受及理解程度为基础确定其可接受价格的定价方法。一般在两种情况下企业可采用这种定价法：一是为了满足在价格方面与现有类似产品竞争的需要，设计出在价格方面有竞争力的产品；二是对新产品设计，先通过市场调查或征询经销商的意见，拟定出消费者可接受的价格，然后反向推算出各环节的可销价格。

（三）需求差异定价法

这是根据需求的差异，对同种产品制定不同的价格的方法。它主要包括以下几种形式：对不同的消费者采取不同的价格；根据产品的式样和外观的差别制定不同的价格；对不同式

样的同种产品制定不同的价格。价格差比例往往大于成本差的比例。相同的产品在不同的地区销售，其价格可以不同；相同的产品在不同时间销售其价格可以不同。

需求差异定价的前提条件是：①市场可以细分，各细分市场具有不同的需求弹性；②价格歧视不会引起消费者的反感；③低价格细分市场的消费者没有机会将产品转卖给高价格细分市场的消费者；④竞争者没有可能在企业以较高价格销售产品的市场上以低价竞争。

（四）理解定价法

这是企业根据消费者对产品价值的感觉而不是根据卖方的成本制定价格的办法。各种产品的价值在消费者心目中都有特定的位置，当消费者选购某一产品时常会将该产品与其他同类产品进行比较，通过权衡相对价值的高低而决定是否购买。因此，企业向某一目标市场投放产品时，首先需给这种产品在目标市场上“定位”，即企业要努力拉开本产品与市场上同类产品的差异，并运用各种营销手段来影响消费者的价值观念，使消费者感到购买该产品能比购买其他产品获得更多的相对利益。然后，企业就可根据消费者所形成的价值观念大体确定产品价格。

三、竞争导向定价法

竞争导向定价法是一种以同类旅游产品的市场竞争状态为依据，以竞争对手的价格为基础的定价办法。

（一）随行就市定价法

随行就市定价法又称流行水准定价法，它是指在市场竞争激烈的情况下，企业为保存实力采取按同行竞争者的产品价格定价的方法。

企业在竞争中采用这种定价方法有以下几个原因。①避免竞争激化。②有些产品成本核算较难，行业价格是本行业众多企业在长时间内摸索出来的价格，与成本和市场供求情况大体符合，容易得到合理的利润。③如果制定与其他竞争企业不同的价格是希望比其他竞争企业得到更多的利润，但能否如意却没有很大的把握，就贸然制定不同价格，可能会弄巧成拙。④某些产品的特点只适用随行就市定价，如均质产品市场。均质产品指同类商品之间没有很大差异，购买者对产品的要求、对有关销售措施的反应都大体相似。

（二）率先定价法

一些旅游企业的经营者认为应有率先定价的魄力，为当地其他企业树立榜样。率先定价所制定的价格若能符合市场的实际需要，即使是在竞争激烈的市场环境中，旅游企业也可获得较大的收益。

（三）追随核心定价法

旅游市场上有起核心作用和主导地位的旅游企业，其他企业可跟随这个核心企业制定大致相仿的价格，并随其价格变化而作调整。

【小资料 7-3】

武汉旅游市场："全程透明价"挑战"混乱价格战"

去年国内旅游市场恶性价格战的惨烈状况让人记忆犹新：不仅众多的旅行社元气大伤，一些贪图便宜加入廉价旅游团的游客也深受其害。日前，武汉春秋国际旅行社冒行业之大不韪，推出一种全新的旅游报价方式——从交通、餐饮、住宿、门票到导游，每项服务都单独标出了实价，让游客一清二楚。这家旅行社明确表示：就是要用这种釜底抽薪的方式遏止旅游市场恶性价格战。

据了解，目前武汉春秋国际旅行社已将 80 多条国内游线路的报价"透明化"。以海南往返双飞五日游为例：往返机票 1100 元/人、当地交通费（空调旅游车）100 元/人、住宿（三星级）40 元/天、景点门票 90 元/人，早餐、中餐（八菜一汤）及当地导游免费。根据这些透明报价，游客还可以按照自己的需求量身定制旅游项目。

按照旅游业惯例，旅行社一般只提供行程线路及总价格，游客并不知道其具体构成，对能享受到的具体服务内容也不清楚。由于价格不透明，一些实力较小、客源不足的旅行社往往大肆进行恶性价格战，同时降低住宿、就餐等标准，导致旅游质量下降。

此次武汉春秋国际旅行社推出的报价将总价"分解"到了交通、住宿、门票、餐饮、导游费等各个方面，同时公开将自己的毛利率标准定在 3%～10%之间，在旅游市场投下了一颗重磅炸弹。该旅行社总经理齐心更是直言："未来的旅游市场将会形成 3 个层次：大型社做批发，中型社靠特色游吃饭，小型社则为大型社组织客源。这次公布'透明价'就是要向同行挑战，制止旅游行业恶性的价格竞争。"

一些业内人士认为，随着人们旅游意识、维权意识的增强，这种公开明细的做法定能迎合游客的心理，预计会引起行业内的效仿，但目前国内游利润率一般在 5%～25%之间，如果将收费透明化，必然会使一批规模小、服务差的小旅行社淘汰出局。与此同时，打出"透明消费"底牌的春秋国旅必然面临来自同业的巨大压力，其操作方式和最终效果如何还有待观察。

（资料来源：http://info.china.alibaba.com/news/detail/v0-d5181387.html）

第三节　旅游产品定价策略与技巧

旅游产品的定价需要科学的理论和方法为指导，同时由于竞争环境和旅游者的不同，还必须有高超的定价策略和技巧。旅游企业的产品定价策略就是根据旅游市场的具体情况，从定价目标出发，灵活运用价格手段，使其适应市场的不同情况，实现企业的营销目标。一般来说，旅游产品定价策略主要有新产品定价策略、心理定价策略、折扣定价策略、促销定价策略和差别定价策略。

一、新产品定价策略

新的旅游产品能否获得旅游者的欢迎，其定价策略起着十分重要的作用。而以供求弹性为基础的新产品定价策略有三种，分别是撇脂定价策略、渗透定价策略和满意定价策略。

（一）撇脂定价策略

这是一种高价格策略，即在新产品上市初期将价格定得很高，目的是在短时间内获取高额利润。这种价格策略因与从牛奶上层撇取奶油相似而得名，其所制定的价格称为撇脂价格。

采用这种定价策略要有特定的条件，主要有：①旅游产品新颖独特，旅游产品既新又特，别具一格，尽管定价较高，也能吸引“先锋型”游客；②生产技术或资源具有垄断性，生产技术或资源具有垄断性的旅游产品供给弹性小，经营者可以把产品定高价；③流行时间短，竞争压力小。

这种定价策略可以使企业在短期内获取大量利润，而且可以限制竞争者的加入；但也存在因高价导致销量很小，最终使企业亏损的情况；另外高价也难以保证企业长期利润的稳定增长。所以采用这种策略要具备以下条件：目前市场需求较多，同时市场上存在高消费的要求；制定高价不会刺激更多竞争者进入市场。

（二）渗透定价策略

渗透定价策略是一种低价策略，是指经营者在新产品投入市场时，以较低的价格吸引消费者，以便很快打开市场。

这种策略着重于实现四重目标，即既能提高销售额又能提高市场占有率，能获得规模效益，同时还能把同行竞争者挤出市场或使潜在竞争者不敢轻易加入竞争，这也需要具备一些条件：①潜在市场规模大，这是实施低价竞争的前提，如果潜在市场规模过小，分摊到单位产品中的固定成本往往很高，这会减弱企业的盈利能力；②需求弹性大的大众化产品，对于需求弹性大的旅游产品，低价会吸引大批旅游者；③企业供给能力强，一旦庞大的潜在市场被激活，大批旅游者被吸引过来后，旅游企业应有足够的供给能力去保证；④潜在竞争多,一旦某些旅游产品在市场上受到欢迎，大量的潜在竞争者会趋之若鹜，为维护和扩大市场份额，经营者时常采取低价策略以阻止或延缓潜在竞争者加入。

这种定价策略可以满足旅游者价格低廉的要求，使他们获得超值价值；阻止或减缓竞争者加入，以保持和扩大市场份额；同时以低价吸引竞争对手的购买者转向本企业；同时低价较易被市场接受，因而大多在市场初期采用这一策略，以有利于打开市场。但这种策略使得产品价格空间狭小，不易调整；如果同行竞争者跟进，易引发恶性价格战，造成市场混乱；会使旅游者形成低价低质的错觉，影响产品和企业在旅游市场上的形象。因此，运用这种定价策略要具备以下条件：商场对价格高度敏感，代价有助于市场扩展；随着销量增加和经验的积累，企业能降低产品的单位成本；低价可阻止竞争对手进入市场。

（三）满意定价策略

这是一种折中的价格策略，它吸取了上述两种定价策略的长处，制定比撇脂价格低但比渗透价格高的适中价格，既能保证旅游企业获取一定的初期利润，又能为旅游者所接受。因而由这种价格策略确定的价格称为满意价格，又被称为“温和价格”或“君子价格”。

这种策略要求旅游产品的需求弹性适中，市场产销量较为稳定，并且经营者和竞争对手不愿引发价格战，也不愿意以高价吸引潜在竞争者加入。因此，这种定价策略有利于减轻价格竞争的压力，同时也存在着既可能失去潜在市场，又可能失去高额利润的风险。

二、心理定价策略

心理定价策略是指旅游企业运用心理学原理，根据不同类型的旅游者在购买旅游产品时的不同购买心理对旅游产品进行定价，刺激旅游者购买旅游产品。

（一）尾数定价策略

这种定价策略也称为非整数定价策略，即给旅游产品定一个零头数结尾的非整数价格。由于旅游者一般认为整数定价是概括性定价，定价不准确，而尾数定价可使消费者产生这是经过精确计算的最低价格的心理；同时，消费者会觉得尾数定价是旅游企业定价认真，对消费者负责，即便是一些高价产品，也觉得不太贵了。

这种策略的适用面较宽，因为多数旅游者对旅游产品较为敏感，愿意选择他们认为价格较便宜的产品购买，同时，尾数的象征意义符合旅游者心理；尾数定价策略还适用于需求弹性大的旅游产品定价。

这种策略的优点是简单易行，带给对价格高低较为在意或图吉利的旅游者以心理愉悦，使这类旅游者乐于接受，迎合旅游者求价廉或求吉利的心理。不足之处是这种策略时常会给一部分旅游者"玩数字游戏"的感觉，反而让人怀疑价格的真实性。减少价格倍数既可能给一些旅游者带来便宜的错觉，也可能会给另一些旅游者带来"便宜没好货"的错觉，进而对产品价值、产品质量产生怀疑，不利于树立旅游产品和旅游企业良好的市场形象。还有一点不足之处是交易中找零不太方便。

（二）整数定价策略

这种定价策略是指旅游企业在定价时采用合零凑数的方法制定整数的价格。现在的旅游产品种类很多，服务又十分丰富，旅游者有时只能利用价格来辨别产品的质量，特别是对一些消费者不太了解的旅游产品，为这类商品制定整数价格会显得高价优质，提高了产品的身价，从而促进旅游产品的销售。

这种策略适用于旅游产品需求弹性适中，旅游者不太在意价格高低的情况。其优点表现为在交易时便于找零，较为简便；缺点表现为会给一部分精明的旅游者以计算不太准确、价格有水分的感觉。

（三）声望定价策略

消费水平和社会经济地位较高的旅游者往往以价格来判断旅游产品的质量。他们不计较花钱多少，反而认为多花钱，购买高档旅游产品可以提高自己的声望。因此，具有明显特色和高质量的旅游产品可以制定较高的价格，使企业的产品给消费者留下优质的印象或使消费者感到购买这种产品可以提高自己的身份地位。

采用这种定价策略所制定的价格，往往是同行中同类产品的较高价格，甚至是市场中的最高价。因此这种策略适用于知名品牌的，能满足求名心理和自我价值体现心理的，需求弹性较小的旅游产品。

采用这种定价策略，可满足游客对声望产品的需求，满足其求名心理，有利于树立良好的产品形象和取得超额利润。不足之处在于其只适用于少数高档知名产品，一般也会影响销售量，对大众化旅游产品不适用；可能会给一部分旅游者“暴利企业”的形象。

另外，采用声望定价策略应慎重进行，事先要进行详细的市场调查，考察旅游者的消费实力，研究市场所能接受的最高价格限度等，旅游企业所设置的产品高价不宜超过最高可接受价，否则会引起产品需求量的减少；另外，一定要保证这类旅游产品的质量，做到质价相符，这样才能维护企业声誉，并保证旅游者的利益。

（四）习惯价格策略

某些产品的价格长期一贯制，已在市场上形成了心理定势，旅游企业经营者对这类旅游产品定价时，就以消费者所熟悉的“习惯价”定价，这就是习惯价格策略。

对于某些价格长期固化的旅游产品，可以采用习惯价格策略，如饭店的自助餐、城市一日游线路等。采用这种策略，有利于旅游产品在市场上的销售，符合消费者的习惯和心理承受能力；但在实践中，旅游企业经营者往往会通过降质、降量等手段来赚取利润；另外，价格固化，灵活性差，如果要调整价格，首先需要改变人们的心理定势，难度很大。

（五）招徕定价策略

招徕定价策略是指旅游企业利用部分旅游者求价廉的心理，特意将某几种产品的价格定得较低，以吸引旅游者，增加对其他商品的购买，从而达到扩大销售的目的。

采用这种策略适用于图小便宜的旅游者，也适用于连带性较强的旅游产品。其优点表现为：以价廉招徕旅游者，带动整体产品销售；先予后取，提高整体利润。企业在应用这种策略时也应注意，降价的产品必须要能真正引起旅游者的兴趣，使其产生购买动机和行为；降价产品的品种和数量要适当，降价产品的质量要有保证。

（六）分级定价策略

分级定价策略指旅游企业将产品按档次分为几级，每级分别定价，以满足不同层次旅游者的需求，这样的分级定价使高档价位的高档产品可以满足高消费旅游者的优越感，而低档价位的低档产品又不致将低消费旅游者排除在外，旅游者可以按需选购。这种定价策略在旅游企业中的应用是非常普遍的。在采用这种策略时，也应注意对旅游产品的分组不宜过多，档次差别要合理，不同档次的产品在质量和性能等方面要形成明显的差异，使旅游者确信价格差别是合理的。

三、折扣定价策略

这是指在旅游产品或服务的交易过程中，旅游企业不改变产品或服务的基本标价，而通过对实际价格的调整，鼓励旅游者大量购买自己的产品或服务，促使旅游者改变购买时间或鼓励旅游者及时付款的价格策略。

（一）数量折扣

这是指旅游产品或服务的生产经营企业为了鼓励旅游产品或服务的购买者大量购买，根据购买者所购买的数量给予一定的折扣。数量折扣又分为累计数量折扣和非累计数量折扣两种形式。累计数量折扣即在一定时期内，按购买者购买的总量或总金额给予不同的价格折扣；非累计数量折扣又称一次性数量折扣，一次性购买旅游产品数量或金额达到相应折扣标准时，则给予相应折扣。

数量折扣适用于旅游企业为调动旅游中间商增加购买数量，刺激旅游者增加消费量，提高回头消费率，吸引潜在旅游者加入购买。因此，采用累计数量折扣策略有利于与客户建立长期稳定的业务关系，有助于吸引回头客，稳定常客，达到扩大销售的目的；非累计数量折扣的目的是为了鼓励增加每次购买的数量。但是数量折扣没有考虑到购买时间、地点、功能等，使用范围受到一定的限制。

因此，旅游企业在采用数量折扣策略时应注意到三点：①企业制定的享受数量折扣的标准不宜过度，应该让大多数旅游者都能有享受优惠的机会；②采用数量折扣策略的目的是通过大批量出售旅游产品以降低营销费用，增加企业利润；③规定数量折扣的价格和条件应对所有旅游者一视同仁。

（二）现金折扣

这种折扣又称付款期折扣，是指对现金交易或按期付款的旅游产品或服务购买者给予价格折扣。具体操作方式是：若买方在卖方规定的付款期以前若干天内付款，卖方就给予一定的折扣，其目的是鼓励买方提前付款，以便尽快回收货款，加速资金周转。

这种策略适用于企业用此方式加快回笼货币，对诚信度不高或不了解其诚信度的客户购买较为适用。采用这种策略有利于改善卖方现金流量，降低收账成本和呆账风险，对避免购买者恶意拖欠也有一定的作用。在具体使用时，企业应确定一个合理的界限，通常是在企业加速资金周转所增加的赢利和银行贷款利率之间找到一个合理的折扣水平，同时，企业还要规定对那些逾期仍未付款的旅游者应采取的措施。

（三）季节折扣

这是指旅游企业在淡季时给予旅游产品或服务的购买者的折扣优惠。由于淡季时旅游企业普遍出现客源不足、服务设施和生产设备闲置的情况，所以，为了吸引旅游者和增加消费，旅游企业往往就制定低于旺季时的旅游产品或服务价格，以刺激旅游者的消费。

这种策略适用于在消费时间上存在着不均衡的旅游产品。通过价格因时而异，刺激旅游者在平季或淡季购买，有利于拉平供求曲线，促进供求关系趋于平衡，提高设备利用率，增加销售量。

（四）同业折扣和佣金

同业折扣也称功能性折扣，是指旅游产品或服务的生产企业根据各类中间商在市场营销中所担负的不同职责，给予不同的价格折扣。一般说来，旅游企业给旅游批发商的折扣较大，给旅游零售商的折扣较小，这可促使批发商大量进货和进行批转业务。使用功能折扣的目的在于刺激各类中间商充分发挥各自组织市场营销活动的能力。但是，采用同业折扣和佣金无疑会使旅游产品的平均价格下降，所以旅游企业的管理人员应仔细作出计划安排，决定是否采用同业折扣和佣金，其比例为多少，只有当降价促销所带来的收入超过所需成本时，折扣价格才是可行的。

四、促销定价策略

这种定价策略是发挥促销导向的作用，以特殊价格吸引旅游者从整体上提高企业的销售收入和利润。

（一）亏损价格

这是指企业管理者制定接近成本甚至低于成本的价格来吸引旅游者，以价格低廉来迎合部分旅游者追求价格便宜的心理，借此还可扩大企业其他产品的销售。很多旅游企业都将自己产品组合中某些产品的价格定得很低，如饭店依靠免费酒水来扩大菜肴的销量等，都是这种策略运用的体现。

（二）特殊事件价格

这是指企业利用某些特定节假日、特殊活动的举行、特定事件的发生，给旅游产品适度降价来刺激消费者、扩大消费的一种做法。旅游企业运用这种策略一般会事先借助于各种媒体做广告、宣传等配合活动，将“特价”信息传递给旅游者，以引起他们的注意。

（三）产品捆绑价格

这是指企业将两项或多项产品捆绑组合在一起，以低于单项产品价格之和的整体价格出售。在旅游业中，由于固定成本较高，产品又不可储存，捆绑销售就会成为旅游企业的重要收入来源。由于可变成本并不高，如果目标市场认为价格合理，捆绑价格就会刺激捆绑产品的需求，通过这样的捆绑销售就能弥补企业的固定成本并产生一定利润。

五、差别定价策略

差别定价策略是旅游企业对同一旅游产品在不同地区、不同时期或不同用户之间确定不同的价格，目的是占领广泛的市场或有意识地开辟新的市场，以扩大销售、增加利润。差别定价策略主要包括以下几种。

（一）地区差价策略

这是指旅游企业以不同的价格在不同地区营销同一旅游产品或服务，形成这种差价主要是因为不同地区的旅游者具有不同的爱好和习惯，因而各种旅游市场就具有不同的需求曲线和需求弹性，旅游企业根据不同的需求弹性分别制定相应的价格，这就造成不同地区价格的差异。

（二）时间差价策略

这是指旅游企业对相同的旅游产品或服务，按旅游者需求的时间不同而制定不同的价格。采用这种定价策略，有利于鼓励旅游中间商和消费者提高购买频率，加强购买力度，同时可减少旅游企业的仓储费用，加速资金周转，从而使企业拥有竞争优势。

（三）对象差价策略

这是指旅游企业针对不同类型的旅游者，对同一旅游产品或服务实行不同的价格。采用这种定价策略，目的在于稳定客源，维持旅游企业基本的销售收入。有时为了开拓新的市场、增加销售收入，也会应用这种策略。

（四）产品差价策略

在激烈的市场竞争中，旅游企业所经营的产品或服务已不再单一，为满足旅游者多种多样的需要，旅游企业会同时提供不同价格、不同内容、不同形式的产品或服务，即使同一产品也可能形成不同价格的系列产品或服务，如同一饭店中可能有总统套房、行政套房、标准间等不同标准、规格和价格的客房。

第四节　旅游产品价格调整策略

市场环境和旅游者需求总是处在不断变化之中，这使旅游产品价格也会经常出现变化，这就要求旅游企业要根据现实条件适时调整自己的产品价格，并在竞争对手调整价格之后，决定作出什么样的反应。

一、旅游产品价格调整类型

在市场营销过程中，由于内部环境的变化而要求旅游企业调整其价格。这时旅游企业需要决策是否充当价格调整的发动者，即主动进行降价或提价。

降价的原因主要有：①旅游企业需要扩大销售，而通过其他营销策略来扩大的余地很小；②在强大的竞争压力下，旅游企业的市场份额下降；③旅游企业的成本低于竞争者，存在降价的空间；④出于技术进步原因而使企业市场成本大大降低；⑤旅游产品的销售进入淡季；⑥生产能力过剩，企业又无法通过其他措施增加销售时，企业可以通过降低价格消化过剩的生产能力；⑦本企业的成本费用比竞争对手低，通过降低产品的价格可以掌握市场或者提高市场占有率。

提价的原因主要有：①宏观经济环境和政策变动，当出现通货膨胀，导致物价上涨和旅游企业成本上升时，旅游企业趋于提高旅游产品的价格；②旅游产品的销售进入旺季，受旅游资源的季节性和旅游者旅行时间的季节性影响，旅游产品在一定时期内的价格会有所提高，如黄金周期间等；③特定的营销目的，比如提升企业的形象、拉开不同产品的价位差，从而带动中间产品的销售等。

影响旅游企业调整价格的因素既有宏观的也有微观的，旅游企业只有在充分考虑并分析这些因素的基础上，才能作出符合实际并有科学依据的价格调整策略。

二、价格调整的环境分析

产品价格的变动，必然会引起旅游者、竞争者和经营者不同程度的反应，使市场发生变化。

（一）旅游者的反应

旅游者会改变他们原来购买旅游产品的种类和数量。一般情况下，当某种产品的价格发生变化时，由于旅游者受到各种主客观预计的限制，使他们很难正确理解旅游产品价格的调整变化。所以，当一些旅游产品价格调低后，本来应该刺激旅游者大量、重复购买，结果却有相当部分旅游者作出相反的反应，反而减少购买。这种心理反应主要包括：认为旅游产品降价是由于品质下降造成；旅游产品过时，将有新的替代产品出现；降价幅度仍然不够；旅游企业财务困难、经营前景不容乐观等。当一些旅游产品价格调高时，本来应该能够抑止一些旅游者的需求，减少购买，结果却发现一些旅游者反而积极购买。这种心理反应主要有：旅游产品畅销才提价，不抓紧时间买就买不到了；提价幅度还不够，尽早买以防将来付出更高代价；产品质量和功能提高才提价，早买肯定不吃亏。

（二）竞争者的反应

经营者在调低旅游产品价格时，竞争者的反应主要有：价格不变，用非价格竞争进行回击，如改进旅游产品的质量、服务等；降低价格，通过价格竞争的利器进行反击。

因此，旅游企业在调整价格时，必须善于利用各种信息来源，力求掌握竞争者可能作出的反应，以便及时采取进一步的对策。

三、价格调整策略

旅游产品价格调整一方面要尽量反映内外条件的变化，另一方面还必须考虑旅游者对调价的反应，科学运用旅游产品的调价策略。

（一）降价策略

旅游企业采取降价措施时，应注意降价的幅度、频率和降价时机的选择。

1．降价幅度要适宜

降幅过小，不能引起旅游者的注意和兴趣，起不到降价的效果；降幅过大，则会引起旅游者对旅游产品质量的疑虑，同样达不到降价的目的。因此，旅游者对降价客观存在一个知觉“阈值”，旅游企业降价应在此阈值范围内。根据经验，旅游者对降价幅度在 10%～30% 的旅游产品能够正常知觉和理解。

2．降价不宜过于频繁

为避免对于旅游产品价格降幅把握不准而进行多次降价，必须保持降价后的相对稳定。

否则，容易使旅游者产生不信任的心理反应。

3．准确选择降价时机

流行性旅游产品，当流行高峰一过就要马上采取降价策略，否则失去时机后，即使降价也很难收到预期效果；对于季节性旅游产品，当时间一过就应立即采取降价措施；而一般性的旅游产品，降价的最佳时机在进入成熟期后的高峰临近时，此时旅游者对旅游产品的评价尚高，降价有可能刺激需求，延长成熟期。

（二）提价策陷

无论什么原因造成的提价对旅游者的利益总是不利的。因此，必须注意旅游者的心理反应，采取合适的提价策略。

（1）对于因成本上升而造成的提价，要尽量降低提价幅度，同时，努力改善经营管理，减少费用开支。

（2）对于供不应求而造成的提价，要在充分考虑旅游者承受能力的前提下，适当提价，切忌哄抬价格，招致旅游者抱怨。

（3）属于国家政策调整而提高旅游产品价格，要多做宣传解释，以消除旅游者不满，并积极开发替代产品以更好满足旅游者的需求。

（4）经营者为获取更多利益而提高旅游产品价格时，要搞好旅游服务，改善旅游环境，增加服务项目，靠良好的声誉满足需求。

【小资料 7-4】

凯宾斯基饭店：决不降价——五星饭店五星价

1992 年，由德、中、韩三国合资兴建的北京凯宾斯基饭店正式开业了。开业伊始，正值北京的高星级饭店群体形成之际。京广中心、港澳中心、中国大饭店等现代化饭店相继落成，而王府饭店、北京饭店等老牌饭店也完成了硬件的改造，重新加入到大竞争圈中，高档次饭店的供给迅速扩大。

有限的客源总量面临着陡然间猛增的接待规模，顿显匮乏，残酷的客源战在所难免。各大饭店纷纷施展出自己的看家本领，对准自己的优势客源区猛下工夫。有以行业背景为依托的，则通过行政手段来确保“肥水不流外人田”，如一些中央机关部门办的饭店；有背靠国际连锁集团的，如香格里拉、凯悦饭店等；也有一些百年老店，如北京饭店，则把营销重点放在了“回头客”身上。实在是既无行业优势又无历史积累的饭店就只有通过降价让利，通过拼设备、拼硬件来维持营运了。

凯宾斯基饭店则避实就虚，绕过大家都咬住不松口的国内旅游市场，先行一步进军商务客源市场，率先确定以接待商务客人和国际会议为主、辅以境外旅游客源的营销体系。同时大量优价出租公寓写字楼，以此带动客房的出租，并明确以高支付高消费型客源为主攻方向，及时退出对中低档客源的争夺战。这一点在当时的大气候下，的确需要足够的勇气和实力。

商务客源市场上的不懈努力终于得到了丰厚的回报。开业第一年饭店的客房出租率就已达 58.31％，营业收入高达 1.9 亿元，经盈利润 7970 万元，位列全国行业 50 强。

1996 年底，由于北京地区高星级饭店总量的持续扩容，市场竞争日益白热化，并再度引发了商家们最敏感的“价格大战”。少数急功近利的饭店为了眼前的利益而不惜牺牲同行们的利益，又一次举起了“降价竞争”的大旗，而且来势汹汹。一时间，饭店价格开始超大幅度下滑，严重危及到饭店正常的经盈利润，并不可避免地造成了服务管理水平的整体跌落。

凯宾斯基饭店作为当时经济效益最卓著的“排头兵”，自然也受到了“降价风波”的波及。由于受一些饭店“自杀式”的不正当竞争的影响，饭店客源组织遇到了前所未有的困难，在跌破成本的低价诱惑下，导致一些常年客源的流失。但成熟的经营者处乱不惊，在反复分析形势、仔细斟酌研究后，提出了“五星饭店五星价”的口号。他们对自己的软硬件优势充满信心，同时也深信，明智的客人在价格相同的同档次饭店中只会选择服务管理更优秀者，与其屈尊去斗价格，损人不利己，不如理直气壮地比服务，将行业竞争引入健康合理的轨道。

在这种思想的指导下，凯宾斯基饭店不但没有在淡季陷入无休止的价格战，反而保住了平均房价水平，并进一步在顾客心中树立巩固了自己的形象，凸显了自己的至尊地位。

这就是凯宾斯基人的经营之道，既充分满足顾客的愿望，又不牺牲自己的利益，同时也兼顾到整个饭店市场的稳定和发展，正所谓“利人，利己，利社会”。用凯宾斯基人的话来说就是：“每一个企业都应该有权根据自己的市场情况来灵活决定自己的价格政策，而这个价格政策应当以既有利于本饭店收入，又不损害当地旅游市场为前提”。

（资料来源：http://jpk.kf-8.com/jxzl-alxb-f.asp?showid=8）

本章小结

价格通常是影响旅游产品销售的关键因素，本章在介绍旅游产品的概念、分类、旅游产品定价影响因素和旅游产品定价程序的基础上，重点介绍了旅游产品的定价方法——成本导向定价法、需求导向定价法和竞争导向定价法，旅游产品定价策略——新产品定价策略、心理定价策略、折扣定价策略、促销定价策略和差别定价策略，还分析了旅游产品价格的价格调整的类型以及相应的策略。

关键术语

产品价格（Product Price）
产品定价（Pricing）
成本加成定价法（Markup Pricing）
目标收益定价法（Target-return Pricing）
盈亏平衡定价法（Break-even Pricing）
随行就市定价法（Going-rate Pricing）

案例分析

香港迪士尼的价格策略

香港迪士尼乐园建成后，将于 2005 年 9 月开始营业，并公布了“全球最低”的门票价格。

上海各旅行社已争相根据才出笼的迪士尼门票价格，开始设计与迪士尼相捆绑的香港游产品，迪士尼已成为激发新一轮香港游的最大卖点。迪士尼的开幕，将改变目前香港游的产品结构。由于迪士尼的吸引力更大，此前香港游的重要项目——香港海洋公园有可能渐渐淡出香港游的产品线。以前，从上海到香港游玩的游客主要是白领，目的则以购物为主。旅行社人士估计，2005 年 9 月以后，大批上海家庭和时尚年轻人将因为迪士尼涌入香港，而成为香港游的主力客流。

香港迪士尼打出的全球最低门票价对内地，乃至亚洲游客都非常有吸引力。据悉，香港迪士尼开幕后，每逢周一至周五，成人票价为 295 港元，3 岁至 11 岁的儿童票价为 210 港元，65 岁长者为 170 港元；至于周六及假日，成人票价为 350 港元，儿童票价 250 港元，长者票价 200 港元，所有 3 岁以下儿童免费。以成人票价计，东京的票价约合 393 港元；美国佛罗里达州的奥兰多是 427 港元，加州是 388 港元；巴黎是 383 港元。

香港迪士尼游人均价格为两千元。据估算，一家三口游玩香港迪士尼，大约需要花费 1000 港元。在此基础上，上海各大旅行社已加紧酝酿新的香港游产品。“按照目前机票、酒店的价格来计算，捆绑迪士尼的香港游产品人均至少 2000 元。”

2005 年 8 月底，上海国旅和上海锦旅的迪士尼首发团在价格上已经跌破 2000 元，开始特价销售。而上海中旅也确认其迪士尼首发团价格降低了 400 元。上海锦旅港澳科的董科长表示，原来迪士尼首发团的价格是 2580 元。由于上海市场反应冷淡，价格只好一降再降。目前，该旅行社已经推出 1780 元的迪士尼首发团特价，届时上海游客将在 9 月 12 日当天直接抵达香港迪士尼乐园，并参加开幕仪式。他指出，这个三天游的报价包含港龙航空来回，对传统的香港经典路线亦未删减，降价空间就在于剔除了原来的香港海洋公园景点。

不过，他表示由于旅游消费要求日益多元化，原来设计的 2580 元迪士尼旅游路线依然保留，目前该线路的报名人数大约 20 人。

对此，上海国旅港澳科的有关工作人员表示，该社与上海锦旅联合推出 2580 元迪士尼首发团，在收客上与上海锦旅差不多，也是 20 多人。而在特价上，上海国旅采取的价格也是 1780 元。她表示，这两个迪士尼产品的客人届时会在香港迪士尼乐园里会合。

显然，大部分沪上旅行社都没有迎来预期中的迪士尼热。上海中旅港澳部确认，原本标价 2480 元的中旅迪士尼开幕首发团已经降价，现在的价格是 2080 元。携程公关部的贺静也表示，目前就携程售票的情况来看，确实远未达到预期。她说，单从门票上看，广州好于北京、上海，而在“机票+酒店”产品上，正好相反。

只有上海青旅宣称战果不错，上海青旅市场部的刘小军表示，该社 2080 元的首发团已经收满 150 个客源。

业内人士分析，迪士尼游在上海遇冷的主要原因是交通成本高，而且开园时间夹在暑期和“十一”之间，很尴尬。此外，上海消费者较多的出境旅游机会也削减了他们对香港迪士尼的热情。

“迪士尼游在中原的省份异常火暴。”香港信成国际旅行社的总经理吴光伟透露，目前湖南、陕西等省的迪士尼百人团已经多达 50 个。

吴光伟说，作为迪士尼负责内地市场的包销商，信成国际的主打市场以中原地区为重点。他指出，虽然信成国际在北京、上海等两大城市均有分点，但由于目前西北各内陆省份的迪士尼热远远超过这两大城市，信成国际的业务也自然发生转移。

根据目前该旅行社的销售情况，吴光伟指出，内地各省迪士尼游以包团为主，一般都在 40 人左右，但来自湖南、河南等地的百人团也达到了 50 多个。

他表示，这些省份的游客主要在本省通过当地的旅行社联系好机票、酒店和通行证等事宜，然后由信成国际作为地接社负责到港段部分旅游。迪士尼门票和乐园酒店等产品，内地游客均在信成国际购买。

信成国际透露，根据行程和景点等各个要素的不同，信成国际对游客所收的金额也各有不同，一般该社四天三夜的报价在1500元左右。

迪士尼在内地市场的另一个包销商——万通旅运的总经理罗启邦则表示，由于香港增加了迪士尼这个新的景点，内地游客将会不可避免地延长在香港旅游的时间，这将为香港旅游业带来更多的效益。

（资料来源：http://jpk.kf-8.com/jxzl-alxb-f.asp?showid=18）

分析与思考题：

1．香港迪士尼采取了哪些价格策略？将会对游客产生哪些作用？

2．你认为香港迪士尼还可以用哪些价格策略？请说明你的理由。

复习与思考

1．影响旅游产品定价的因素有哪些？

2．旅游产品定价大致可分为几个步骤？

3．折扣定价有哪几种形式？

4．试述旅游产品价格制定的策略和方法。

第八章　旅游产品分销渠道

学习目标

知识目标

1. 了解旅游产品分销渠道的概念、类型和作用
2. 掌握中间商的类型、作用以及选择中间商的原则
3. 旅游产品分销渠道的管理内容

技能目标

1. 能分析、评价影响旅游企业分销渠道建设的各种要素
2. 能够为旅游企业设计较为合理的分销渠道

旅游产品的生产过程是旅游市场营销活动的基础和前提。旅游产品必须通过一定的市场分售渠道，经过分配过程，才能在适当的时间、适当的地点，以适当的方式提供给旅游目标市场，从而满足旅游者的需要，实现旅游企业的市场营销目标。

第一节　旅游产品分销渠道概述

一、旅游产品分销渠道的概念

菲利普·科特勒认为，分销渠道是指某种货物或劳务从生产者向消费者移动时，取得这种货物或劳务所有权或帮助转移其所有权的所有企业或个人。简而言之，分销渠道就是商品和服务从生产者向消费者转移过程的具体通道或路径。也就是说，一条市场分销渠道包括某种产品的供产销过程中所有的企业和个人。

根据分销渠道的定义，可以把旅游产品分销渠道定义为旅游产品从旅游生产企业向旅游者转移过程所经过的一切取得使用权或协助使用权转移的中介组织和个人。旅游产品分销渠道的起点是旅游产品的生产者，终点是旅游者，中间环节包括各种代理商、批发商、零售商、其他中介组织和个人等。

二、旅游产品分销渠道的类型

分销渠道可以由渠道级数来描述，每个在将旅游产品向最终消费者转移的过程承担一定工作的中间机构，就是一个渠道级，由于旅游企业和最终消费者都承担了一些工作，所以，他们都是渠道的组成部分。由于旅游市场、旅游企业、旅游中间商和旅游者等多种因素的影响，旅游产品分销渠道形成了多种状态，即使是同一种旅游产品，也可能通过不同的分销渠道进行销售。旅游企业管理者必须了解分销渠道的各种类型，以便进行分销渠道决策。

（一）直接分销渠道与间接分销渠道

根据旅游产品在流通过程中是否经过中间商转卖来划分，可将旅游产品的分销渠道划分为直接分销渠道和间接分销渠道。

1．直接分销渠道

这是一种由旅游产品生产者在其市场营销活动中不借助任何一个旅游中间商，而直接把旅游产品销售给旅游者的销售渠道，也就是所谓的零层次分销渠道。通过直接分销渠道，旅游产品生产者可以直接获得旅游者的信息，有助于改善旅游产品的信息和强化旅游企业的形象。在旅游产品直接销售量大和旅游者购买力较稳定的情况下，旅游产品生产者可以省去中间商的分销费用，以降低成本，提高效益。直接分销渠道可以划分为以下三种形式。

（1）旅游者到生产现场购买。这种旅游产品分销渠道模式为：旅游产品生产者→旅游者（在生产现场），即旅游产品生产者向来访的旅游者直接销售其旅游产品的传统模式。旅游产品生产者在其所在地扮演了零售商的角色。这种方法的好处是：旅游企业直接与旅游者联系，可清楚了解旅游者的意见和想法，有利于对旅游产品作出适当的调整和完善，树立旅游

企业的良好形象。

（2）旅游者通过各种直接预订方式购买。这种旅游产品分销渠道模式为：旅游产品生产者→旅游者（在客源地或其他非生产现场和非销售现场），即通过电话、传真、计算机预订系统直接向旅游产品生产企业预订产品。随着现代信息技术的发展和推广应用，尤其是网络技术的运用，这种模式的应用也在不断扩大。这种形式极大地方便了旅游者，也使旅游企业提高了产品的技术含量、服务水平和自身形象，节省了营销费用。

（3）旅游者通过旅游产品生产者的自设零售系统购买。这种旅游产品分销渠道模式为：旅游产品生产者→自设销售网点旅游者（在销售点现场），即旅游产品生产者通过在自己的目标市场设立销售网点，面向旅游者销售自己的产品。由于这些销售网点是旅游产品生产者自设的零售机构，因而仍属于直接分销渠道。

直接分销渠道的主要缺点是：直接分销渠道尽管没有了中间环节，但因销售经验不足或其他原因，其销售成本有可能不仅不降，反而上升；企业资源有限，因此亲自建立的销售网点有限，在很大程度上难以满足市场需求。

现代旅游企业顺应发展大趋势都重视发展网络营销，并且为提高直接销售比例和赢利水平而建立自己的直接分销系统，但是如果直接分销没有一定的经营规模或不能占有相当大的市场份额，企业就无法在激烈的竞争中求得长期的生存与发展。所以，旅游企业更多地选择了间接分销渠道，即利用旅游中间商大量销售旅游产品，以扩大市场份额，提高竞争力和经济效益。

2．间接分销渠道

这是一种旅游产品生产者借助旅游中间商向旅游者销售其旅游产品的分销渠道类型。间接分销渠道是目前最主要的旅游产品销售渠道。销售渠道越长，旅游产品市场扩展的可能性就越大，但旅游产品生产者对旅游产品销售的控制能力和信息反馈的清晰度就越差。间接分销渠道按中间环节的多少，可以划分为以下几种形式（见图 8-1 至图 8-3）。

（1）一级分销渠道。这种旅游产品分销渠道的模式为：旅游产品生产者→旅游零售商→旅游者（在旅游零售商经营现场）。旅游产品生产者向旅游零售商支付佣金，由旅游零售商把旅游产品销售给旅游者。这种分销渠道仅适用于营销批量不大，地区狭窄或单一的旅游产品，它有利于降低旅游产品生产者的成本与开支，提高经济效益。

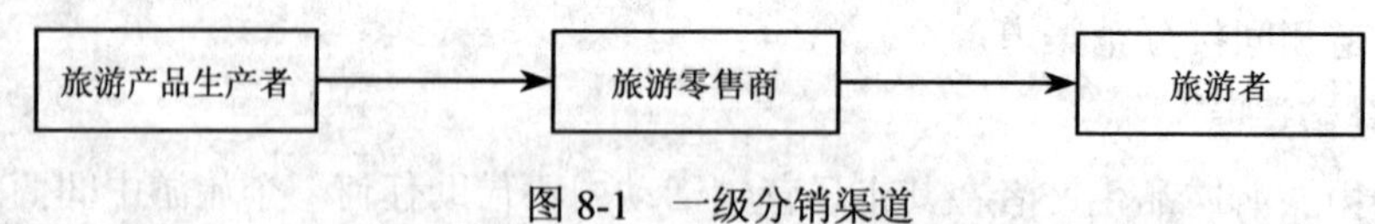

图 8-1　一级分销渠道

（2）二级分销渠道。这种旅游产品分销渠道的模式为：单项旅游产品生产者→旅游批发商→旅游零售商→旅游者。旅游批发商以批发价格采购大量的单项旅游产品，根据不同的市场需求将其组合成不同的旅游线路，并通过零售商将其销售给旅游者。二级间接营销渠道在西方国家旅游业中也是使用得较为普遍的模式之一。

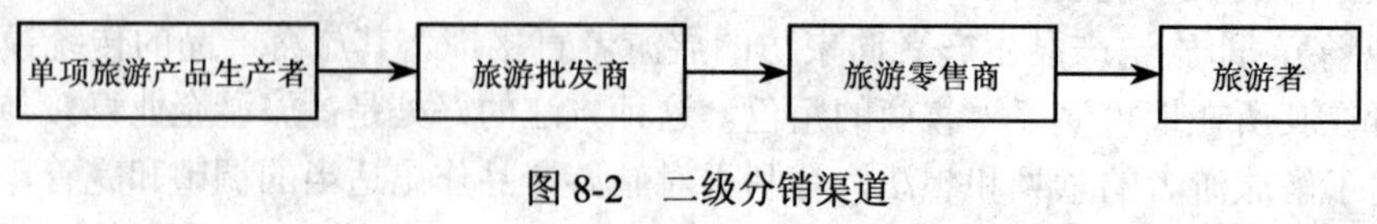

图 8-2　二级分销渠道

（3）三级分销渠道。旅游企业通过三个层次的中间商销售旅游产品，即在二级渠道中增加了旅游代理商，由它联系旅游生产企业和批发商。这种渠道类型在国际旅游市场营销中也被广泛应用。一个国家的旅游企业想进入另一个国家的市场，往往通过另一个国家的旅游代理商进行，这是因为旅游企业对另一个国家的旅游市场不熟悉，与该国旅游批发商和零售商的接触较少，必须借助代理商与该国的批发商和零售商联系。

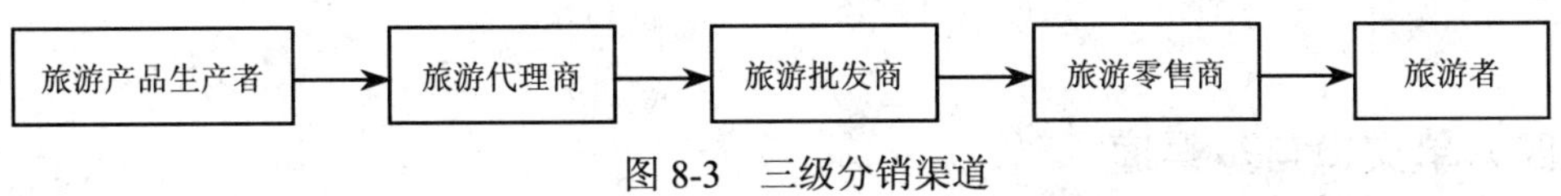

图 8-3 三级分销渠道

间接分销渠道的优点是：可以通过庞大的、错综复杂的销售网络密切贴近市场、占领市场，从而提升企业营业额；可以借助该网络系统向旅游最终消费者传播企业品牌形象和各种产品信息，有利于树立企业形象；凭借该销售网络第一时间掌握消费者的消费信息，便于企业及时调整营销策略，实现以顾客为中心。但间接分销渠道也有不足之处，如中间环节多，增加旅游产品的成本，降低企业的利润及市场竞争力；由于间接渠道较直接渠道长，旅游企业对目标市场的控制权下降；旅游中间商的服务拿走了部分利润。所以说企业应根据自身的情况选择适合自己的旅游中间商。

对于旅游企业来说，其产品究竟是采用直接分销渠道还是间接分销渠道，应全面分析产品、市场和企业自身各方面的条件，综合加以考虑和选择。表 8-1 所示的各种因素可供旅游企业在选择直接分销渠道或间接分销渠道时参考。

表 8-1 直接分销渠道与间接分销渠道的适用因素

因　素	直接分销渠道	间接分销渠道
市场	集中，范围小，购买数量大	分散，范围大，购买数量较小
产品	价高，新产品，季节性强	价低，季节性不强
企业自身	有市场营销技术，管理能力强，销售经验丰富，财力雄厚，有较强控制产品营销情况的愿望和能力	缺乏市场营销技术和经验，管理能力弱，对其产品营销的控制要求不高

（资料来源：杨益新：《旅游市场营销学》，北京，清华大学出版社，2008）

（二）长渠道与短渠道

旅游分销渠道的长度是指旅游产品从生产者到旅游者整个过程中所经过的中间机构的层次数。长短只是相对而言，层次少为短渠道，层次多长渠道。旅游产品分销渠道较短，旅游产品生产者承担的销售任务就多，也就能够较有力地控制分销渠道和进行价格、服务、宣传等方面的管理；旅游产品分销渠道较长，旅游分销工作就主要由旅游批发商和旅游零售商来完成，旅游产品生产者对旅游产品分销渠道的控制就比较困难。

（三）宽渠道与窄渠道

分销渠道的宽窄取决于渠道中各环节上选用中间商数目的多少，即同种中间商数目的多

少，某一渠道环节上中间商数目多的渠道叫宽渠道，反之，则为窄渠道。旅游产品分销渠道越宽，分销渠道的每个中间环节中使用同类型中间商的数目就越多。销售网点的增设，就是指加宽旅游产品的分销渠道。一般性、大众化的旅游产品主要是通过宽渠道去进行销售，从而可以大量地接触旅游者，大批量销售旅游产品。旅游产品分销渠道较窄，旅游产品在市场上的销售面就会受到限制，因此窄渠道一般只适用于专业性较强的或费用较高的旅游产品的销售。

（四）单渠道与多渠道

根据旅游产品生产者采用分销渠道的类型，旅游分销渠道又可分为单渠道和多渠道。单渠道是指旅游产品生产者采用的渠道类型比较单一，如所有产品全部由自己直接销售或全部交给批发商经销。有时候，旅游产品生产者根据不同层次或地区旅游者的不同情况采用不同的分销渠道。如在本地区采用直接渠道，对外地采用间接渠道，或同时采用长渠道和短渠道，这些都称为多渠道。一般情况下，作为旅游产品生产者的旅游企业如果规模较小或经营能力较强，可采用单渠道销售旅游产品；反之，则可采用多渠道，以便扩大旅游产品的销售覆盖面。

三、旅游产品分销渠道的功能

旅游销售系统具有两大功能：①拓展远离旅游产品生产者和传递地点以外的销售点的数量；②在旅游产品生产之前实现购买。具体来说，旅游销售渠道的成员应具有以下主要功能。

（1）提供销售点和便利的顾客可达性。其中包括为临时购买或提前预定作准备。

（2）信息功能。一方面分发宣传册等产品信息以供顾客选择，另一方面搜集关于市场环境的市场调研和情报信息。

（3）促销功能。建立与顾客的交流，协助补充旅游产品提供者的促销活动。

（4）接触功能。搜寻预期购买者并与其沟通，为其提供建议和购买帮助，如提供产品知识。

（5）匹配功能。适当改变产品以使其符合购买者的需求，包括分类组装和组团等功能。

（6）协商功能。通过与顾客协商，在价格和产品买卖等其他方面达成共识，从而使产品所有权或使用权转移。

（7）财务功能。接收销售收入并将其转移给旅游产品经营主体。这一过程包括获取和利用资金来弥补渠道工作成本。

（8）辅助性服务功能。有时需提供的保险、防疫建议和护照办理等辅助性服务。

（9）反馈功能。接收和协助处理顾客投诉等。

（10）风险职能。营销渠道成员尤其是旅游经销商承担开展营销活动的有关风险。

【小资料 8-1】

各国旅游企业渠道介绍

以什么样的销售渠道将产品和服务销售给最终顾客，是所有饭店营销战略的重要组成部分。所谓销售渠道，是指帮助实现旅游产品或服务从供应商向消费者转移的一系列营销或销售组织。简单地说，它是指饭店（作为供应商）如何利用旅游代理商、旅游经营商、旅游批发商、免费电话以及其他方式，向顾客销售其服务。

处于同一地区国家的旅游分销渠道的差异不是很大。美国人一般通过旅游代理商购买国际旅游产品，而在购买国内旅游产品时，却较少通过代理商。亚洲人和欧洲人对于任何旅行活动，都倾向于事先进行广泛的咨询。日本人喜欢依赖有完全组团能力和国外分销网络的大旅游经营商。如果在对饭店的选择中，旅游代理商和旅游批发商是主要的决策者或影响因素，饭店的销售和销售工作就应该直接针对这些中间商。在许多国家，与旅游中间商合作来增加客房的销售是至关重要的。

与欧洲国家的旅游代理商相比较，美国的旅游代理商较为独立，规模也较小，平均只有 3 到 6 名员工。在欧洲，集团式的旅游代理商联号比较常见，而且每个代理商拥有很多旅行顾问。例如，英国 5 家最大的跨地区代理商联号的销售额，占全部代理商的一半；瑞典两家主要代理商联号控制着 85%的代理商联号市场，相当于全国零售总额的三分之一。随着欧洲统一市场的形成，欧洲的旅游零售商将更加趋向于兼并联合。

日本的旅游行业由 10 家最大的旅游批发商控制，其中的 5 家也是位列日本最大的前 10 位旅游代理商之中。日本游客购买一次旅行，可能会经过 4 家旅游批发商；而美国的平均数是 1.6 家。日本旅游代理商组织和销售旅游团，必须得到政府的批准，目前大约有 800 家代理商得到了许可执照。这一要求的目的是，为了保证向消费者提供的单个旅游项目和包价旅游的质量和完整性。因而，日本的旅游批发商和代理商，非常重视保证其旅游产品的高质量标准。获得许可的旅游代理商，将包价旅游批发给零售代理商。

向日本市场销售分店产品，必须了解其严密与高度管制的销售渠道、保护消费者的法律、复杂的旅行设计和组织过程。因为，日本的旅游代理商一般经营完整的包价旅游产品，其中包括航空、住宿、地面交通、主题公园和城市观光等。在这种机制下，饭店要想单独向日本市场销售产品，可能不太合适，多数饭店需要和其他旅游供应商联合，来进入日本市场。

（资料来源：李翠微：《旅游市场营销学》，北京，经济科学出版社，2008）

第二节　旅游中间商

一、旅游中间商的类型

旅游中间商是指介于旅游生产者与旅游者之间，从事转售目的地旅游企业产品的、具有法人资格的经济组织或个人。由于旅游中间商在旅游市场营销中的作用不同，旅游生产企业与这些中介织织和个人的责权利关系不同，因而旅游中间商的类型也呈多样化。

（一）旅游经销商

旅游经销商是指从事旅游产品流通业务的旅游中间商，也就是说，旅游经销商是指买进旅游产品，再将旅游产品卖出的旅游中间商。旅游批发商多属于此类。旅游经销商的收入来自于旅游产品购进与支出之间的差价，一次业务收入的高低也要取决于差价的大小。旅游经销商同旅游生产者或供应者共同承担旅游市场的风险，他们的成功和失败对旅游产品生产者或供应者有着直接的影响。旅游经销商可分为旅游批发商和旅游零售商。

1．旅游批发商

旅游批发商是从事旅游产品批发的旅游（集团）公司，它大批量地购买涉及旅游产品的构成要素，如交通、饭店客房、目的地旅游企业的旅游项目等，将之组合成各种各样的包价旅游线路或包价度假、会展产品，然后批发给代理商或零售商，自己并不直接向公众出售自己组合的旅游产品。旅游批发商没有自己的零售网点，往往规模较大，数量较少。

旅游批发商不同于一般的中间商，在分销渠道中，其力量更强，作用更大，资金投入更多，同时承担更大的风险。因此，成为旅游批发商要具备一定的条件，主要有：①有满足各种经营需要的充足的资金基础；②有自身直接控制或可以依赖的组织严密、范围广大的销售网络；③有丰富的专业经营或营销经验；④在所处的旅游市场上具有良好的形象和声誉。

2．旅游零售商

旅游零售商是指从事旅游产品零售业务的旅游中间商，它从旅游产品生产企业或旅游产品批发商处以批发价购买旅游产品，再以零售价出售给旅游者。旅游产品零售商是旅游产品分销渠道的最终环节，直接联系消费者，一般规模小，数量多。

（二）旅游代理商

旅游代理商是指与旅游企业签订合同，接受旅游企业委托，在某一特定区域内代理其销售旅游产品的旅游中间商。旅游代理商的主要职能是在允许的区域内代理旅游企业，向旅游者或旅游经销商销售旅游产品和提供有关信息等，如代理饭店接受预订、宣传饭店的产品、向旅游者提供饭店的信息等。其主要收入来自于被代理企业支付的手续费或者佣金。当旅游企业需要在某一地区开拓市场或客源集中于某一地区而又无法直接进行营销活动时，可以借助于旅游代理商的营销资源优势寻求市场机会，通过向旅游代理商提供有关资料来扩大销售。

旅游代理商在旅游者选择某一项旅游产品和某一个旅游目的地的决策中起到很大的作用，因而旅游产品的生产者要为旅游代理商提供相应的支持性服务。如邀请代理商参加熟悉业务旅行，通过各种旅游代理商杂志开展以旅游代理商为目标的促销活动，提供免费拨打的预订电话，快速处理佣金支付问题等。

（三）专业媒介者

在国外，存在着许多被称为专业媒介者的中间商，主要包括旅游与会议促销、旅游经纪人、奖励旅游公司、旅游信息中心等。它们不同于经营商和代理商，主要从事旅游宣传，向旅游者提供信息服务、预订服务及旅游线路推荐服务。通常不收取佣金而是通过提供服务，在每次预订中收取一定的费用作为报酬。

1．旅游与会议促销机构

旅游与会议促销机构的主要任务是帮助代理的地区和城市招徕大型会议、研究班等，并为会议做好各方面的组织服务工作。旅游与会议促销机构既可以是完全独立的组织，也可以是政府所属的部门，或者是旅游协会的一个部门，因此其资金来源渠道很多，如政府机构、行业协会和从旅游中受益的旅游企业。

2．旅游经纪人

旅游经纪人是一个特殊的旅游中间商，它不拥有旅游产品的“所有权”，不控制旅游产品价格及销售条件，不卷入交易实力，只为旅游企业与旅游者牵线搭桥，促成双方交易，成交后，旅游企业付给他佣金，因此，旅游经纪人不承担任何风险。

3．奖励旅游公司

奖励旅游公司主要是为企业雇员或分销商提供奖励旅游，作为企业对他们努力工作的奖励。主要侧重于度假旅游胜地的旅游产品的销售。

4．旅游信息中心

旅游信息中心主要提供相关服务给旅游者。许多旅游信息中心把不同类型、特点的旅游企业的有关资料输入电脑，形成自动预订中心，旅游者可通过电话、传真和计算机等信息中心获得信息，旅游信息中心也可以把旅游产品的特点向旅游者进行详细的介绍，以达到销售旅游产品的目的。

（四）预订系统

全球预订系统（Global Distribution System ，GDS）是随着电子信息技术的发展、飞行管制的放开而发展起来的，主要是以一些大的航空公司的中央预订系统（Central Reservation System，CRS）为基本构架，旅行社、饭店的 CRS 以及其他旅游企业、组织加入，从而形成的一个世界范围内的多层次配票网络，以计算机网络技术为支持。GDS 通过通用接口使航空公司的 CRS 和饭店的 CRS 联通，为双方提供双向界面。当航空公司接到预订客房的要求时，可直接转入饭店预订系统，保证及时回复；同样，饭店接到机票预订时，也可及时与航空公司沟通。航空公司的 CRS 以世界较大的多个航空公司的机票预订体系为基础发展而来，覆盖面很广，因此能提供成本更低的预订服务。饭店的 CRS 由饭店连锁的预订中心、饭店联合体和专门的饭店预订组织构成。航空公司的机票预订系统、连锁预订中心、饭店联合体、专门的饭店预订组织既可以单独成为旅游中间商，也可以是 GDS 的一个组成部分。

二、旅游中间商的作用

旅游中间商的存在是社会分工和市场经济发展的必然要求，它可以解决生产和消费在时间、空间、数量等方面的矛盾，并可以节约社会劳动、降低产品成本、提高劳动效率及经济效益，在旅游产品流通过程中有不可或缺的作用。

（一）减少交易次数，节省时间和人力，降低费用

如果没有中间商的存在，每个产品生产者要与每个消费者进行交易，需要交易 27 次，如图 8-4a 所示；如果有中间商存在，则交易次数减至 12 次，如图 8-4b 所示。交易次数的减少，对企业和整个社会来说无疑都能节约大量开支。

（二）组合旅游产品，满足旅游者的综合性需求

旅游者在一次旅游经历中，需要诸如食、宿、游、购、行、娱等多方面、综合性的产品和服务，而任何一家旅游企业都只能提供一种或几种产品和服务，不能提供完整而全面的综合旅游产品和服务，因此只能依靠旅游中间商的调剂和组配，使旅游产品同消费需求取得一致，迅速找到自己的销售对象。旅游中间商分别向饭店、航空公司、铁路部门、旅游景点等企业批量购买单项旅游产品，再根据旅游者的具体要求进行多种形式的组合，并加上自己的服务，形成各种价格形式的综合性旅游产品，从而更能满足旅游者的综合性需求。

（三）集中、平衡和扩散旅游产品的功能

中间商利用自己广泛的渠道，把各旅游企业生产的产品集中起来，并将各种旅游产品按不同的细分市场加以平衡编配，再销售给消费者，满足消费者的不同需要。

（四）联系供求双方，促进信息沟通

旅游中间商作为旅游产品的供应者和需求者之间的桥梁和纽带，起到联系双方、促进沟通的作用。一方面，旅游中间商熟知旅游企业的产品和服务特色，可以向旅游者提供有关旅游产品的各种服务信息，加强旅游者对旅游产品和旅游企业的了解，促使其购买所需产品；另一方面，由于旅游中间商和旅游者联系广泛，并有自己的市场信息中心，更加了解旅游市场的现状和发展趋势，因此可以及时地将有关信息反馈给旅游企业，减少和避免生产的盲目性，使旅游产品更具有市场竞争力。

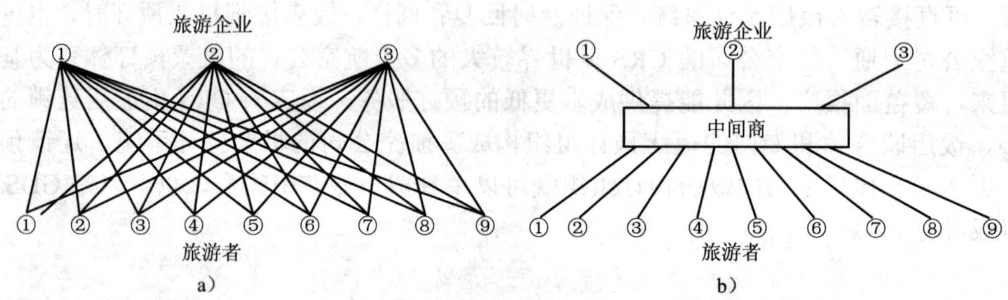

图 8-4　旅游中间商加快旅游产品流通过程图

三、选择旅游中间商的原则

选择旅游中间商是旅游产品分销渠道建设的重要环节，旅游产品生产企业在选择旅游中间商时应遵循以下原则。

（一）经济性原则

旅游企业建立销售渠道的根本目的是为了降低销售费用，追求最大的经济效益，因此是否选择旅游中间商，选择什么样的旅游中间商，首先要考虑使用旅游中间商的成本，即选择

旅游中间商所增加的销售收入是否大于为此所需的成本，并以此评价旅游中间商选择的可行性和合理性，从而选择最经济的旅游中间商。

（二）可控性原则

旅游中间商是独立经营的企业，在帮助旅游企业销售产品的同时，更注重自己的经济利益。在销售产品时，旅游中间商完全有可能为了自身的利益而损害旅游企业的利益，因此对旅游中间商的控制能力的大小，成为选择合适的旅游中间商应该考虑的重要因素。对旅游中间商的控制能力越强，越能够稳定旅游中间商，保证其在同等条件下优先销售本企业的产品，有效地维持市场份额。

（三）效率性原则

旅游企业通过向旅游中间商支付一定的佣金或代理费用，来获取更多的客源和销售收入。在选择旅游中间商时，应考察各个旅游中间商在相同时间内、相似条件下，谁能为本企业带来更多长期稳定的客源、更多销售收入、更准确的市场信息，从中选择出更有效率的旅游中间商。

（四）适应性原则

当旅游中间商成为旅游企业销售渠道的成员时，其对市场的适应能力直接影响到旅游企业的市场适应能力。一方面考虑旅游中间商的目标市场是否和本企业的目标市场一致或有交叉，以此判断旅游中间商是否了解目标市场的消费水平、购买习惯和市场环境；另一方面还要了解旅游中间商是否具有迅速的市场应变能力，当旅游市场发生变化时，是否能够及时抓住市场机会，避免市场威胁，并在最短时间内将相关信息反馈到旅游企业。

（五）便捷性原则

选择旅游中间商的基本要求之一，就是所选择的旅游中间商要有现代营销意识，最接近目标旅游市场，旅游者最容易找到他们，并方便快捷地购买所需的旅游产品，得到所需要的服务。按照便捷性原则选择旅游中间商，就应考虑旅游中间商要有足够多的网点与目标市场相适应，旅游中间商的服务态度、服务方式、服务内容、服务技术要令旅游者满意。

总之，旅游企业应该综合多方面因素，在充分了解旅游中间商的基础上，根据企业产品和目标市场的特点，选择合适的、有效率的旅游中间商，以达到企业的营销目标。

四、对旅游中间商的评估

合适的旅游中间商将推动旅游企业的产品销售。旅游企业要想选择合适的旅游中间商，必须对其进行正确的评估，以充分了解旅游中间商。旅游企业对中间商的评估主要包括：目标市场适应性评估、实力与规模评估、信誉评估和费用评估等。

（一）目标市场适应性评估

目标市场适应性评估包括经营地点的适应性，即经营地点与目标市场的接近程度，与目

标市场旅游者购买习惯的适应程度，所提供的服务与购买者希望得到的服务的适应程度，中间商与生产者的适应程度等方面的评估。

（二）实力与规模评估

对中间商实力与规模评估，不仅要看中间商网点的多少，而且要看其对生产者所提供旅游产品销售能力的强弱，有时规模大的中间商对特定旅游企业产品并不一定尽力推销，因而销售量并不大，而对于中小规模的中间商，由于特定旅游企业产品销售对其利润有举足轻重的影响，因而会竭尽全力去推销，销售量反而较大。因此，旅游产品生产者应重视中间商经营本企业产品的兴趣、能力和获利性评估。

（三）信誉评估

信誉评估指通过调研，了解中间商在旅游市场上的印象度、知名度和美誉度，并通过了解其主要合作者、银行、服务对象来了解其诚信经营的程度。对于信誉高的旅游中间商，应积极争取他们成为本企业的分销渠道成员；对于缺乏诚信的中间商应避免与之进行业务往来，以免使本企业遭受损失。

（四）费用评估

费用评估包括开辟和维持一条渠道所需费用的评估。对渠道费用进行评估，有利于旅游产品生产者保留赢利能力强的渠道，改进获利能力差的渠道，淘汰费用高、得不偿失的渠道。

【小资料 8-2】

电子商务在旅游产品分销中的应用

旅游产品分销应用电子商务，改变了其传统运作方式和手段，拓展了旅游消费的需求，使旅游业的服务不断完善，开拓了旅游服务贸易的新渠道。通过电子商务，旅游公司的业务范围由区域扩展到全世界。电子商务使传统的旅游产品分销发生了革命性变化，给旅游业带来了新的发展契机。

一、电子商务为旅游产品分销提供新渠道

电子商务的发展为旅游产品分销提供了新的分销渠道——网络分销渠道，在网络中提供旅游及其相关产品（服务）的检索和预定，从而使旅游产品（服务）实现在线销售。

（1）在线订购机票。随着电子商务的发展，传统的纸质机票已经逐渐被电子客票所取代。同时，通过银联交易系统，各大旅游产品网站向消费者提供了从查询到预定再到支付的一条龙服务，进而实现了机票的网络分销。

（2）在线预订酒店。在提供网上订票服务的同时，多数旅游网站及专业酒店预定网站都提供酒店的网上预订服务。电子商务的应用使酒店的订房量快速增加，网络分销渠道已经成为酒店销售中不可缺少的一个环节。

（3）其他产品。有些旅行产品在一般的商店中很难买到，电子商务则解决了这个难题。

二、电子商务为旅游产品分销提供资讯服务

在旅游资讯服务方面，电子商务的发展使旅游信息快速有效地汇集、传播、检索和导航，间接推动了旅游产品分销的发展。这些信息内容一般涉及景点、酒店、交通旅游线路等方面的介绍；旅游常识、旅游注意事项、旅游新闻、货币兑换、旅游目的地天气、环境、人文等信息和旅游观感等。

（1）旅游信息预报。国家旅游局在每年假期期间，以天为单位按时发布权威的旅游信息预报，其内容非常广泛，涉及交通、景点、天气等方方面面，为旅行者出游提供了方便，增长了旅游消费需求，同时也促进了旅游产品分销的发展。

（2）旅游景点开始重视旅游广告的网上投放。根据艾瑞咨询的有关调查显示，我国旅游市场只有近 5%的交易额来自网络。这与网上旅游宣传力度不够有直接关系。因此，各大旅游景点和城市的旅游网站纷纷整合各种旅游资源，通过电子商务模式，在网上发布广告、图片、宣传手册等，进行网上旅游产品的宣传和推广，并提供互动式旅游服务，包括线路介绍、价格行情、景点介绍等，以达到吸引游客，促进旅游消费的目的。

（3）旅游网站加大营销力度。携程、艺龙等网站都推出了“出游完全攻略”、“目的地指南”等栏目，为用户提供网上旅游路线预订、自助旅游计划安排、旅游目的地气象、交通信息、旅游心得交流等多种服务，从而拉动了旅游消费量的增长。

（4）出游邀约。网易、新浪等网站的旅游频道推出个性化服务，即上网寻找“驴友”。目前，这种新兴的旅游方式日益受到人们的关注与欢迎。只要通过网站旅游专题的公告栏或者某些旅游网站发布有关旅游信息，将有关出发的时间、地点、形成计划、组团人数和对“驴友”的要求等细节刊登在公告栏上，便可以借助网络找到意向相同的游伴。

三、电子商务促进旅游产品个性化分销

电子商务的发展使旅游产品个性化分销成为可能。从网上订票、预定酒店、查阅电子地图到完全依靠网站的指导在陌生的环境中观光、购物。这种以自订形成、自助价格为主要特征的网络旅游将来会成为新的旅游主导方式。个性化定制服务已成为旅游产品分销能否成功的重要因素。

电子商务的广泛应用为旅游产品分销提供了很多便利，突出表现在提供资讯服务、在线订购服务、促销平台、广告平台和全新的服务方式。旅游产品分销与电子商务的结合，使我国旅游产品市场空前活跃。与此同时，电子商务也拓宽了发展空间。

（资料来源：http://www.traveldaily.cn/news/35379_7.html）

第三节　旅游产品分销渠道策略

一、旅游产品分销渠道的选择

分销渠道选择是否恰当，对旅游产品能否进入市场实现其价值和使用价值有着重要的影响。因此，旅游企业必须掌握影响分销渠道选择的因素，采用适当的策略，来达到企业的销售目标。

（一）影响旅游产品分销渠道选择的因素

分销渠道有长有短，有宽有窄，分别适用不同的情形，而分销渠道不同，渠道内成员的关系亦有差别。旅游产品生产者或提供者在选择分销渠道时，必须对所面临的各种环境因素，包括外部环境因素和内部环境因素进行综合考虑。一般来说，影响旅游企业分销渠道选择的因素主要有以下几方面。

1．市场因素

旅游市场因素对旅游营销渠道选择的影响主要体现在市场容量和旅游者的购买量、购买频率、市场区域的范围、旅游者的集中程度和旅游者购买习惯等四个方面。

（1）市场容量和顾客的购买量、购买频率。对于市场容量大、购买量较少、购买频率较高的产品，应选择较宽、较长的渠道，以扩大销售面；而对于市场容量大、单次购买量也大、购买频率较低的产品，则可采取窄渠道、短渠道和直接销售渠道，以减少流通环节和流通费用，加快资金周转速度。

（2）市场区域的范围。产品销售的市场区域范围越大，则销售渠道就越长、越宽。这是因为当地旅游中间商对本地旅游者的需求和有关特征更为了解，便于推销工作的开展，推销效率较高。此外，实际营销费用和成本也可能明显低于直接销售。如果产品的市场范围很小或只在当地销售，那么最好选择直接销售。这是因为目标市场潜在旅游者对该项旅游产品并不生疏，直接前往购买也不感到困难。

（3）旅游者的集中程度。如果旅游者集中度高，则销售效率相对较高，宜选择较短、较窄的渠道；若旅游者较为分散，则宜选择较长、较宽的分销渠道。

（4）旅游者的购买习惯。在选择分销渠道的过程中，不可忽视目标市场旅游者的购买习惯。如果他们喜欢直接购买，应以直接销售渠道为主；如果他们非常信赖当地的旅游零售商，那就应该充分发挥旅游零售商的作用。此外，旅游产品的季节性对销售渠道选择也有一定的影响。

通常情况下，旅游企业应与同类竞争者采用相同或相似的渠道。但如果竞争者已经控制了某些分销渠道，企业就应另辟蹊径，避开竞争对手进行营销。

2．旅游企业自身因素

旅游企业的商誉与资金、规模、经营能力、服务能力和控制能力对旅游销售渠道的选择有重大影响。

（1）企业商誉与资金。通常企业的商誉越好，资金越雄厚，就越有条件自主选择各种销售渠道，甚至可以建立自己的销售网络体系，不需要借助中间商的力量；反之，一些知名度较低且资金紧张的中小企业，则必须依赖中间商提供各种销售服务。

（2）企业的规模。大型旅游企业组织接待能力强，赢利目标要求的销售量也比较大，为此，这些企业有必要寻找和建立较宽、较长的销售渠道，以尽可能多地招徕旅游者。中小型旅游企业则相反，赢利所需的客源量不大，潜在旅游者又相对集中，如采用长而宽的销售渠道，既增加销售成本，又无效率可言，故而应以直接销售为主。

（3）企业的经营能力。如果企业自身有足够的销售能力，或者有丰富的销售经验，就可以少用或不用中间商；反之，若企业的销售能力小，就要依靠批发商或零售商来帮助推销产品。

（4）企业的服务能力。若生产企业有较强的服务能力，能够为最终消费者或用户提供更多的服务，可以选择较短的分销渠道。

（5）企业的控制能力。企业要更有效地控制分销渠道，应选择较强的分销渠道。

3．旅游产品因素

旅游产品因素在其性质与种类、档次与等级两个方面影响和制约着旅游分销渠道的选择。在旅游产品的性质与种类方面，一般来说，像餐厅、景点、旅游汽车公司等企业，主要采取直接销售渠道，像度假饭店、包机公司、游船等企业，尤其是经营跨国旅游业务的旅游企业，往往选择间接销售渠道来开展市场营销活动。在旅游产品的档次与等级方面，档次较低的大众化旅游产品的购买者多，市场面广，特别是异地旅游产品大多是“第一次消费”和“一次性消费”，产品和旅游者联系比较松散。因此，大众化的旅游产品宜采用长而宽的销售渠道；高档次旅游产品购买者少，且其中回头客占有很大比例，产品与顾客联系较为紧密，因而，价格贵的豪华旅游产品或某些特种旅游产品选择短而窄的销售渠道。另外，处于生命周期不同阶段的旅游产品也应采用不同的分销渠道，如处于投入期的新产品常采用短而窄的分销渠道。

4．宏观环境因素

宏观环境因素主要包括人口状况、经济水平、政治状况、法律状况、自然条件、技术条件等，它们会影响旅游企业的营销渠道决策。如经济不景气时，市场需求不足，旅游企业为节约成本，往往减少渠道环节；经济环境良好时则可适当增加营销渠道，以扩大供给面。自然环境的影响主要表现为产品的地理区位及可进入性方面。若旅游企业或产品所处区位好，可进入性强，则可采用短渠道，反之则宜利用中间商销售。

5．中间商因素

旅游产品生产者能否找到理想的旅游中间商，这是选择分销渠道所要考虑的重要问题。理想的旅游中间商能为旅游购买者带来便捷，所承担的营销职能与生产者的需要相符，熟悉生产者所提供的旅游产品，在目标市场旅游者心目中形象较佳，合作意愿强，营销能力达到生产者的期望，费用适中。旅游产品的生产者如一时难以找到理想的中间商，则不得不采取直接营销渠道。

（二）旅游产品分销渠道的选择策略

旅游产品分销渠道是受多种因素的影响而形成的，因此，在制定旅游营销渠道选择策略时，首先必须认真分析、研究对分销渠道产生影响的那些因素，然后根据分析、研究的情况，制定旅游分销渠道的选择策略。

1．直接分销渠道与间接分销渠道策略

对于直接分销渠道或间接分销渠道的选择，实际上是要回答用不用中间商这一问题。这一问题的回答取决于很多因素，如产品因素、市场因素等，但关键还是要看经济效果因素，这包括利用中间商的销售量或销售额、 建立与维护渠道所支出的必要的营销费用两个方面。企业要把间接销售的经济效果与直接销售的经济效果进行比较，再作出选择。但在实际工作中，由于旅游产品是组合配套产品，具有不可储存性和时效性，面对的目标市场范围较广，目标顾客数量众多且分散，因此，旅游企业通常会采用两种渠道策略并存的方式来销售旅游产品。

2．长渠道与短渠道策略

旅游产品的供给在选择长短渠道策略时，要考虑产品、市场及供给者本身等因素，一般当旅游产品的供给者有较强的营销能力和经济能力，有控制渠道的较强愿望，地理位置接近市场中心，营销实力较强，推销经验丰富，旅游产品季节性强，知名度高，或找不到适当的中间商时，有必要减少渠道环节，采用较短的渠道；反之，则选择较长的渠道。此外，还应从经济效益上对渠道的长短进行比较，看哪一种策略实施起来经济效益最好。

3．宽渠道与窄渠道策略

分销渠道长度设定之后，旅游企业还应对每个环节中间商的数量，即渠道覆盖能力进行选择，这实际上是确定渠道的宽度，一般有密集型营销、选择型营销和独家营销三种策略。

（1）密集型营销。密集型营销指广泛而不受任何限制地选择旅游中间商加入分销本企业旅游产品的行列。密集型营销的优点在于，市场覆盖面广，灵活性强，旅游者购买旅游产品较为方便，而且一般不会受到某一个旅游中间商经营失利的严重影响，因此，广泛性分销比较适合大众化的产品。在主要目标市场采用密集型营销，效果往往更为明显。

但在实际工作中，要注意三个方面：①旅游产品生产企业与中间商的关系较为松散，与中间商的合作不固定，会不断变化；②中间商销售企业的产品不专一，不愿承担任何宣传促销费用；③渠道成员较为复杂，生产者不易控制渠道，个别渠道成员的服务质量下降可能会影响生产企业的形象。

（2）选择型营销。选择型营销指旅游企业只选择那些素质高、营销能力强的中间商销售其产品。这种策略介于独家营销和密集营销之间，比较适用于价格较高，或数量有限的旅游产品，因为它要求中间商有较强的销售能力，并具备相应的专业知识，能给消费者提供针对性服务。

（3）独家营销。独家营销是指旅游企业在一定时间、一定市场区域内只选择一家中间商销售其产品，授予该中间商独家经营权。这种策略的优点是：生产企业和中间商关系密切，由于产品的销售情况直接关系中间商的利益，因此中间商对产品的销售尽心尽力。不足之处是：生产企业对中间商的依赖较大，若中间商出现问题，会影响产品在中间商所在地区整个市场的销售；在一个地区仅设一家中间商，可能会失去很多潜在顾客。

二、旅游产品分销渠道的管理

旅游企业考察完可供选择的渠道并选定渠道策略后，就必须着手对渠道进行管理，包括挑选和激励各渠道成员，对渠道成员的表现进行评价和及时调整渠道成员等。

（一）选择渠道成员

旅游企业一旦确定选择使用间接分销渠道后，就面临着选择中间商等渠道成员的问题。选择渠道成员时要考虑客户需求、公司吸引渠道成员的能力、渠道成员的绩效等因素。

1．了解客户需求

渠道成员的选择开始于对不同目标市场客户需求的考虑。企业必须了解客户所需的服务是什么，并在满足客户需求与所需成本和可行性之间取舍权衡，只有这样才能设计出一个有效的渠道模式。

2．了解自身吸引渠道成员的能力

企业吸引合格渠道成员的能力是有差别的。企业要了解自身的核心价值大小，能为渠道成员提供哪些经销政策，这些因素对选择渠道成员有重要影响。

3．评估渠道成员的绩效

每种渠道方案产生的销售量和成本不同，渠道成员带来的业务量必须能够抵消渠道成员的运作成本，这些成本包括直接成本和机会成本。

企业必须定期评价其渠道成员的绩效。如果渠道成员不能像预期那样运行，企业应进行调控，使之达到预期的效果。

（二）激励中间商

选择了合适的中间商后，旅游产品生产者还要努力营造一个和谐、合作的工作氛围，通过支持与激励，与中间商建立真诚紧密的关系，促进其工作积极性，更好地满足旅游者的需求，使旅游企业获得更大的利润。

激励中间商应以适度激励为基本原则，尽量避免过分激励和激励不足，前者可能导致销售量提高而利润却下降，后者会影响中间商的销售积极性。一般来说，激励方法可分为两种，即正刺激和负刺激。放宽信用条件、提高销售佣金等为正刺激；惩罚中间商甚至终止合作关系等属负刺激，使用负刺激时应注意可能会对其他成员造成的消极影响。

对旅游中间商进行激励主要表现在以下几个方面。

1．产品支持

根据互利原则和合约规定，尽可能保证向旅游中间商提供质量高、利润大的热销产品，特别是在旅游旺季时期。因为，在旅游中间商看来，获得这样的产品是供应者对他们工作、能力的重视和支持，这就在客观上激励旅游中间商进一步努力工作，加强与供应者全面、长期地友好合作。同时，还要经常征询中间商关于产品的意见和建议，不断对产品进行改进。

2．利润激励

经销或代理某种旅游产品所能获取的利润是中间商最关心的。在定价时，旅游企业必须充分考虑中间商的利益，向他们提供一些增加收入的机会和条件。比如，针对其财力、信用及订货数量等情况给予相应折扣，以保证中间商能获取理想利润，还有奖励超额销售、优惠大批量购买、及时传递获利信息等。

3．营销活动支持

旅游企业要帮助旅游中间商增强营销能力，如培训旅游中间商销售人员、提供人财物方面的有偿支援等。甚至为其分担部分广告宣传费用，或根据中间商的销售业绩给予不同形式的奖励，以激发中间商对本企业产品的促销热情。

4．资金支持

旅游企业为中间商提供一定的资金支持，能缓解中间商的资金紧张问题，并增强他们大批量购买、销售本企业产品的信心和决心。旅游企业所提供的资金支持主要有售后付款、分

期付款、直接销售补偿等几种形式。

5．信息支持

旅游企业有必要定期或不定期地与中间商联系，及时和中间商沟通生产方面的信息，帮助其制定相应策略，使其能有效地安排销售。

（三）评价旅游中间商

旅游企业应采取切实可行的方法，对中间商的工作绩效进行检查与评价，主要表现为定期评估旅游中间商的销售指标完成情况、旅游中间商为旅游企业提供的利润额与费用结算情况、旅游中间商推销旅游产品的积极性、旅游中间商为旅游企业竞争对手工作的情况、旅游中间商对旅游企业的宣传推广情况、旅游中间商对旅游者的服务水平、旅游中间商之间的关系及配合程度、旅游中间商占旅游企业销售量的比重大小等方面的状况。通过评估，旅游企业可以了解旅游中间商工作中的优势与不足，并采取相应的激励措施进行分销渠道结构调整。

（四）调整或改进分销渠道

当旅游市场状况发生变化，或者旅游中间商业绩不佳而影响旅游企业营销目标的实现时，就要及时调整旅游分销渠道。旅游企业调整旅游分销渠道的方式主要有以下三种。

1．增减旅游分销渠道中的旅游中间商

当旅游企业的销售策略发生改变，如将独家营销渠道改为密集型销售渠道，或将密集型分销渠道改为选择型分销渠道，旅游分销渠道的宽度都会发生相应改变。另一方面，旅游企业可以剔除效率低下、对分销渠道整体运作有严重影响的旅游中间商，或增加较为合适的旅游中间商。

2．增减某一旅游分销渠道

从提高分销效率的角度考虑，旅游企业可以缩减一些分销作用较小的渠道，而且可以根据市场的变化相应增加或减少一些渠道，以便更有效地实现分销目标。

3．改变整个旅游分销渠道

改变整个旅游分销渠道，即放弃原有的旅游分销渠道，建立新的旅游分销渠道。当旅游企业对原有的营销组合实行重大调整时，或者原有的旅游分销渠道功能严重丧失与混乱时，都有必要对原有的旅游分销渠道进行重新设计与组建。旅游企业应通过细致的调查研究，谨慎作出决策。

【小资料 8-3】

旅行社联合打造海南“蜜月岛”形象

从国庆节开始，越来越多的新人在海南岛享受新婚蜜月游，海南省婚庆蜜月专项产品成为2009年冬季海南省旅游界的新主题。

11月17日下午，省旅游发展研究会组织8家婚庆专业化旅行社共聚一堂，就婚庆蜜月产品开发、设计、推广等举行座谈会，希望掀起海南婚庆蜜月产品新一轮开发与推广热潮，而旅行社希望能够在政府的支持和组织下，抱团出击，树立海南“蜜月岛”新形象，打造海南蜜月婚庆品牌。

1．岛外新人钟情三亚

据不完全统计，每年有超过千对岛外新人在三亚举行婚礼，而近年来随着海南知名度的提升，婚庆蜜月游呈现逐年上升趋势，而岛内8家从事婚庆蜜月游的旅行社，去年接待的婚庆蜜月游客都超过千对。

在海南省主要推广婚庆蜜月游的8家旅行社中，各家旅行社都大打浪漫牌，希望用细致的服务给游客留下深刻印象，如送花环、水晶手链、烛光晚餐等。同时，结合各自优势，各大旅行社推出不同特色的主题产品，如主要面对高端市场的海南完美假期旅行社主打海底婚礼；海南康泰旅行社在产品中融入民俗婚礼，而导游则变为婚庆司仪，调动新人们的蜜月氛围；海南雁南飞旅行社则主推婚纱摄影。

2．省内旅行社精诚合作

在海南省8家经营婚庆蜜月游的旅行社中，各自的定位又有不同。海南完美假期旅行社总经理龙鹏坦言，作为海南推广婚庆产品最为成功的旅行社之一，前期推广并不容易，需要很长的市场培育期，目前旅行社专门有12名专职人员设计推广婚庆游产品。龙鹏建议，各家旅行社应专门侧重开发一类婚庆蜜月产品，然后走合作共赢之路。

海口民间旅行社目前与完美假期旅行社尝试“互通有无”。今年，完美假期旅行社每月都能接到两三对从民间旅行社介绍过来的新人，因为民间旅行社的婚庆蜜月产品更偏重蜜月游，而完美假期旅行社的亮点则是婚庆。对于那些追求浪漫、讲求个性的游客，民间旅行社主动把他们介绍到完美假期旅行社。

海南康泰国旅常务副总经理张强就表示，目前省内婚庆蜜月游大多还是在常规线路上进行改进，这是传统旅行社的长项，而对讲究个性的高端游客，这些产品显然不能满足他们的需求，这些游客就可以介绍给完美假期旅行社。同时，完美假期旅行社推出的8000元/对的婚庆产品，显然不是大部分游客可以承受的，完美假期旅行社就可以把一些游客再介绍给其他旅行社。

3．期望打造“蜜月岛”

在座谈中，各家旅行社都表示，虽然婚庆蜜月产品发展前景看好，但旅行社单打独斗非常不容易，如岛内目前就缺少相应的酒店、娱乐等配套设施，希望婚庆蜜月游能够推动各景区、酒店和其他相关设施也向主题化方面发展。

“希望政府能够搭建平台，如在岛外主要客源市场举办专场推介会，打造海南‘蜜月岛’品牌。”海南雁南飞旅行社总经理许允泰建议。海南“蜜月岛”形象已经呼之欲出，各相关旅游企业应在政府、协会的组织下抱团出击，扩大市场影响力。

完美假期旅行社则建议，政府应组织相关旅游企业参加国内重要婚庆活动，如国际婚博会，这样推介会更有针对性。完美假期旅行社虽然已经连续参加三届，但毕竟势单力薄，而目前国内还没有省市去打造这一品牌，海南如果整体出击，效果应该会非常明显。

（资料来源：杨春虹：《旅行社联合打造海南“蜜月岛”形象》，载《海南日报》，2009年11月20日）

本章小结

本章介绍了旅游产品分销渠道的基本知识，包括分销渠道的概念、类型和功能，以及对旅游产品分销渠道的选择策略和管理策略，重点对旅游中间商的类型、作用和中间商的评估原则进行了介绍。

关键术语

营销渠道（Marketing Channel）
旅游经销商（Wholesale Tour Operator）
旅游批发商（Tour Wholesaler）
旅游零售商（Tour Retailer）

案例分析

甩掉携程

“国内酒店管理集团只有金陵一家敢跟携程脱离关系。”金陵饭店股份公司首席信息官朱明生说，“因为携程的佣金太高了。”金陵饭店与携程的合作在 2007 年初宣告结束，当时引得国内酒店业一片哗然。

金陵如此“牛气”的原因来自旗下各酒店客源结构的改变。与国内一些酒店高达 30%的客源来自携程或艺龙等渠道商不同，金陵饭店通过 IT 平台整合了多种订房渠道，“冲淡”了一家独大的渠道格局。“等明年我们针对中小订房渠道的电子商务网站发展起来，金陵的渠道结构会更健康，任何一家渠道商的退出都不会对我们的业务造成影响。”朱明生说。

2006 年，金陵饭店本部的纯利润居南京市五星级饭店的第一，远远超过排名第二的酒店。2007 年 7 月，全球酒店业的权威杂志《HOTELS》发布了 2007 年度全球酒店业 300 强的排行榜，金陵连锁酒店以 10318 间客房、43 家酒店名列第 73 位，跻身全球酒店业 100 强。

“目前，多渠道合作和管理是我们提高收益的一个主要措施。”说这话的人不是金陵饭店的 CEO，而是其 CIO 朱明生。他是学计算机软件的，在技术应用上处处讲求“IT 要为经营服务”。

近几年，国内酒店行业存在的最大的问题就是主流渠道垄断了酒店客源，一些酒店 30%以上的客源都由携程、艺龙等电子商务网站提供。因此，如果携程想做活动或提高佣金，成员酒店基本上要无条件答应。朱明生认为，这种状态会使酒店受制于渠道，并不健康。他希望，金陵的成员酒店可以拥有大中小型的多种渠道，其中任一渠道退出或不合作都不会影响酒店的生意。在互联网时代，达成他这种愿望的条件已然具备，那就是发展电子分销。

2004 年，当朱明生想为金陵打造全球分销系统时，系统中最核心的中央预订系统在国内尚无成功应用的先例，国外软件公司的系统过于昂贵，金陵负担不起。最终，朱明生决定采取合作研发的模式构建分销平台，就这样做出了国内第一套拥有著作权的中央预订系统，并于 2005 年成功上线，由最初的连接 4 家酒店，到 2005 年底覆盖了当时金陵旗下的所有酒店。

之后，围绕中央预订系统，金陵又搭建了自己的电子商务网站，在网上开通了真正意义上的订房系统——客户可以直接从网上查到金陵任何一家酒店的房间状态和实时房价。在2005年，国内同类订房网站大多采用的是预留房模式——酒店预留给网站的客房一旦销售完，就会显示客房已满，但实际上，酒店可能还有空房。而金陵的这个网上订房系统是真正打通上下游的无缝平台。此外，金陵还建设了呼叫中心，为金陵旗下所有连锁酒店提供预订服务。包括中央预订系统、会员系统、网站、呼叫中心在内的整个IT体系，组成了金陵的全球分销平台。2006年，其搭建完成后，朱明生的工作重心转移到对平台的上下游进行更广泛的连接：向下，把更多的酒店连接进来，形成所有酒店跟集团系统的无缝对接，客人的预订能实时传递到各成员酒店；向上，则将系统跟更多的渠道对接，形成真正的全球电子分销网络。

今年，朱明生的重头戏是与美国Pegasus公司创立的世界最大的Switch技术平台进行无缝对接，从而间接与GDS（Global Distribution System，全球分销系统）连接。GDS系统在全球酒店业与旅游业中享有盛名，其4大预订系统被全球45个国家使用，全球50万家旅行社是该公司的会员，可向5.3万家旅馆进行预定。每年，通过GDS系统成交的旅游订单金额超过750亿美元，约占全世界酒店预定总额的40%。加入GDS，就等于与全球50万家旅行社签订了订房合作协议。如今，金陵饭店已成为国内酒店业第一家跟GDS作无缝对接的酒店集团。

金陵在国内的渠道扩张也是通过IT展开的。如今，朱明生已与国内知名的几家旅游分销网络，如ChinaOnline（畅联）、德比、12580等实现了系统对接。

目前，金陵旗下的成员酒店仅几家年平均入住率超过75%，其余酒店仍有很多空置客房。朱明生下一步的想法是将酒店销售人员无暇维护的数十万家中小订房渠道也纳入麾下。他正在构思一个电子商务平台，让这些每月只能提供很少客源的中小渠道商可以在网上自助订房、自动结算，在不增加金陵销售部编制的情况下，容纳更多的渠道进来。“将来中小渠道贡献的客源应为80%。我希望通过对他们的整合，可以使每家酒店的平均入住率达到80%以上。”朱明生认为，这样可以进一步降低核心渠道对金陵的影响，使企业的整个渠道结构更健康。

“目前，多渠道合作与管理是提高收益的一个主要措施，但在将来，我们的酒店平均入住率达到80%以上时，客房资源会发生争抢，那时我准备开发一个收益管理系统，看怎样才能获得更高的收益。IT对于业务的支撑是不断升级的。”

（资料来源：周应：《甩掉携程》，载《IT经理世界》，2007年第22期）

分析与思考题：

以金陵饭店为例，讨论旅游企业应如何建立与管理分销渠道？

复习与思考

1．旅游产品分销渠道有哪些类型？

2．旅游产品分销渠道有哪些功能？

3．若你是一名销售经理，你将如何选择旅游产品的销售渠道？

4．旅游产品中间商在销售渠道中起着什么样的作用？旅游企业要获得成功，应该如何选择旅游产品中间商？

第九章　旅游产品促销策略

学习目标

知识目标

1. 掌握旅游产品促销的概念
2. 了解各种促销方式的特点与作用
3. 旅游促销组合策略的概念和影响因素

技能目标

1. 分析和评价各种旅游促销方式的特点及适用条件
2. 能初步为旅游企业设计一套促销方案

现代市场营销中除了产品、价格、渠道外，另一个重要的因素就是促销。除了适销对路的产品，吸引人的价格，目标顾客易于获得他们所需要的产品外，企业还要控制其在市场上的形象，设计并传播有关产品的众多信息，也就是说，需要以企业和产品的积极方面去影响消费者的态度和观念。因此，企业必须高度重视与中间商、客户等进行沟通。

第一节　旅游产品促销概述

一、旅游产品促销的概念

（一）促销的概念

促销，即促进销售，是指企业通过人员推销或非人员推销的方式，向目标顾客传递商品或劳务的存在及其性能、特征等信息，帮助消费者认识商品或劳务所带给购买者的利益，从而引起消费者的兴趣，激发消费者的购买欲望及购买行为的活动。

促销本质上是一种通知、说服和沟通活动，是谁通过什么渠道（途径）对谁说什么内容。这种沟通说服有几种途径，如雄辩式说服、宣传式说服和交涉式说服。各种说服方式的目的在于沟通，菲利普·科特勒认为，沟通的构成要素包括信息发送者（即信息源）、编码、信息和媒体、解码、受众、反应、反馈和噪音等，如图 9-1 所示。

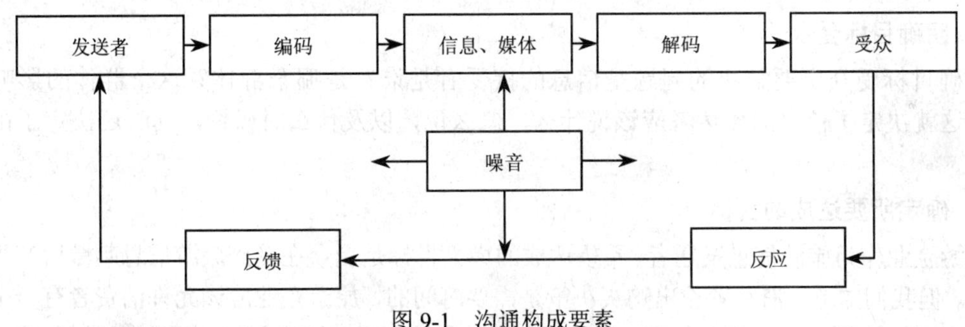

图 9-1　沟通构成要素

（二）旅游促销的概念

旅游促销是指旅游企业通过一定的传播媒介和方式，将旅游企业、旅游目的地及旅游产品的信息传递给旅游产品的潜在购买者，促使其了解、信赖并购买自己的旅游产品，以达到扩大销售的目的。旅游促销的实质就是要实现旅游营销者和旅游产品潜在购买者之间的信息沟通。其原理就是采用广告、营业推广、人员推销和公共关系等方式不断向购买者传递企业、产品和服务的信息，以形成外界刺激，激发购买者的欲望，促使其采取行动。

（三）旅游促销的作用

旅游促销作为一种沟通手段，其目的在于传递有关产品的信息并最终销售产品。具体来说，旅游促销的作用表现为以下几点。

1．提供旅游信息

这是旅游促销的基本功能。旅游地或旅游企业在何时、何地和何种条件下，向何种消费者提供何种旅游产品，是旅游促销活动所要传递的基本信息。潜在旅游者正是通过这些信息了解、熟悉旅游地或旅游企业的何种旅游产品能满足其需求，以及在何种条件下才能满足其需求。

2．突出产品特色，塑造与众不同的形象

相互竞争的同类产品往往差别不甚明显，尤其是作为无形服务的同类旅游产品的差别更不易被旅游者所分清。旅游促销的目标之一就是要为产品创造一个具有特色和个性的形象，使产品从竞争者中脱颖而出，促使消费者作出购买决策。

3．刺激旅游需求，引导旅游消费

旅游产品作为高层次的非一般生活必需品，其消费需求弹性大、波动性强，具有一定的潜在性和朦胧性。通过生动形象、活泼多样的旅游促销手段，可以强化旅游消费需求，甚至创造和引导特定旅游产品的消费需求。

（四）旅游促销的实施过程

旅游营销者在策划促销活动时，不仅需要考虑所计划传递的信息，还需要考虑如何才能向潜在购买者有效地传递这些信息。这就要求营销者必须认真分析自己产品的特点，了解该产品的现行定位和在潜在购买者心目中的现有形象。具体来说，其过程如下。

1．明确目标受众

明确目标受众所要解决的问题是信息的接受者是谁？是哪个群体？这个群体的影响者是谁？这就决定了信息的传达者应该说什么、怎么说，以及什么时候说，同时还决定了由谁来说。

2．确定所要达成的目标

旅游企业作为旅游信息发送者，希望达成的最大目标是受众在受到旅游信息刺激后产生购买行为。但我们知道，消费者作出购买决策是需要时间的，旅游企业应该允许消费者有一个从接受到购买的过程。按反应层次理论，潜在购买者在付诸购买行动之前，通常要经过知晓、认识、喜爱、确信和购买等阶段，而且在每一个阶段，消费者选择接受信息的侧重点是不同的，旅游企业要应根据处于不同阶段的消费者的特点，确定该阶段期望消费者作出的反应。

3．确定所传递的信息

旅游企业在明确了所要达成的促销目标后，旅游经营者就要拟定有效的信息。经营者都希望旅游信息一传递给目标受众就会使其购买，实际上这种可能性极小，多数情况是目标受众接受信息后，会经历“引起注意—提高兴趣—激发欲望—进行购买”这一过程。同时还要注意旅游信息的内容、结构及其表达形式的选择。

4．确定传递信息的媒介

信息传递可通过广告、营业推广、人员推销和公共关系等多种手段进行，其中又有很多媒介可供选择，各种手段及媒介有各自的优缺点及适用条件，企业应根据产品及服务的特点选择使用。

5．选择信息源

信息源即发送信息给信息接受者的人。一个理想的信息源可以使所传递的信息具有较强的吸引力和可记忆力，能产生较好的促销效果。

6．收集反馈信息

旅游信息沟通有广告、营业推广、人员推销和公共关系等四大策略。在上述沟通策略中，各种不同的策略组合各有其优缺点。实际沟通效果如何，目标旅游市场受众的态度发生哪些有利于沟通者的变化，如何做得更好，旅游企业需要密切注意对这些沟通信息的反馈，调整改善沟通策略，以不断提高沟通效果。

7．编制促销预算

旅游营销需要一定的投入，要实现一定的目标必须投放一定的促销费用。为使有限的促销费用更有效地发挥作用，编制科学的促销预算是十分必要的。编制预算的常用方法有四种：①量入为出法，即旅游企业应确定可以拿出多少资金用于促销费用；②销售百分比法，即旅游企业把销售额或销售价的一定百分比作为沟通与促销费用；③竞争对策法，即参照主要竞争者的促销预算来编制本企业的促销预算；④目标任务法，即旅游企业首先明确所要达到的目标及为此必须完成的任务，在此基础上测算所需要的费用。

8．促销组合策略

在确定促销费用后，旅游企业还要把费用合理分配于广告、营业推广、人员推销和公共关系等具体促销方式中，各种促销方式作用不同，且又有一定的互补性、替代性。旅游企业在促销预算费用的分配方面一般不能平均分配，而要根据不同旅游产品、不同时期、不同目标受众而有所侧重。

二、旅游促销组合策略

所谓旅游促销组合，是指旅游企业有目的、有计划地将广告、营业推广、人员推销和公共关系等促销手段进行灵活选择、有机组合和综合运用，形成整体的促销攻势。由于各种手段都有其不可避免的利弊之处（见表9-1），因此在整个促销过程中，旅游企业必须根据自己的营销目标和所处的营销环境，灵活地选择、搭配各种促销手段，制定旅游促销组合策略，以期提高促销的整体效果。

表9-1　各种促销方式的比较

促销方式	优　　点	缺　　点
广告	辐射面广，可根据产品特点和消费者情况灵活地选择广告媒体，并可多次重复宣传	信息量有限，说服力较小，消费者对产品的反馈情况不易掌握，购买行为滞后
营业推广	刺激强烈迅速，吸引力大，能起到改变消费者购买习惯的作用	刺激时间较短，有时会导致消费者的顾虑和不信任，产生逆反心理
人员推销	直接面对顾客，有利于交流与沟通，便于解答顾客提出的各种问题，促成及时成交	成本高，对推销人员的素质要求高
公共关系	易获得公众信任，建立企业和产品的形象和信誉	见效缓慢，需经常推动

（一）旅游促销组合策略的类型

旅游促销组合策略有三种，不同策略对各种促销方式的重视程度是不相同的。

1．推式策略

推式策略是指利用推销人员与中间商促销将产品推入分销渠道，也就是说，生产者将产品积极推到批发商手中，批发商又积极地将产品推给零售商，零售商再将产品推向消费者，其程序如图 9-2 所示。

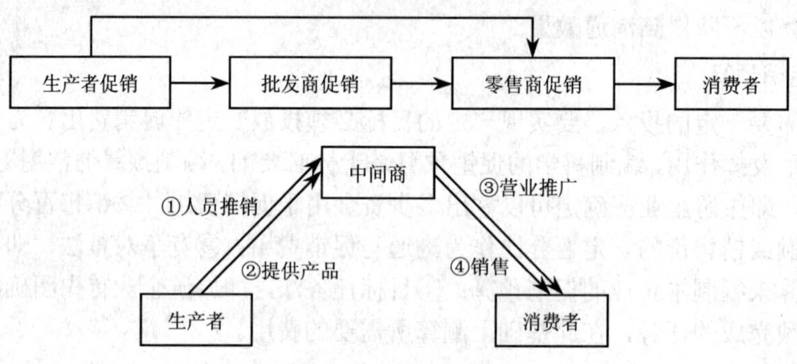

图 9-2　推式策略

推式策略的意图就是旅游产品生产者或提供者劝说和诱使旅游中间商及旅游者来购买自己的产品，使旅游产品通过各个销售渠道，并最终抵达旅游者。推式策略常用的促销方式有人员推销、营业推广或公关活动等销售推广手段。

2．拉式策略

拉式策略立足于直接激发最终购买者对购买本企业旅游产品的兴趣和热情，促使其主动向旅行社或其他中间环节寻求指名服务，最终达到把旅游者逆向拉引到旅游地或旅游企业身边来的目的，如图 9-3 所示。

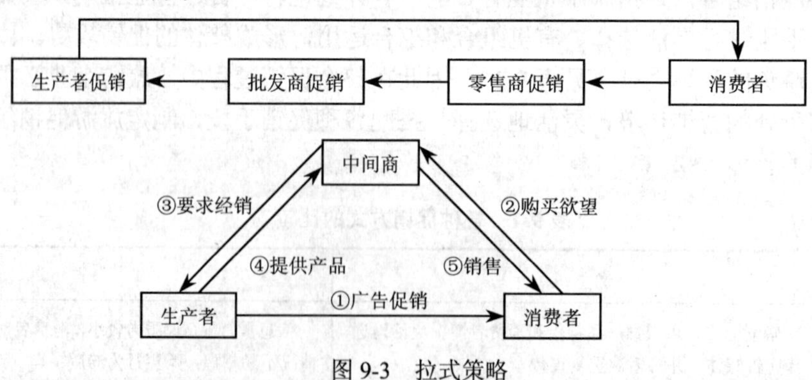

图 9-3　拉式策略

拉式策略所重视的是对旅游者的促销，尽力使更多的旅游者产生旅游需求，以旅游者的购买行为作为拉动，促使旅游中间商一层一层求购，最后实现旅游产品的销售。这种策略是以广告宣传和营业推广为主，辅之以公关活动等。

3．推拉结合策略

在通常情况下，企业也可以把上述两种策略配合起来运用，在向中间商大力促销的同时，还通过广告刺激市场需求，如图 9-4 所示（图中两个①表示人员推销和广告促销同时进行）。

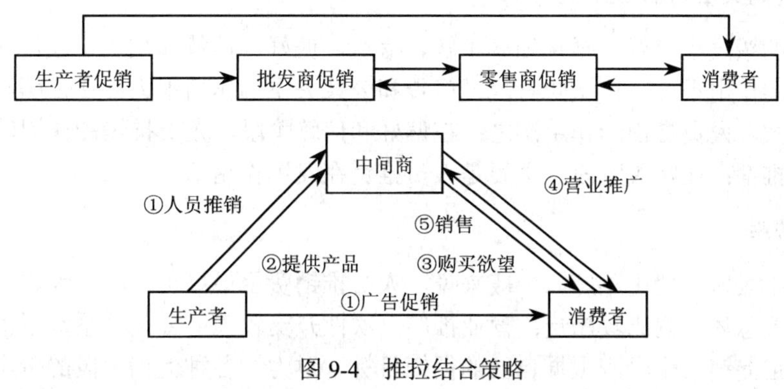

图 9-4　推拉结合策略

（二）影响促销组合策略的因素

旅游企业决定促销组合时，一般要受到以下因素的影响和制约。

1．旅游产品的性质和特点

不同性质、不同特点的旅游产品，其购买者和购买需求各不相同，采取的促销方式也应有所差异。对于顾客众多、分布面广、购买频率高，而每次购买量又较少的产品，使用人员推销费用高、效率低，比较适合于广告促销；对于大众性的、单位价值较低的旅游产品，可采用以广告宣传为主，其他促销方式为辅的促销组合；而对于那些比较特殊的、单位价值较高的旅游产品，由于市场面比较窄，可以采用以人员推销为主，其他促销方式为辅的促销组合。

2．旅游产品生命周期

旅游产品在不同的生命周期阶段，需要采用不同的促销组合，如表 9-2 所示。

表 9-2　产品生命周期与促销组合

产品生命周期	促 销 目 标	促 销 组 合
投入期	旅游中间商、旅游者了解产品	以广告宣传为主，其余手段为辅
成长期	提高市场占有率，使旅游者信任	以广告人员推销为主
成熟期	稳定客源，吸引潜在顾客，提高市场占有率	更新广告，以广告宣传和人员推销为主
衰退期	提高产品信誉，促使旅游者购买	以营业推广为主

3．市场特征

不同的旅游市场，由于其规模、类型、消费者数量及分布情况各不相同，因此应采取不同的促销组合。一般规模大、消费者分布分散、地域广阔的市场，应采取以广告宣传为主的促销组合；规模小、消费者分布集中、地域狭窄的市场则应以人员推销为主。此外，市场上潜在消费者较多时，应采用广告宣传，以利于广泛开发市场；市场上潜在消费者较少时，则

应采用人员推销，以利于深入接触消费者，促成交易。

4．消费者购买准备过程阶段

消费者的购买过程一般包括认知、了解、喜欢、偏好、信赖和购买阶段，在不同阶段，各种促销手段的作用不同。在认知阶段，广告和公共关系的作用很大；在了解和喜欢阶段，广告的作用较大，人员推销的作用次之；在偏好和信赖阶段，人员推销的作用较大，广告的作用小于人员推销；在购买阶段，主要是人员推销在发挥作用。

5．促销费用

各种促销手段所花费用不等。一般来说，人员推销费用最昂贵；广告因媒体不同，费用也不尽相同，但总体来说比较昂贵；营业推广一次性开支较大；公共关系费用也属于长期性开支。企业制定促销策略时应根据自己的促销目标、财力、各种促销手段的费用及效果等，进行综合考虑、全面衡量，以求用尽可能少的促销费用取得尽可能大的促销效果，提高促销效率。

除了上述因素外，企业声誉、知名度、促销预算、竞争状况和市场营销组合状况等会影响企业的促销组合策略制定。因此，企业在促销前，必须对以上所有因素统筹考虑，对各种促销方式灵活选择和组合，方能收到理想的促销效果。

【小资料 9-1】

绿之源在武汉高校的广告宣传

1998 年 10 月中旬，绿之源生物工程有限责任公司与武汉各大专院校学生会合作，由各校学生会派人把一种特殊媒介的广告宣传品——信箱广告，粘贴在每个学生寝室的门上。这个信箱由硬质纸做成，长 17.5 厘米，宽 16 厘米，厚 1 厘米，可以插进书信、报纸、留言条等。信箱背面贴有一层胶面，只需往寝室门上一贴，就安装好了。整个信箱做工精细、结实耐用、美观大方。信箱的上方印有一个横向的、与真实的饮料瓶外观一致的精美图案，并且根据男女生寝室的不同，分别设计不同的图案和文字。两种信箱都在醒目的位置上印出了产品名称：“绿之源，螺旋藻饮品”。

这种信箱广告一贴出，同学们便争相观看，几个小时之内几乎所有的学生都知道了“绿之源饮品”，连平时喝惯了可乐、雪碧等碳酸饮料的学生，也开始关注起“绿之源”。由于“绿之源”小信箱给同学们带来了实际的好处，自然使同学们对绿之源饮品及生产厂商产生了好感，在此情况下，学生们当然更乐于接受绿之源饮品，这对于提高绿之源在广大学生中的知名度和美誉度起到了极大的作用。另外，绿之源饮品的生产厂商选择各高校学生会为合作对象，不但使活动顺利得到了校方的许可，而且极大地提高了工作效率。不少高校学生会成员两人一组把信箱贴到每个寝室门上，不到两个小时就完成了任务。事后厂家派人对这一工作进行检查，感到非常满意。

可以肯定这一广告活动是比较成功的。但这一活动仅仅是广告效果较好，促销效果却不理想。事后有关人员曾走访了校园内和其附近的商店，销售饮料的老板们普遍反映绿之源饮料的销量较之过去有了一些提高，但提高不明显，主要的饮料销售还是“可乐”、“雪碧”、“芬达”等碳酸饮料。究竟是何原因呢？经初步分析，主要是价格及其他促销措施，如瓶盖中奖等。

（资料来源：马绝尘：《绿之源在武汉高校的广告宣传》，载《企业管理》，2001 年第 2 期）

第二节 旅游广告

广告是通过一定媒体向用户推销产品或招徕、承揽服务以达到增加了解和信任以至扩大消费的目的，它是旅游企业与目标市场进行沟通并对目标市场进行促销的主要手段之一。

一、旅游广告概述

（一）旅游广告的含义

旅游广告是旅游目的地国家或地区、旅游组织或旅游企业以付费的方式，通过非人员媒介向目标市场的公众传播有关旅游产品或服务的有关信息，以扩大影响或知名度，树立旅游企业形象的一种促销方式。

（二）旅游广告的类型

（1）按广告的内容分，可以分为经济广告和非经济广告。经济广告又称狭义广告，旅游市场营销学主要研究的正是经济广告；非经济广告是为了达到某种宣传目的而不是赢得所做的广告。

（2）按广告所使用的媒体分，可分为报刊广告、电波广告（如电视、广播等）、户外广告（如广告牌、灯箱、车身、条幅、霓虹灯等户外载体）、自办宣传广告（如招贴、手册、音像材料等）及其他形式的广告。

（三）旅游广告的特点

与其他促销方式相比，旅游广告具有以下特点。

（1）广告媒体众多，传播面广。广告媒体既有大众性传播媒体，又有一些新兴媒体形式，因此其信息覆盖面相当大，可以使旅游企业及其产品在短期内迅速扩大影响。

（2）间接传播。旅游广告是通过传播媒体进行宣传，广告主与广告的接受者不直接见面，因此旅游广告的内容和方式对旅游广告的效果影响极大。

（3）强烈的表现力和吸引力。广告媒体在利用色彩、声音、影像等艺术和技术手段方面有得天独厚的优势，因而与其他促销形式相比 ，旅游广告具有更强的表现力和吸引力。

（4）效果的滞后性。广告效果并不是立竿见影的，往往要在一个较长的时间内才能得到充分体现，因此在很大程度上，旅游广告不具备即时性的效果。

（四）旅游广告的作用

（1）传递旅游企业及其产品信息。广告首先是企业和消费者之间的一种联络手段，消费者借助广告，可以认识和了解旅游企业产品的质量、用途和购买时间、地点、价格等信息；旅游企业通过广告，也可以树立企业的市场形象及声誉。

（2）宣传旅游企业产品的特点，激励需求。通过广告宣传，着重强调本企业产品的独特

之处及能给消费者带来的特殊利益，以便使消费者在众多商品面前易于辨别和选择，从而激发消费者的需求和欲望，促其购买行为的发生。

（3）广告大大节省了旅游产品生产者与旅游者建立联系的费用。广告越是深入到社会的各个角落，越是能传递给更多的消费者，这样旅游产品生产者与每个旅游者建立联系的平均花费就会越小。

二、旅游广告决策

旅游企业在实施广告策略时，通常要对5个方面进行决策，如图9-5所示。

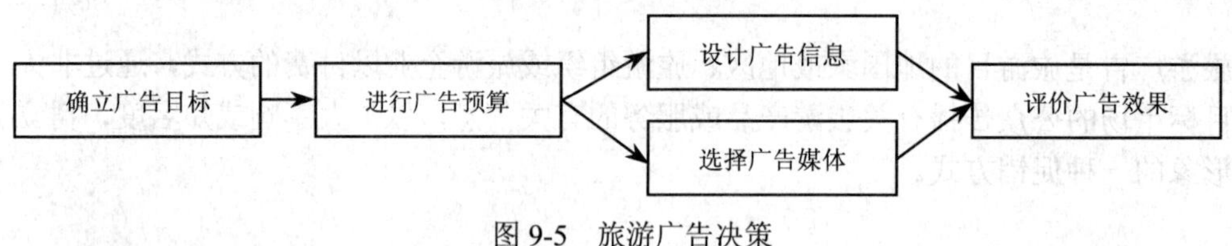

图9-5 旅游广告决策

（一）广告目标决策

制定旅游广告决策首先要确定目标，所谓广告目标是指在一个特定时期对特定观众所要完成的传播任务。广告目标应以目标市场、市场定位和营销组合的有关信息为依据来确定。广告目标可以分告知型、劝导型和提醒型三种。

1．告知型广告

以告知为目标的广告即为告知型广告，其内容主要包括介绍新的旅游产品和旅游服务项目，宣传旅游目的地国家、地区或旅游企业的市场形象。告知型广告主要用于旅游产品市场开拓的初始阶段和为了构建基本的需求市场，有利于激发潜在消费者的初步需求和树立良好的市场形象。

2．劝导型广告

劝导型广告的目的是培养旅游者对某处品牌旅游产品的偏好。在旅游产品进入增长期时，常采用这种广告。由于此时竞争者不断增加，广告就要力求突出旅游产品与旅游企业的特色与优势，使其明显地区别于其他同类产品，同时也可以采用劝导型广告来改变旅游者对本旅游企业和旅游产品的不利印象，抵消或削弱竞争对手的广告影响。劝导型广告主要用于同类旅游产品开展竞争的阶段，可以表现为防守型，也可以表现为进攻型。

3．提醒型广告

提醒型广告是使旅游者对某种旅游产品能够记住或重新记起，主要用于旅游产品的成熟期。旅游者接触的旅游产品信息是多种多样的，通过广告能使他们记住或回忆起旅游产品。旅游者一旦形成旅游动机，并决定购买某旅游产品时，该产品就可能成为选择对象。

【小资料9-2】

香港，爱在此，乐在此

2003年9月起，为了使香港特别行政区的旅游业快速复苏，彻底消除“非典”的负面影响，香港旅游发展局启动了名为“爱在此，乐在此”的全新的全球广告宣传活动。

一部由香港政府联合业内专家重金打造的以世界巨星成龙为主角的新版香港旅游全球推广广告片——“香港，爱在此，乐在此!”在全世界30多个大城市同步播出。广告片通过描绘旅客与本地居民之间的交流，展现香港的好客精神、令人垂涎的美食以及魅力无限的购物乐趣，以巩固香港作为亚洲首选旅游目的地的地位。

为了巩固香港作为“亚洲盛事之都”的地位，从2003年9月到2004年3月，香港旅游发展局陆续推出“香港国际烟花音乐汇演”、“香港缤纷冬日节”、“新春国际汇演之夜”、“渣打马拉松大赛”等大型活动，从各方各面营造香港的新形象，虽然其中有些具争议性的措施受到了一些批评，但香港在国际上的知名度大有提高，其形象也更积极。

据香港旅游发展局的统计，香港为了消除“非典”的负面影响所进行的推广活动，共花费约5亿港币。通过这一系列推广活动，截至2004年10月10日，香港已获得总值10.43亿港元的宣传效益。不仅如此，旅游也带动了消费，香港经济由此获得增长，香港在最短的时间里如凤凰般得以浴火重生。

（资料来源：梁昭：《旅游市场营销》，北京，中国人民大学出版社．2006）

（二）广告预算决策

旅游广告预算是旅游企业投放广告活动的费用计划，它规定了广告投入期的经费总额和使用范围，其测算方法包括销售比例法、量力而行法和竞争比较法。影响广告预算的因素包括以下四点。

1．产品所处生命周期阶段

新产品通常需要花费大量的广告预算来唤起消费者的注意并促成最终购买；而处于成熟期的产品的广告预算通常只占总促销预算的很小比例。

2．竞争与干扰

在一个竞争者众多的市场上，旅游企业及其产品若想脱颖而出，就必须加大广告预算，增加广告的数量及播出频率，扩大影响。

3．市场份额

市场份额多的品牌，其广告支出通常要比市场份额少的品牌的广告支出多。新进入一个市场或从竞争对手那里夺取市场份额，要比保持现在市场份额支出更多的广告费。

4．市场范围

通常产品销售范围较大的企业要支出较多的广告费。

除此之外，广告播出频率、产品差异情况、企业利润率、国家政策法规等，都对企业的广告预算有较大影响。

（三）广告信息决策

确定旅游广告信息是指设计发送给旅游者的广告信息。一个成功的广告信息应该是内容和形式的有机结合。创意在广告质量中处于中心地位，其作用主要从销售效果上表现出来，因此设计广告内容要遵循易看、易读、易解和易记的原则，同时还要注意以下四点。

1．真实性

旅游广告在形式上要体现出艺术性，以达到增强感染力的效果，但在内容上必须体现真实性，达到形式与内容的完美结合。广告真实性也是旅游企业诚信的重要组成部分，关系到企业的市场形象，因此旅游企业对旅游产品的性能、质量、保证措施、价格等作的承诺必须真实。

2．简洁性

旅游广告要求以简洁、通俗易懂的语言宣传旅游产品和企业的有关信息。

3．一致性

旅游企业进行旅游广告策划时，企业标志、商标、字体、色调、广告画面要基本保持一致，并在广告中连续使用，使旅游企业的品牌和标志在旅游市场上得到广泛认知。

4．形象性

旅游广告的形式要生动活泼，表现方式要有较强的感染力，能吸引受众注意，激发购买的需求和欲望。

【小资料 9-3】

世界各地的旅游广告

泰国——您不曾见过的泰国。印度——探索“圣雄”甘地的生平。土耳其——不是欧罗巴，胜似欧罗巴。韩国——开心胜地，好客邻邦。新加坡——尽情享受，难以忘怀。英格兰——潮流、典礼、历史之乡。苏格兰——花格子呢和威士忌之乡。西班牙——阳光普照西班牙！葡萄牙——古今交会的异国他乡！瑞士——上月球之前先来瑞士一游。德国——别在沙滩垒古堡玩，请到德国来看真的吧！瑞典——是奇妙的，即使是冬季！澳大利亚——最真一面，在澳大利亚见。新西兰——百分百纯正新西兰。加拿大——越往北，越使你感到温暖。美国——友好的美国人民赢得美国的朋友。夏威夷——太平洋中的十字路口。南非——非洲的拉斯维加斯。突尼斯——空气，阳光，海水浴。埃及——历史的金库。

（资料来源：http://travel.cnnb.com.cn/system/2005/09/21/005021805.shtml）

（四）广告媒体决策

旅游广告媒体决策是指旅游企业管理人员选择适当的媒体，以最少的广告费用投入获利最大的广告效益，具体包括三个方面。

1．广告覆盖面、投放频率及投放影响度决策

旅游广告覆盖面是指在一定时间内有多少受众接触到旅游广告。旅游广告投放频率是指在一定时间内平均每个受众接触旅游广告的次数。投放影响度是指某一特定媒体投放质量和投放价值，反映了特定媒体与特定目标市场旅游者的密切程度。

2．旅游广告媒体选择决策

旅游企业通过选择最佳广告媒体，把旅游广告信息有效传递给目标受众。广告媒体很多，各有其适应性和局限性，要正确选择广告媒体，首先要清楚各种广告媒体的特点，如表 9-3 所示。

表 9-3　各广告媒体优缺点比较

广告媒体	优　　点	缺　　点
电视	覆盖面广，传递信息及时，地域选择性强，表现力强，能激发兴趣	成本高，针对性不强，驻留时间短，制作有难度，不便查询
广播	覆盖面广，传播最及时，灵活，费用低，地域、人口可选择性强	缺乏视觉冲击，表现力差，传播时间短，不便查询
杂志	受众的人口类别选择性、针对性强，图文并茂，表现力强，有利于长期保存	广告周期长，时效性差，传播范围窄，相对费用较高
户外广告	醒目，保存时间长，地点选择性强，成本较低	信息内容少，传播信息有限，宣传范围窄
直邮广告	直接邮寄，针对性强，有一定灵活性，不受时空限制	费用高，宣传范围窄，费时费力，使用不当会使收件人反感
报纸	可信度高，选择性强，本地市场覆盖面广，费用低，易查询	表现力差，感染力较弱，注意率较低。
POP 广告	创造现场氛围，陈列展示力较强，集中提供信息	受场地限制，展示面窄

在明确各类媒体优缺点后，旅游营销管理人员在选择广告媒体时还要考虑如下因素。

（1）目标市场的消费者的爱好。不同的消费者对广告媒体的喜好程度不同，接触程度也不同。如对知识水平较高的青年，网络广告的效果可能更好；对本地市民，要选择在本地电视台或晚报投放广告，效果可能更好。

（2）产品特点和广告内容。旅游产品特点不同，选择的媒体也应有所不同。如旅游景点、旅游接待地的介绍宜选择电视广告；旅游信息的发布则较适合广播广告；而时效性较强的旅游广告，宜选择广播、报纸为广告媒体。

（3）媒体传播范围和影响力。不同媒体的传播范围和影响力不同，在选择时既要考虑其传播信息的广度，又要考虑其影响的深度，要使企业的目标市场与广告的传播范围和影响力所达到的程度相一致。

（4）广告费用高低。一般来说，电视广告费用最高，广播最低。不过广告费用应与广告效果结合考虑，不仅要看广告费用，更要看其所带来的直接和间接效益。

3．旅游广告时机决策

确定广告内容、选择广告媒体固然重要，广告时机的选择也很关键，在最佳时机播出广告可以使旅游企业的广告支出取得最大的效果。旅游产品一般有淡季、旺季之分，如何保证在旅游旺季有充足的广告投入，而在旅游淡季时旅游产品又不会淡出消费者的记忆，是旅游广告时机决策的重要内容。

（五）广告效果评价

旅游广告效果是旅游广告经过广告媒体传播后对受众所产生的直接和间接影响的总和，可从三个方面进行广告效果测试，即影响受众注意的能力、受众对旅游广告的心理反应、广告受众购买某旅游产品的意愿。旅游广告发布后，旅游企业需了解实际沟通的效果。

1．传播效果测定

通常通过接收率测定传播效果。接收率指接收旅游广告信息的人数占媒体受众的百分比，比例越高说明传播效果越好。

2．销售效果测定

把旅游广告发布前后的旅游产品销售量增长、利润增长等情况进行对比，以此来判断旅游广告效果。通常用旅游广告效果比率来测定旅游广告效果。其公式为：

$$E=\frac{Y}{C}$$

式中 E——销售或利润效果比率；
Y——旅游广告费用增加率；
C——销售或利润增长率。

第三节 旅游营业推广

营业推广又叫销售促进，是指能够迅速刺激需求、鼓励购买的各种短期性的促销形式。旅游营业推广是旅游企业对目标市场进行沟通促销的另一种有效手段。

一、旅游营业推广的含义与类型

（一）旅游营业推广的含义

旅游营业推广是指旅游企业在某一特定时期与空间范围内，通过刺激和鼓励交易双方，并促使旅游者尽快购买或大量购买旅游产品和服务而采取的一系列促销措施和手段。从定义可以看出，旅游营业推广限定时间地点，以对购买者一定奖励的形式促使其购买。这些奖励可以是金钱也可以是实物产品或是附加服务，以此来快速激发需求。

（二）旅游营业推广的类型

旅游营业推广活动的开展有若干不同的类型。一般来说，按照活动的不同对象，可将营业推广划分三种类型。

1．针对消费者的营业推广

为鼓励老顾客继续消费，促进新顾客加入消费，动员顾客购买新产品，引导顾客改变购买习惯，或培养顾客对本企业的偏爱行动等，旅游企业可采用以下方式进行营业推广。

（1）赠送。向消费者赠送某些服务，如“买二赠一”。这是介绍一种新商品最有效的方法，但成本也最高。

（2）优惠券。持有该优惠券的消费者在购买某种旅游商品时可以免付一定费用。

（3）廉价包装。旅游企业将某些旅游产品组合在一起，以较低廉的价格出售，并说明比购买同类旅游产品优惠了多少，以吸引消费者。

（4）奖励。消费者可以凭奖励券低价购买一种商品，甚至凭券免费。

（5）组织展销。旅游企业将一些能显示企业优势和特征的产品集中陈列，边展边销。

2．针对中间商的营业推广

为鼓励批发商大量购买，吸引零售商扩大经营，动员有关中间商积极购存或推销旅游产品，旅游企业可以采用以下方式进行营业推广。

（1）批发回扣。旅游企业为争取批发商或零售商多购进自己的产品，在某一时期内可给予购买一定数量本企业产品的批发商以一定的回扣。

（2）推广津贴。旅游企业为促使中间商购进产品并积极推广产品，可以支付给中间商一定的推广津贴。

（3）销售竞赛。根据各个中间商销售本企业产品的业绩进行中间商排名，分别给优胜者以不同的奖励。如现金奖、实物奖、免费旅游和度假奖等。

（4）工商联营。旅游企业分担一定的市场营销费用，如广告费用、摊位费用，以便与中间商建立稳定的购销关系。

3．针对销售人员的营业推广

这类营业推广活动的开展旨在鼓励本企业销售人员在某一特定期内加强工作力度，创造性地开展推销工作，以争取发展新客户，巩固现有客户与本企业的关系。其方式有销售竞赛、有奖销售、比例分成和免费提供人员培训和技术指导。

二、旅游营业推广的作用

旅游营业推广的作用表现在以下方面。

（一）有利于加速旅游产品进入市场的进程

在旅游产品的投入期，市场缺乏对其了解，通过旅游营业推广可加速潜在购买者的知晓、认知和了解过程，有利于旅游产品在短期内在旅游市场上占有一定的份额。

（二）有利于诱导重复购买

通过一定物质刺激，有利于争取回头客，使现实型旅游者转为常客型旅游者。不少旅游企业通过再购买优惠形式吸引回头客。

（三）有利于增加旅游产品销售

通过营业推广可使现有顾客增加购买量，能吸引潜在顾客加入购买，还有利于吸引回头客，从而增加旅游产品销售量。

（四）有利于更好地应对竞争

旅游市场竞争是全方位的竞争，旅游企业可扬长避短地与对手进行营业推广竞争，有时会把原本用广告竞争的一部分预算转用于营业推广，通过给购买者更多的实惠刺激其购买。

（五）有利于带动相关旅游产品的销售

旅游营业推广不仅会吸引购买者增加某品牌的购买，而且还会带动相关产品的销售。

旅游企业使用营业推广来产生更强烈的刺激，引起消费者对产品的关注，扭转销售量下降的趋势，但营业推广的作用是有限度的、短期的。它通常并不能建立顾客对本企业产品的信任和忠诚，也不能改变一个市场定位不当的产品的命运，更不能拯救一个即将被市场淘汰的产品。因此，要适当评价营业推广的作用并灵活运用。

三、旅游营业推广决策

营业推广是一种短期的宣传行为，目的是激发消费者购买的积极性，其决策程序如图 9-6 所示。

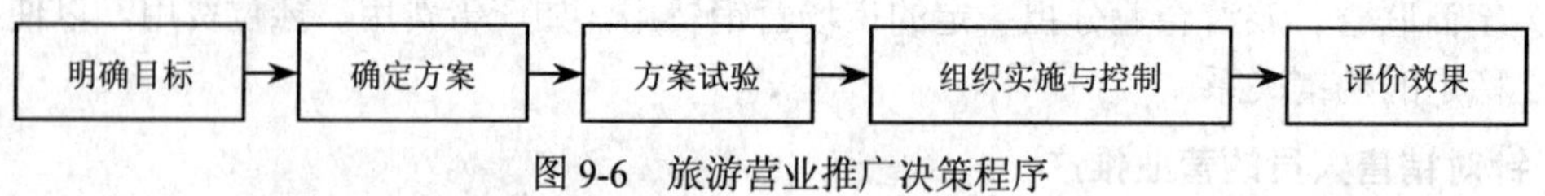

图 9-6　旅游营业推广决策程序

（一）确定营业推广目标

营业推广目标是旅游企业根据目标市场的购买者和企业的营销目的而确定的。在不同目标市场中，营业推广的目标也有所不同。对不同的推广对象，营业推广目标也应不同。无论针对哪个目标市场，哪种推广对象，营业推广目标的确立都必须考虑两个问题：①营业推广的目标必须与旅游企业总体营销目标相一致；②每一次营业推广的目标都应以实现当前营销目标为基础来制定。

（二）制定营业推广方案

旅游企业必须确定具体的营业推广计划，以便能更好地达到预期的促销效果。其方案内容主要包括营业推广媒体的选择、营业推广时间的长短、营业推广时机的确定以及营业推广预算等。

（三）方案试验

为确定所制定的营销方案是否科学合理，可先进行预实施。如邀请消费者对将要采取的优惠办法作出评价和分析，或在有限的地区进行试用性测试。

（四）营业推广方案的实施和控制

对每一次营业推广都必须制订实施控制计划。实施控制计划包括方案的运行、紧急情况的处理和前置时间、延续时间的控制等内容。

（五）评估营业推广方案

评估营业推广方案很重要。评估效果既包括短期效果，也包括长期效果，但在很多情况

下，长期效果的衡量只能采用定性或定量预测的方法来判断估计，而且结果也不准确。推广效果的评估方法很多，最普遍采用的一种方法是把推广之前、推广期间、推广之后的销售情况进行比较，因为短期销售量的变化幅度是衡量旅游营业推广效果的最好依据。

【小资料 9-4】

旅游赠品营销策略

与发达国家的消费者一样，许多中国城市居民习惯在网络上寻找旅游信息，而且相当精明。与前者不同的是，中国消费者对品牌的忠诚度有限，并且更容易被线路报价和旅游赠品所打动，而非旅行商的质量或名声。

从香港海港城的雨伞到台湾的 Hello Kitty 形状的磁铁，都能证明赠品的魅力甚至可以超越商品本身。一位大学的教授非常在意全球通俱乐部有没有兑现给他赠送《财经》杂志的承诺，因为他觉得这是身份和品位的象征；一位堪称社会专家的传媒人可以不惜代价换取一个周杰伦的限量版背包，因为他是一个百分百的周杰伦粉丝。

几乎所有的商家都在赠品上下足了功夫，几乎所有的消费者都在不知不觉中扮演着“买椟还珠”的角色：在超市买牙膏的师奶大多不会考虑高露洁和佳洁士的区别，立马会挑有送精美咖啡杯子的牙膏；粉领族们每天只去 7-11 便利店而不光顾隔壁的小士多，是因为想收集全套小熊维尼的印章……

目前旅行社的赠品很多都是帽子和旅行包，太普通；要么就是跟风，你用了什么赠品，我明天也用这个赠品，结果大家都没什么效果。殊不知，线路产品、促销目的、市场地位不同，应该选择的赠品也不一样。

在讨论如何选择赠品之前，笔者强调，旅行社一定要走出“赠品是我白送给你的，送什么由我定”的错误认识。其实，赠品营销作为市场营销和品牌建立的手段之一，是一种很好的营销手段，就有很多的知名企业借助赠品营销达到“四两拨千斤”的效果，如麦当劳等知名企业。具体分析其优点主要有以下四点：

1．营销受众能经常接触到的广告

赠品一般情况下是一种实用性较强的物件，这些物件通过派发或赠送的形式到了消费者手中。首先要强调这些赠品的受众一般是营销主体的消费对象。这些消费对象在获得赠品时除了有免费获得的喜悦以外，还由于其实用性或娱乐性，消费者肯定会在日常生活中天天用、天天见，这不是有用的广告吗？

研究表明，看 9 次以上的广告才会有印象。按赠品的性质，看到广告的次数远远超过 9 次，小小的赠品，给你奉献的中长期价值远超你的想象。同时，消费者周围的人可能也会使用，这样还会产生广告散布的作用。

2．形象化的广告

一般情况下，赠品只是一个物件，所以在物件的制作上有很大的灵活性，这种灵活性让我们有更大的想象空间去配合品牌做合适的事情。如把赠品做成品牌的代言卡通人物等，这些工作在很大程度上能提高消费者对品牌的认知度。在这方面发挥得好，常会收到意想不到的效果，赠品是发挥品牌创意的一个非常好的平台。由于白领人群普遍对日韩流行的东西很有兴趣，所以建议旅行社企划人员经常上日本、韩国的网站搜集新信息，同时从目标顾客的需求层面寻找灵感。例如很多上班族都会觉得办公室太冷，就结合他们喜爱的卡通形象，定制轻薄、便携的绘有柴犬、

Melody（日本一只卡通兔子的名字）等图案的薄毯。

3．时效长的广告

赠品在广告时效方面是不言而喻的，物件寿命有多长，我们的广告效果就有多长。例如海港城的主打赠品——雨伞，2006 年推出的“Sarah Mower 系列”定制就很像精巧的手袋，但是打开之后却是可以遮风挡雨的伞。

更独特的是雨伞上布满颇具时尚感的插图，内容是伦敦时尚评论家 Sarah Mower 提供的下雨天的着装建议，伴随一本可以折叠的、图文并茂的“雨天穿衣手册”。顾客看见它的第一眼就会很惊喜，其次人们会感受到里面的心意。

4．性价比高的广告

赠品作为品牌推广的载体，在具体的选择上是非常广泛的。由于赠品的单个价格相对比较低，在固定的费用预算情况下，就可以生产数量很多的赠品，广告效果也会比较好。相对电视或其他的户外媒体的费用，赠品的费用是很低的，十分适合旅游企业推广品牌形象。

从以上四点就可以肯定赠品营销的作用所在，同时，赠品营销要真正成功，还要制定一套有效的赠品创意和实施计划。在笔者制定赠品营销计划时，一般情况下都要注意以下几方面的问题。

1．赠品的定价

价位的制定，一般情况下是按照预算分摊到估计的有效受众人群即可，但在有效人群的数量方面略为估计多一点为妥。

2．赠品选择

赠品的选择是至关重要的一步，在选择赠品时要根据品牌定位、受众人群档次喜好、重要卖点、社会潮流和安全性等因素去选择，当然最好的方法还是自己设计一款独一无二的产品（即使是外形变化）。坚持受众会用、喜欢用、长期用的原则去选择赠品。

3．赠品制作工作的跟进

由于现在的赠品供应商都是以一些小的私人企业为主，所以这样的生产企业的管理水平、诚信水平、制作工艺水平都必须要盯紧，最好是能到企业实地去视察和了解。对于目前的交易环境来说，订金的交付时间也要严格控制，否则，会失去谈判的筹码。

最后着重讲一下赠品主题。降价销售不仅仅让旅行社的利润流失殆尽，也让消费者对其增加了不信任感，无形中也在降低旅游品牌的消费价值。赠品促销成功的核心是销售主题，一个绝妙的销售主题不仅能够增加赠品的深层内涵，也能够使赠品与品牌间促成更为紧密的购买联想与消费体验。以下是业界的几个案例。

1．香港迪士尼乐园开业赠品

在香港迪士尼乐园开业的造势推广活动中，赠品的细节让人印象深刻。2005 年 6 月，迪士尼免费招待 2000 名迪士尼工程师及家属，向每个人赠送一只工程师造型、脚底印有纪念日期的限量版米奇老鼠；2005 年 8 月，地铁迪士尼线通车后，纪念车票亲子套装的购买者可获赠一部仿迪士尼线列车的模型。这些赠品通过巧妙地发放既培养了游客的好感，又广泛传播了迪士尼文化。

2. 三人海南游就有免费港澳游

自从“去海南旅游，送港澳游”这一活动推出以来，每天都有上百人询问。花2100元报名参加海南四星纯玩5日游，3人以上（包括3人）报名送1个港澳游名额，6人同时报名，就赠送2个名额，上不封顶。这么一算，用2100元可以既玩海南又游港澳，而目前旅行社仅港澳5日游一条线路的报价就在1800元，单独海南四星纯玩5日游报价也要2100元。

旅行社内部人士分析，此线路应该属于亏本操作，主要目的是为打响品牌，招揽人气。所以这个活动只是在暑假来临前的6月份推出，最多发两个团。河南交广认为：“买国内、送省内”是可以长期操作的稳妥手法，商家可以规定游客享受赠品的条件是首先自选线路的消费金额要达到旅行社规定的标准额度，而且“赠品线路”还要限定有效期。

3.“旅游三宝”大变脸

杭州的很多旅行社顺应时势，已对传统的旅游三宝进行了大变脸。如陈小姐报名参加“十一”期间的西藏游，旅行社没有送她传统的旅行袋、帽子，而是送了天目山一日登山游和100张数码照片网上免费冲印卡。登山游可为进藏做些锻炼，至于免费冲印，还有比这更实用且实惠的吗？

可以说，杭州的部分旅行社正是看准了顾客的需求来翻新旅行产品的。海岛游送美容券（因为更易晒黑）；去自然风光特别漂亮的地方就送数码照片冲洗；老人出游送斜挎包，方便安全；孩子出游送双肩包，美观实用。

4.“快乐生活、快乐工作”

某旅行社举办了一场以营销为主题、以赠品为形式的名为“快乐生活、快乐工作”的市场促销活动。为此活动专门订制了塑料胸牌，要求：以黄色为底，直径为8厘米的硬制塑料凸面圆盘，一面贴有五种“脸”形（源自QQ及MSN的心情图标，分为兴奋脸、摆酷脸、痛苦脸、郁闷脸、奋斗脸，共五种一套）及品牌标志、旅游热线及星期一至五的不同文字环绕在圆盘四周，而圆盘的背面则贴有不干胶及固定别针。

游客报名旅游后可以将获得的“心情胸牌”贴在自己的办公桌、电脑、水杯、坐椅甚至墙上。即使将它们放在家中，也是一组既可爱又能够缓和工作疲劳的“幽默”组图。一方面，游客报名省内游，由于消费数额不大，“在哪参团都差不多”（游客语）；另一方面，赠品的含义与该旅行社的“快乐生活、快乐工作”理念相吻合，“心情胸牌”丰富的内涵与理解力，是提高赠品价值感的最好方法。

“你提供了什么赠品？”我想这是每一个旅游营销人都亟待解决的问题。

（资料来源：http://www.17u.net/bbs/show_10_742801.html）

第四节　旅游人员推销

一、旅游人员推销概述

（一）旅游人员推销的含义

旅游人员推销，是指旅游企业通过派出销售人员与一个或一个以上可能成为旅游产品购买者的人交谈，作口头陈述，帮助和说服购买者购买本企业的旅游产品和服务，以促进和扩

大销售的活动。这一过程中，销售人员要去了解购买者的需求，并通过自己的努力去吸引并尽量满足购买者的各种需求，使双方从公平交易中获取各自的利益。

（二）旅游人员推销的特点

1．推销活动的针对性

旅游人员推销通常采用一对一的方式，和客户直接进行沟通，使得推销活动可以针对每一个客户的特点，了解客户的需求和购买动机，从而采取不同的推销策略，解答客户的疑问，满足客户的特殊要求。

2．达成交易的及时性

旅游人员推销从寻找顾客入手，到约见客户，与客户进行交流，处理推销过程中的各种异议。在整个推销的过程中，始终保持和顾客近距离的接触，可以随时观察和了解客户的反应，寻找和抓住机会，及时促成交易的完成。

3．顾客沟通的有效性

旅游人员推销不仅要通过和顾客直接面对面的沟通来达成交易，更为重要的是，交易成功之后，需要与客户保持长期的联系和沟通，通过定期或不定期的问访，及时了解客户购买和使用旅游产品的意见和建议。对客户进行有效的管理，可使旅游企业和顾客的沟通长期而有效。

4．节省成交时间

旅游人员的直接推销可以把有关产品的信息直接传递给顾客，并可当面商谈购销的各种事宜，如果双方交易意向一致，就可当即成交。人员推销可大大缩短从促销到顾客购买之间的间隔时间。

（三）旅游人员推销的作用

1．传递产品信息

旅游人员在推销产品的同时要向顾客介绍企业及产品的真实信息，包括：推销品的一般信息，如旅游产品的特征、功能、质量、价格、规格等；旅游产品的发展信息，如旅游产品的发展趋势，引导消费者接受旅游产品或改变消费习惯，达到推销的目的；旅游产品的市场信息，如旅游产品的供求信息、经营方式和手段和服务方式等。

2．销售旅游产品

这是旅游推销的核心作用。销售是企业实现经营目标的唯一手段，也是旅游产品实现其价值的唯一形式，旅游推销人员的基本职能就是销售，只有把旅游产品销售出去，旅游推销人员的目的才能达到，才能为企业创造利润。

3．为顾客提供多种服务

旅游企业同其他企业一样有为顾客服务的义务，其提供的服务包括售前服务、售中服务和售后服务。服务的形式应多样，质量必须有保障，因为服务质量与产品质量一样关系到推销工作的成败。旅游推销人员在与顾客接触时，应尽可能了解顾客的真实需要，满足顾客的潜在需求，为顾客提供所需的各种服务，以赢得顾客对企业的信赖。

4．反馈市场信息

旅游推销人员是企业通往市场的桥梁和纽带，是旅游企业获取市场情报的重要渠道。他们直接与市场接触，能及时、准确地收集市场信息，从而帮助企业作出正确的营销决策。

二、旅游人员推销的管理与激励

（一）旅游推销队伍的组织

旅游推销队伍是旅游企业人员推销的主体，旅游推销人员是旅游企业的代表，在客户眼中营销人员还是旅游企业的象征，旅游企业组织一支高素质、高效率的推销队伍是做好人员推销工作的关键。在旅游推销队伍的组织过程中，以下工作值得重视。

1．明确推销队伍任务

具体来说，旅游销售队伍的任务要围绕企业的战略目标和具体沟通与推销目标而确定。

2．确定推销队伍规模

在明确任务之后，还要考虑由谁去完成、多少人去完成的问题。旅游企业要以利润最大化为前提，实行推销人员数量的最佳配置。企业规模不同、性质不同、目标旅游市场不同，推销队伍规模也就有大有小。

3．确定推销人员结构

旅游企业在确定推销人员队伍后，还要使队伍结构优化。确定推销人员组织结构模式有三种形式：①地区型结构模式，即按地理区域配备旅游企业的推销人员；②产品型结构模式，即企业在组织营销队伍时，可按产品线组织销售队伍；③客户型结构模式，即采取两种或三种结构模式进行组合，形成复合型推销队伍结构模式。

（二）推销人员报酬设计

报酬设计关系到旅游企业和推销人员的利益，以“多赢”的思路科学设计推销人员的报酬，可调动推销人员的积极性和创造性，对促进旅游产品的销售起着重要的作用。从报酬制度上看，推销人员报酬有薪金制、佣金制、薪金—佣金混合制和选择型薪酬制四种形式，企业可根据自身的具体情况进行选择。

（三）推销队伍策略

推销队伍策略，即推销人员访问客户、与客户接洽的形式，主要包括：①一对一，即一名推销人员与一名客户洽谈；②一对多，即一名推销人员与多名客户洽谈；③组对组，即推销小组与购买小组的客户洽谈；④推销会议，即参会推销人员与参会买方洽谈。

（四）推销队伍的管理

旅游企业在运用人员推销策略时，还要对推销队伍进行有效管理。主要包括以下内容。

1．推销人员的选拔

优秀的推销人员一般应具有感染力和自我驱动力两种基本品质。感染力，即善于从顾客的角度考虑问题，能够赢得他人的好感；自我驱动力，即具有达成销售的强烈欲望。在旅游推销人员的选拔过程中应将笔试、口试、应用结合起来，全面地了解应试者的文化程度、工作能力、口才、风度和对问题的反应、判断和理解能力等。

2．推销人员的培训

通过程序化学习、角色扮演和敏感性训练等方式，使推销人员了解企业、产品、目标顾客和竞争对手的特点，同时要接受推销技术方面的训练。

3．旅游推销人员的激励

为了调动推销人员的积极性，更好地完成推销任务，对其激励是非常必要的。销售定额管理、提供良好的组织环境和及时积极的鼓励是激励推销人员的几种方法。

4．旅游推销人员的考评

考评主要集中在业绩评价和品质评价两个方面。业绩评价是以推销人员对净利润所做的贡献为依据的综合评价；对推销人员品质上的评价主要集中在职业道德指标方面。

三、旅游人员推销的步骤

推销人员要按照一定的步骤进行推销，推销过程的每一个步骤都值得重视，推销步骤的按部就班和推销方法因人而异是取得良好推销结果的必要条件。

（一）寻找顾客

推销人员必须利用各种渠道和方法为所推销的旅游产品或服务寻找消费购买者，包括现有的和潜在的消费购买者。了解潜在消费购买者的需求、支付能力和购买权利，作出购买资格评价，筛选出有接近价值和接近可能的目标顾客，以便集中精力进行推销，提高成交比例和推销工作效率。

（二）推销接近前的准备

推销人员在接近顾客前必须认真作好准备，制订周密的计划，预测可能出现的各种情况，并拟订出应变方案，只有这样才能顺利进入面谈。这些准备工作包括：了解目标顾客的情况，如姓名、年龄、需求情况，团体组织的一般情况、经营情况和决策情况等；拟订推销接近方案，确定见面时间和地点，对推销过程中可能出现的意外情况作出预测；准备好接近顾客时必需的资料、工具等；与顾客事先约见，用电话、信函等形式向拟访顾客通报访问时间、地点。

（三）推销接近

接近顾客的过程往往是短暂的，在这极短的时间里，推销人员要依靠自己的才智，根据

掌握的顾客材料和接近时的实际情况，灵活运用各种接近技巧引起顾客对所推销旅游产品的注意，引发和维持他们对访问的兴趣，达到接近顾客的最终目的。在这个过程中，选择最好的接触方式及拜访时间非常重要。推销接近的技巧主要有商品接近法、利益接近法、介绍接近法、问题接近法和赞美接近法等。

（四）推销面谈

接近与面谈是接触顾客过程中的不同阶段，两者之间没有明显的绝对界限，两者的本质区别在于谈话的主题不同。接近阶段多侧重于让顾客了解自己，有利于沟通双方的感情和创造良好的推销气氛；而面谈阶段往往集中在推销旅游产品，是推销人员向顾客传递推销品信息并进行双向沟通的过程，是推销人员运用各种方式、方法和手段去说服顾客采取购买行动的过程。推销面谈的目的在于沟通推销信息，诱发顾客购买动机，激发顾客的购买欲望，说服顾客采取购买行动。这一阶段是推销过程的关键阶段。

（五）处理异议

推销人员在推销的过程中会遇到各种各样的阻力，如顾客的反对意见，表现为顾客异议。顾客异议在推销过程中是非常普遍的，一定程度上可以说是必然的，因此，推销人员应该正确对待顾客异议。首先要弄清楚顾客异议的真实意图，克服和排除障碍，化阻力为机会，有针对性地说服顾客，促成交易。

（六）促成交易

在这一阶段，推销人员要密切注视各种成交信号，抓住成交时机，观察好顾客的购买意图，及时将顾客注意力转向各种选择性决策，或提出建设性意见，或提出优惠条件，或给予特殊服务，或归纳总结推销人员与顾客观点上的一致性，敦促顾客最后下定购买决心，有效地达成交易。

（七）售后服务

要让顾客满意，并使他们继续购买，售后服务是必不可少的。达成交易后，推销人员就应着手履约完成各项具体工作，做好服务，妥善处理可能出现的问题。从旅游企业的长远利益着眼，推销人员应与顾客保持和建立良好的关系，树立消费者对旅游产品的安全感和信任感，促使他们连续、重复购买，并利用顾客的间接宣传和辐射性传导，争取更多的新顾客。

第五节　旅游公共关系

旅游公共关系是一种“柔性化”的沟通与促销方式。其目的主要不是为了销售产品，而是通过与社会和企业内部的“对话”来提升形象，为企业发展赢得良好的内外部环境，它也

是旅游企业促销的行之有效的策略之一。

一、旅游公共公关的含义与特点

旅游公共关系是指旅游企业以目标公众为中心，以信息和自身形象为重点，以现代传播沟通工具为媒介，协调旅游企业与社会公众关系、旅游企业内部关系，增进旅游企业与社会公众之间、企业内部之间的相互了解、支持与合作的一种现代经营管理行为。

旅游公共关系与其他促销方式有所不同，主要表现在以下方面。

（1）从公共关系的目标来考察，其特征是塑造组织机构形象，注重长期效应。公共关系要达到的目标是树立企业良好的社会形象，创造良好的社会关系环境。

（2）从公共关系的对象来看，公共关系注重双向沟通。公共关系的工作对象是各种社会关系，包括企业内部关系和企业外部关系。

（3）从公共关系的手段来看，公共关系注重间接促销。公共关系的手段是有效的信息传播，这种信息传播并不是直接介绍和推销商品，而是通过参与各种社会活动，宣传企业营销宗旨，企业与社会各界的感情，提高企业知名度，加深社会对企业的了解和信托，达到促进销售的目的。

二、旅游公共关系的功能

（一）守望功能

守望功能是公共关系最基本的功能。在社会经济飞速发展的今天，社会环境的变化越来越快且越来越不可捉摸，因此，掌握社会环境的变化动向，对旅游企业显得极为重要。公共关系部门就承揽这个重要的任务，它负责收集环境变化信息，帮助企业始终顺应环境的变化而发展。

（二）协调功能

公共关系的协调功能是指通过传播沟通、影响舆论、提供咨询建议、参与决策、协调矛盾、争取谅解等方法实现企业与社会各方面的和谐。在企业运营过程中常常会出现意料不到的情况，处理不当会对企业形象造成很大影响，利用公共关系的协调功能，正确处理突发事件，可能会使危机变为机会。

（三）教育功能

各种公关活动都能体现出其教育功能，旅游企业应充分利用这一功能树立企业形象，尤其是要把好传播关，以便更好地发挥其教育功能。

（四）娱乐功能

从大量的公关活动中能体会到公关的娱乐功能。公关把传播企业的理念与信息寓于轻松、愉悦的活动中，在潜移默化中实现了公关目标。从这个意义上说，公关属于文化范畴。

（五）效益功能

公共关系最终的目的是提高企业经济效益和社会效益。公共关系的一切活动都是围绕这一目的来进行的。

三、旅游公共关系的促销方式

（一）发现和创造新闻

发现和创造新闻即新闻公关。新闻公关是指利用或策划有吸引力的新闻事件，吸引媒体报道，以扩大企业影响。由于新闻界是站在旅游企业和旅游者之外的第三者立场上，能客观地提供信息，因此新闻报道的可信度高。旅游企业应积极主动地、经常性地与新闻界保持联系，了解新闻报道的重点及新闻动向，并经常及时地向新闻界提供具有新闻价值的本企业信息，以吸引新闻界和公众的注意，增加新闻界正面报道的频率，从而扩大企业及其产品的影响，提高知名度。

（二）介绍情况、回答问题和发表演讲

旅游企业营销人员要利用各种场合、各种机会，灵活地运用公共关系的语言艺术，介绍企业及其产品的情况，回答公众关心的问题，发表有关的宣传演讲，这也是提高企业知名度的另一种有效的手段。

（三）参与社会活动

旅游企业积极参与当地社会活动，支持公益事业，能够树立企业关心社会公益事业，乐于承担一定社会责任和社会义务的良好形象，有利于增强企业的影响力，也有利于企业取得社会公众的好感和信任。

（四）策划专门性公关活动

旅游企业可以根据营销活动的需要，安排一些特殊事件来吸引公众对企业的注意，如召开新闻发布会和展览会，举行某种庆典活动等。

（五）导入 CIS

CIS 是企业形象识别系统的简称。导入 CIS，就是综合运用现代化设计和企业管理的理论和方法，将旅游企业的经营理念、行为方式和个性特征等信息加以系统化、规范化和视觉化，以塑造具体的、可感受的旅游企业形象。旅游企业可通过媒体来传播这种视觉化的形象。导入 CIS 可以更具体、详细、直观地表达企业形象，使企业形象更容易被公众接受，公众也能通过 CIS 对企业形成一个比较完整、系统的印象。

（六）散发宣传材料

旅游企业可以制作各种宣传旅游企业、旅游产品、旅游景点的材料广为散发和传播，向公众传递有关信息。宣传材料可以是印刷材料，或音像资料等。

本章小结

本章主要介绍旅游促销策略。旅游促销是市场营销组合中最富有创意的领域，旅游促销的核心是和目标顾客的沟通。促销组合是将广告、人员、推销、营业推广和公共关系四种形式加以组合，综合运用，发挥优势，以实现企业营销的目标。同时旅游企业也要根据企业内部和外部条件，选择运用恰当的促销策略。

关键术语

促销（Promotion）
促销组合（Promotion Mix）
广告（Advertising）
人员推销（Personal selling）
营业推广（Sales Promotion）
公共关系（Public Relation）

案例分析

麦当劳的整合营销传播

麦当劳是世界上规模最大的快餐连锁集团之一,在120多个国家中有2万9千多家餐厅。1990年，麦当劳来到中国，在深圳开设了中国的第一家麦当劳餐厅；1992年4月在北京的王府井开设了当时世界上面积最大的麦当劳餐厅，开业当日的交易人次超过万人。从1992年以来，麦当劳在中国迅速发展：1993年2月广州的第一家麦当劳餐厅在广东国际大厦开业；1994年6月，天津麦当劳第一家餐厅在滨江道开业；1994年7月，上海第一家麦当劳餐厅在淮海路开业。数年间，麦当劳已在北京、天津、上海、重庆四个直辖市和广东、广西、福建、江苏、浙江、湖北、湖南、河南、河北、山东、山西、安徽、辽宁、吉林、黑龙江、四川和陕西等17个省的74个大中城市开设了460多家餐厅，在中国的餐饮业市场占有重要地位。

作为世界首屈一指的快餐连锁集团，麦当劳近年来在全球各地市场受到了多方面的挑战：在市场占有率上，2002年11月8日，麦当劳宣布从3个国家撤出，关闭10个国家的175家门店，迅速扩张战略受阻。品牌定位上逐渐“品牌老化”。肯德基主打成年人市场，麦当劳50年坚持走小孩和家庭路线——“迎合妈妈和小孩”。但随着近年来人们婚育观念的改变，晚婚和单身的现象日渐平常，消费核心群体由家庭群体向24岁到35岁的单身和无子女群体转变，麦当劳的定位和品牌的概念恰与此偏离。在投资策略上，麦当劳在中国一直坚持自己独资开设连锁店。截止到2003

年7月底，麦当劳都没有采取肯德基等快餐连锁集团的特许经营的扩张方式。在公司管理上，迅速扩张的战略隐患逐渐暴露。麦当劳最引以为豪的就是其在全球的快速而成功的扩张，在2002年麦当劳缩减扩张计划之前，麦当劳在全球新建分店的速度一度达到每8小时一家，而这种快速扩张也使得麦当劳对门店的管理无法及时跟进，比如一些地区正在恶化的劳资关系和滞后的危机处理能力。在广州麦当劳消毒水事件中，店长反应迟缓，与消费者争执，都损坏了企业的品牌形象。民族和文化意识上的隔阂也给麦当劳带来了麻烦。与可口可乐、万宝路一样，麦当劳与“美国”这一概念捆绑在一起，其效应就如一把双刃剑，既征服了市场，也引来了麻烦。从中东乃至穆斯林掀起的抵制美国货运动，到“9•11”事件后麦当劳餐厅的爆炸事件，都说明了“美国” 品牌的负面效应。现代社会，快餐食品对健康的影响逐渐为越来越多的人重视，这成为麦当劳的又一危机。在我国2003年3月5日的“两会”上，全国政协委员张皎建议严格限制麦当劳、肯德基的发展；世界卫生组织（WHO）也正式宣布，麦当劳、肯德基的油煎、油炸食品中含有大量致癌毒素。

在各种因素的综合作用下，2002年10月麦当劳股价跌至7年以来的最低点，比1998年缩水了70%，并在2002年第四季度第一次出现了亏损。为改变这种情况，2002年初，麦当劳新的全球首席营销官拉里•莱特（Larry Light）上任，并策划了一系列整合营销传播方案，实施麦当劳的品牌更新计划。

2003年，麦当劳在新加坡和我国台湾等地推出了“和风饭食系列”、“韩式泡菜堡”，在我国大陆推出了“板烧鸡腿汉堡”，放松标准化模式，发挥本地化策略优势，推出新产品，顺应当地消费者的需求。2003年8月，麦当劳宣布，来自天津的孙蒙蒙女士成为麦当劳在内地的首个特许加盟商，打破了中国内地独资开设连锁店的惯例。2003年9月2日，麦当劳正式启动“我就喜欢”品牌更新计划。麦当劳第一次同时在全球100多个国家用同一组广告、同一种信息进行品牌宣传，一改几十年不变的“迎合妈妈和小孩”的快乐形象，放弃坚持了近50年的“家庭”定位举措，将注意力对准35岁以下的年轻消费群体，围绕着“酷”、“自己做主”、“我行我素”等年轻人推崇的理念，把麦当劳打造成年轻化、时尚化的形象。同时，麦当劳连锁店的广告海报和员工服装的基本色都换成了时尚前卫的黑色。配合品牌广告宣传，麦当劳推出了一系列超“酷”的促销活动，比如只要对服务员大声说“我就喜欢”或“I'm Loving It”，就能获赠圆筒冰激凌，这样的活动很受年轻人的欢迎。2003年11月24日，麦当劳与“动感地带”（M-Zone）宣布结成合作联盟，并在全国麦当劳店内同步推出了一系列“我的地盘，我就喜欢”的“通信+快餐”的协同营销活动。麦当劳还将在中国餐厅内提供WiFi服务，让消费者可以在麦当劳餐厅内享受时尚的无线上网乐趣。2004年2月12日，麦当劳与姚明签约，姚明成为麦当劳的全球形象代言人。姚明在身体健康和活动性、奥林匹克计划、“我就喜欢”营销活动和客户沟通方面发挥重要作用。2004年2月23日，麦当劳推出“365天给你优质惊喜，超值惊喜”活动，推出一项“超值惊喜，不过5元”的促销活动，在2004年2月23日到8月24日期间，共有近10款食品价格降到了5元以内。2004年2月27日，麦当劳宣布，将其全球范围内的奥运会合作伙伴关系延长到2012年。此举一次性地将其赞助权延长连续四届奥运会。这一为期八年的续约延续了麦当劳在餐馆和食品服务领域向2006年意大利都灵冬奥运会、2008年中国北京奥运会、2010年加拿大温哥华冬奥会和2012年的伦敦奥运会的独家销售权利，还可以在全球营销活动中使用奥运会的五环标志，并获得对全球201个国家和地区的奥运会参赛队伍的独家赞助机会。

经过一系列的努力，麦当劳2003年11月份的销售收入增长了14.9%，亚太地区的销售收入

增长了16.2%。公司的股价逆市上涨，创下了16个月以来的新高。JP摩根集团2003年12月称，麦当劳在全球经营已经有了很大的改变，并将麦当劳的股票评级从“一般市场表现”调升至“超出市场表现”。

（资料来源：http://wmzh1114.blog.163.com/blog/static/691098862009112412557940/）

分析与思考题：

你在广告宣传、营业推广和公共关系方面，对麦当劳有什么建议？

复习与思考

1．旅游广告的特点和作用是什么？

2．旅游人员推销的特点和作用是什么？

3．旅游营业推广的作用、方法和实施过程是什么？

4．分析影响旅游促销组合的因素。

5．联系当地一家旅行社，在了解相关情况的基础上，为该旅行社设计旅游促销组合策略方案。

第十章　旅游市场营销创新

学习目标

知识目标

1. 了解创新及市场营销创新理论
2. 掌握旅游市场营销创新的新观念
3. 了解旅游市场营销战略创新

技能目标

1. 能够运用旅游市场营销的新观念进行营销分析与策划
2. 能够在旅游市场营销的各个环节进行创造性思维

第一节　市场营销创新

一、创新理论及其内涵

创新理论最早是由著名经济学家约瑟夫·熊彼特提出的，他在 1912 年出版的德文版著作《经济发展理论》一书中提出“创新理论”以后，又相继在《经济周期》和《资本主义、社会主义和民主主义》两书中加以运用和发挥，形成了以“创新理论”为基础的独特的理论体系。

按照熊彼特的观点和分析，所谓创新，就是建立一种新的生产函数，即生产要素的重新组合，就是要把一种从来没有过的关于生产要素的生产条件的新组合引入生产体系中去，以实现对生产要素或生产条件的新组合。熊彼特认为，创新是在生产过程中产生的，是一种革命性的变化，也就是说创新的同时意味着毁灭；创新必须能够创造出新的价值；创新的主体是“企业家”。熊彼特的创新理论包括以下五种具体情况。

（1）开发新产品，或者改良原有产品，即开发消费者还不熟悉的产品，或者对原有产品加以改良，如引入某种新的特性。

（2）使用新的生产方法，就是在有关的制造部门中尚未通过实践检验的方法，这种新方法不需要建立在新的科学发展基础之上，但可以存在于商业上处理一种产品的新方式之中，如改手工生产方式为机械生产方式。

（3）发现新的市场，比如从国内市场走向国际市场，或者进入以前不曾进入的市场，不管这个市场以前是否存在。

（4）发现新的原料或半成品，如使用钛金属做眼镜的镜框。

（5）创建新的产业组织，如造成一种垄断地位，或者打破一种垄断地位。

二、市场营销创新

在熊彼特创新理论的基础上，中外学者对创新理论进行了多方位的研究和探讨。其中管理大师德鲁克对市场营销创新的定义尤为突出。德鲁克认为，创新活动是使人力和物质资源拥有更大的物质生产能力的活动，任何改变现存物质财富、创造潜力的方式都可以称为创新，创新是创造一种资源。按照这一基本思路，德鲁克将市场营销创新定义为“管理人员把社会需求转化为有利于企业的各种机会”。德鲁克对市场营销创新的定义很简练，但内容却很丰富，他是在继承和发展熊彼特创新概念及其含义的基础上，吸引现代市场营销原理和实践的成果，揭示了市场营销创新的实质、目的和结果。关于这个定义，可以从以下方面加以理解。

1. 创新主体是企业管理人员

熊彼特将创新主体定义为企业家，而德鲁克则将市场营销创新的主体界定为企业管理人员。这主要是因为德鲁克的市场营销创新仅包含企业经营管理的特定职能，具有特殊性，事实上，如果从市场营销创新过程来看，企业家、中层管理人员和基层员工都是不可或缺的，可以将其视为一个整合的创新主体；另外由于熊彼特和德鲁克所处的社会历史环境有很大不

同，企业家之外的管理人员的地位及其素质和能力都有很大差别，这可能也是两者界定的创新主体有差异的原因。

2．创新源于企业对社会需求的把握

对企业而言，社会需求表现为市场需求，包括消费者或组织的现实需求和潜在需求，另外还包括市场需求的发展变化趋势。市场经济条件下的企业是通过满足市场需求实现自身发展的，正如德鲁克所说："是顾客决定了企业的行为和观念，因为正是顾客，也只有顾客通过付钱购买商品或服务，把经济资源转化为财富，把东西转化为商品。企业认为它应该生产什么并非是最重要的—— 特别是对企业的将来和成功来说。顾客想购买的东西，他认为有价值的东西才是决定性的。"因此，企业的市场营销，特别是市场营销创新只有建立在对市场需求的科学分析和正确把握上才有可能获得成功。

3．创新的目的在于将社会需求转化为企业机会

企业的市场机会就是市场上未被满足的需求，市场机会的多少决定了企业发展的趋势和潜力。企业，特别是企业家在激烈的市场竞争中的根本任务就是捕捉市场机会，而这一任务的完成首先在于能否正确分析和把握市场需求，它是企业能否发展以及发展程度的前提。同样由于顾客决定了企业的性质，企业又是在激烈的市场竞争中生存的，只有比竞争对手更好地满足顾客的需求，才能取得成功和持续的发展。因此，面对不断变化的顾客需求和激烈的竞争状况，企业就必须不断创新，特别是进行市场营销创新。

三、旅游市场营销创新

根据熊彼特和德鲁克的相关定义的基本思路，结合现代旅游市场营销原理和实践，可以将旅游市场营销创新定义为："旅游企业（或组织）有关管理人员对所掌握的企业（或组织）资源进行新的组合，将市场需求转化为有利于企业（或组织）的各种机会。"根据市场营销原理，市场由一切具有特定欲望和需求的潜在顾客组成，市场规模的大小由具有需求、拥有他人所需的资源，且愿意以这些资源交换其所需的人数来决定。因此旅游市场营销创新的源头是旅游者未得到满足或未得到充分满足的需求，也就是市场营销原理中所界定的市场机会。另外，根据市场营销原理，消费者的需求是分层次的，并且总是在不断地发展变化，不断提升的，消费者的原有需求得到满足之后，新的需求又会产生，因此，市场上未被充分满足的需求总是存在的，而且随着科技进步、生产力水平提高和人们收入水平提高速度的加快，市场上未被满足和未被充分满足的需求有急剧加大的趋势，从而使旅游市场营销创新的必要性和可能性大为增加。因此，旅游企业对所掌握的企业营销资源进行新的组合只是旅游市场营销创新的表现形式，将市场需求转化为企业（或组织）的各种机会是旅游市场营销创新的内容，具体来说，旅游市场营销创新包括旅游企业（或组织）管理创新和旅游企业（或组织）文化创新两方面。

旅游企业（或组织）管理创新，实质上是为了比竞争者更好地满足市场需求。所谓管理创新，是指创造一种新的更有效的资源整合和目标制定等方面的细节管理，它包含了组织创新和制度创新的内容，其根据和内在动力是有效地配置资源。而配置资源的合理性是以效率和需求为标准的，而效率又是以需求为依据的。在日趋激烈的市场竞争中，旅游企业（或组

织）取得优势的根本途径是更卓越地为旅游者创造价值，使旅游者满意，这就是旅游市场营销。旅游企业（或组织）的市场实践证明，不仅资源配置及其效率的标准是对市场需求的满足及其程度，而使企业（组织）管理创新也只有围绕营销的需要才有意义，才能称之为创新。不能适应企业市场营销需要的企业（或组织）管理，不论其组织和制度多么理想化，也是不成立的和必须改变的。

旅游企业（或组织）文化创新是旅游市场营销创新的途径和目标。最先进的企业文化就是营销导向，亦即市场导向文化。因此旅游企业（组织）文化创新的基本趋势是建立一套在企业中的每个决策都始终将旅游者利益放在第一位，始终以卓越地为旅游者创造价值和使旅游者满意为基本价值观和信念，整个企业（或组织）所有的部门、所有的环节、所有的成员都自觉地为使旅游者满意而分担责任的企业（或组织）文化，这应该是一个旅游企业（或组织）应该不断追求的目标。

第二节　旅游市场营销观念创新

观念是行动的先导，没有观念上的创新，就不会有行动上的创新。营销观念不仅要求旅游企业（或组织）掌握、了解市场营销和社会营销等观念，还应积极采纳绿色营销、品牌营销、关系营销、体验营销、事件营销、文化营销、整合营销和网络营销等营销新概念，以不断更新企业（或组织）的战略思维并从宏观上指导企业（或组织）的全部营销活动。

一、绿色营销

绿色营销的产生有着深刻的理论思想背景。20 世纪 60 年代以来，传统工业文明的两大理论支柱——人本主义和功利主义受到日益猛烈的批评：人本主义过分夸大了人在自然界的中心地位，忽视了人对自然界永恒和绝对的依赖性；功利主义不考虑生态价值和环境成本，用涸泽而渔的方式满足人类的短期需求，忽略了资源的持续利用和人类的长期福祉，这使得地球的环境恶化和污染达到了前所未有的地步。生态危机要求全世界采取共同行动，加强环保，拯救地球。各国政府都制定、实施了“可持续发展战略”和相关环境保护的法规，企业也相应地提出了绿色营销观念。

所谓绿色营销是企业（或组织）以环境保护观念作为经营哲学思想，以绿色文化为价值观念，以绿色消费为中心和出发点，力求满足绿色消费需求的营销观念。绿色消费指的是消费者意识到环境恶化已经影响到他们的生活质量、方式，要求企业生产、销售、提供对环境影响最小的绿色产品或服务，以减少对环境的危害。绿色营销的内容包括四个层次：①在选择生产商品和技术的时候，就考虑到要尽量减少商品不利于环境保护的因素；②在商品消费与使用过程中，尽量引导消费者降低对环境造成的负面影响；③在考虑产品设计和包装时，努力降低商品或使用后的残余物；④对各种商品的软件服务，诸如生产产品观念、产品设计的意念、售后服务等过程，皆以符合节省资源、少污染为其服务导向。绿色营销考虑的是企业（或组织）活动同自然、社会环境的关系，谋求的是社会的可持续发展，它是在绿色消费的驱动下直接产生的。

【小资料 10-1】

酒店如何实施“绿色营销”

走“绿色营销”道路是酒店不可逆转的趋势，为此很多业内人士和专家纷纷提出建议：首先酒店应设置无烟楼层和无烟客房，在客房中布置绿色环境，在客房中放置绿色告示卡，使饭店创建绿色客房的行动获得宾客的理解和支持，在客房中增加有利于净化空气和美化环境的盆栽植物。其次，用绿色物品替换客房原有的有害物品，如用棉制洗衣袋替换塑料洗衣袋，用棉布等自然纤维制品替换化纤制品。再次，节约客房消耗，如用节能灯代替一般照明；在保证水压的情况下，减少抽水马桶的每次用水量和水龙头的出水量；在满足客人要求和保持清洁卫生的前提下，减少床单等洗涤次数。除了教育员工应养成节水、节电的良好习惯并制定奖励办法外，更主要的是尽量采用先进的节能设备，安装节能照明装置、节水设备、能源控制设施，如节能灯、感应水阀、限能系统等。

为客人介绍经济实惠、营养均衡而且不浪费资源的菜式组合。当发现客人所点的菜食过量时，适当地予以提醒。不忘为客人提供“打包”和“存酒”等服务，真正为客人着想的服务，会得到各方面的满意。所以说饭店节能的潜力相当大，这样不但大大降低酒店成本，而且会得到顾客赞誉，更可以保护环境，建设节约型社会。

（资料来源：http://business.sohu.com/20071221/n254213562.shtml）

二、品牌营销

菲利普·科特勒将品牌定义为：品牌就是一个名字、术语、标记或图案，或是它们的相互组合，用以识别企业提供给某个或某群消费者的产品或服务，并使之与竞争对手的产品或服务相区别。品牌是整体产品的一个部分，并且也是消费者购买的东西。

随着经济的发展和人们生活水平的提高，产品竞争经历了产量竞争、质量竞争、价格竞争、服务竞争和品牌竞争，而消费者的消费行为已经进入了品牌消费时期。所谓品牌消费是指消费者在购买行为中以市场认可的品牌产品为其购买决策的重要参数，其中部分消费者偏好某品牌并将其作为消费追求对象，整个市场上存在着较为明显的品牌消费者集群。在市场份额上名牌产品占有绝对优势，并表现出强烈的“马太效应”——强者更强，弱者更弱。因此，企业（或组织）应通过品牌营销获取竞争优势。品牌营销是指企业通过利用消费者的品牌需求，创造品牌价值，最终形成品牌效益的营销策略和过程，是通过市场营销运用各种营销策略使目标客户形成对企业品牌、产品和服务的认知过程。

严格来说，品牌本身不是财富，品牌忠诚才是企业（或组织）的财富。品牌忠诚是指由于质量、价格、信誉等诸多因素的吸引力，消费者对某一品牌的商品情有独钟，形成偏爱并长期购买某一品牌商品的行为。品牌忠诚的营造要求企业始终树立以消费者为中心的观念，千方百计满足消费者需求，赢得消费者的好感和信任，这是提高企业品牌忠诚度的根本途径。在旅游业竞争日渐激烈的情况下，如何将旅游产品做出特色，实现良好的社会效益和经济效益呢？这就需要加强旅游的开发与推广，实现旅游的品牌营销。

【小资料 10-2】

山西旅游品牌营销凸显观念突破

2008 年 5 月 26 日，雅典奥运冠军孟关良从备战奥运的训练现场急飞太原，亲自出席“宁武山水形象代言人”签字仪式，并接受了由宁武县委书记李树东授予的代言人水晶牌。山西省、忻州市及宁武县的相关部门和政府领导及国家体育总局水上运动管理中心领导齐聚一堂，热烈祝贺。山西省和忻州市的媒体对此纷纷予以报道，重要原因是：奥运冠军为山西旅游景区做代言人还是头一次，更何况是在 2008 年这样一个奥运年，并且孟关良还是 2008 年北京奥运会我国水上项目的种子选手。

宁武县地处晋西北管涔山麓，总面积 1987 平方公里，平均海拔 2000 米。境内山川秀美，风光旖旎，植被良好，泉水清澈，82 万亩天然次生林，林相之好，称冠华北，是中国北方罕见的高原森林自然生态区，被誉为“华北大地上的一颗绿色明珠”。这里有“高山天池、高原草甸、千年古城、万年冰洞、亿年古树”，是全国少有的旅游资源密集县。这里有 66 万亩高山草原、10 个高山湖泊、99 座奇峰峻岭，使这里融“黄山之奇、华山之险、泰山之雄、峨嵋之秀”，成为中国北方的经典山水。这里还是中原农耕文明和北方游牧文化的交汇地，有着厚重的历史文化底蕴。这里区位优越，设施完善，交通便利。可以说，宁武是一个资源丰富、生态良好、民风淳朴的旅游文化胜地。

特别是宁武芦芽山自然生态旅游区，是国家森林公园、国家地质公园、国家级自然保护区、国家水利风景区、中国民间文化遗产旅游示范区，是山西省十大旅游景区之一。

但是，就是这样一个难得的非人工打造的绿色家园、山水乐园，多少年来，却仍然是一个“养在深闺人未识”的“大家闺秀”。

宁武县所在的忻州市，同样是一处历史悠久、人文荟萃、景观众多的宝地。全市拥有全国历史文化名城 1 处，国家级风景名胜区 1 处，全国重点文物保护单位 19 处，全国红色旅游景区 2 处，各类旅游景点 294 处，特别是拥有世界瑰宝五台山，却也同样处在一个“实有余而名不足”的尴尬境地。

忻州市所在的山西省应该说是一个旅游大省，准确地说，是旅游资源大省，全国 70%的地上文物集中在山西。但直到今天山西还不能算是一个旅游名省，更不能说是旅游强省。随着近年来山西经济的快速发展，山西对旅游产业的重视程度也日益提高，旅游业的发展也有了明显的进步。但是由于煤炭产业的一枝独秀，能源和重化工产业始终处于山西的强势地位，使山西对于旅游产业的依存度难于提高，山西旅游业相比之下仍然十分脆弱。

按理说，山西旅游资源品位高、质地纯、文化底蕴深，自然生态浓，又有临近首都的优势，应该是游客如云，可为什么市场没有给其应有的地位？是市场的错吗？当然不是。一个比较普遍的问题就是观念上的落后。具体体现在品牌营销的乏力，有的甚至完全没有品牌营销意识，更谈不上品牌营销战略。市场推广浅尝辄止，缺乏系统性，且形式落后，效果甚微。

孟关良的这次太原之行，不仅成为宁武山水的形象代言人，使无名小县宁武一下子与奥运冠军联系在一起，使宁武旅游的品牌形象站在了一个新的起点，而且也是整个山西旅游品牌营销的一个突破性尝试，具有借鉴意义。

（资料来源：http://finance.sina.com.cn/roll/20080530/00164926355.shtml）

三、关系营销

关系营销是美国营销学者芭芭拉·杰克逊于 1985 年首先提出的，它是指企业与顾客、分销商、经销商和供应方等建立、保持并加强关系，通过互利交换及共同履行诺言，使有关各方实现各自的企业与购买者之间更亲密的工作关系和相互依赖的伙伴关系，建立和发展双

方的连续性效益，提高品牌忠诚度和巩固市场的方法与技巧。

传统的营销将企业和顾客看作是买卖关系，企业营销活动就是完成每笔交易，并谋求每笔交易利润的最大化。关系营销则认为企业和顾客的关系不只是交易关系，而应该建立起良好的、长久的伙伴关系，企业营销的目的不只是谋求企业利润的最大化，而是着眼于谋求双方利益的最大化。因此，关系营销在市场激烈的竞争中起着非常重要的作用，它可以保持更多客户，保证客户的回头率；扩大顾客范围，在多数情况下，客户与客户之间都会存在着一定的联系，他们会相互模仿对方。当然，最终达到的效果便是企业利润不断地稳固增长。

【小资料 10-3】

南航推出“常旅客飞行计划新体验之旅”

2007 年 4 月 11 日，南航将推出“常旅客飞行计划新体验之旅”，对奖励机票兑换、里程累积、会员升级三方面的会员规则进行了调整。拥有南航明珠常旅客计划会员卡的旅客将可获得更丰厚的馈赠和回报，其中包括兑换奖励机票，起兑公里下降 50%，金卡和银卡会员分别享受 30%和 15%的额外奖励，会员晋级既可根据飞行里程数又可根据航段数来统计等。其内容主要包括：

1．**1 万公里起兑—— 更易获取的起兑标准**

当南航明珠会员里程额累积到 1 万公里后，将可以使用里程积分直接兑换奖励机票或免费升舱服务。50%的降幅，意味着部分原没达到旧标准的会员将可以兑换到相应区间的奖励客票。

2．**级别越高奖励越多—— 更慷慨的里程累积**

按照以往的情况，不论是明珠俱乐部的金卡或银卡会员，只能享受到购买不同舱位等级的客票而累积到的不同的飞行里程。而在新的累积规则中，南航明珠俱乐部加大了对精英会员的关注力度，精英会员除了享受同普通旅客一样的累积里程外，金卡会员还可享受 30%、银卡会员可享受 15%的额外里程累积奖励。这正是明珠俱乐部更加关注精英客户的一个重要举措。

3．**飞得频繁也可升级—— 更合理的会员升级**

航空公司一般都是按照飞行里程累积的多少来确定旅客的级别，但对于短程旅客来说，即使飞行频繁仍可能无法晋级。而此次，南航将“购买频率”纳入升级考核标准，也就是说，在短程航线上，高频次购买行为将成为一种衡量忠诚度的标准。在“常旅客飞行计划新体验之旅”中，会员晋级更加灵活，将可以既根据飞行里程数，又可以根据航段数来统计。更合理的会员升级更体现在：乘坐头等舱和公务舱的明珠会员也有意外惊喜，头等舱和公务舱的一个飞行航段可核算为两个晋级航段。

4．**积分兑换更加灵活—— 更细致的积分兑换区域**

随着南航航线网络越来越密集、覆盖空间越来越广阔，其兑换奖励免票的标准也变得更加灵活。常旅客飞行计划新体验之旅中，会员兑换奖励机票的区域将从原来的 6 个区拓宽为 8 个区，能有效区分不同长度航线的兑换标准，极大提升地域临界航线的兑换合理性。

（资料来源：http://news.carnoc.com/list/83/83259.html）

四、体验营销

体验营销是一种伴随着体验经济出现的一种新的营销方式。美国学者派恩二世认为，经济价值经历了从提取产品、制造商品、提交服务到展示体验的演化。所谓体验，就是人们用一种从本质上是个性化的方式来度过一段时间，并从过程中获得一系列可回忆的事件。而在体验经济时代，体验不再是一种虚无缥缈的感觉，而是可以成为实在的旅游产品，消费者一旦被体验所打动，就容易产生非常高的满意度与评价。这是因为消费者需要的层次在不断提高，人们不仅关心产品的质量，更重视自己在消费产品后的心理与精神上的满足程度。

体验营销是指企业通过采用让目标顾客观摩、聆听、尝试、试用等方式，使其亲身体验企业提供的产品或服务，让顾客实际感知产品或服务的品质或性能，从而促使顾客认知、喜好并购买的一种营销方式。这种方式以满足消费者的体验需求为目标，以服务产品为平台，以有形产品为载体，生产、经营高质量产品，拉近企业和消费者之间的距离。

体验营销的目的在于促进产品销售，通过研究消费者状况，利用传统文化、现代科技、艺术和大自然等手段来增加产品的体验内涵，在给消费者心灵带来强烈的震撼时促成销售。体验营销可以在旅游产品中附加体验，去除不良体验，以完美的服务细节、高质量的旅游产品来满足消费者的高旅游期望；也可以在旅游服务中传递体验，除了完成规范化的旅游服务之外，更要以良好的个性化旅游服务来打动消费者；可以通过旅游广告与品牌，营造一个强调体验的旅游品牌形象；也可以创造全新的旅游体验，营造梦一般的旅游经历，以满足人们不断上升的旅游体验需求。

【小资料 10-4】

"体验式旅游"悄然升温

"到农民家里体验田园生活"、"像职业探险家一样穿越西部无人区"、"去国外入住当地人家"，诸如此类的旅游方式已经引起越来越多旅游者的响应。"体验式旅游"正悄然升温，成为现代旅游中最具开发潜力的一个亮点。

所谓"体验式旅游"，业界人士理解为旅行社安排更多参与性的活动，使游客感悟旅游真义。时尚的年轻人则认为，旅游不在乎山水，更多的是一种生活方式的体验，一种闲适心情的分享。

就目前的旅游产品而言，"体验式旅游"尚存在很大的市场空白。"体验式旅游"始于 1997 年广东中旅推出的穿越罗布泊探险游。随后，一些旅行社又开发了高校旅游。旅行社把清华、北大、复旦等名校作为一个景点列入旅游路线，激励孩子们树立考取名校的决心，让他们提前感受高校生活。当然，也有部分旅行社时不时拉出"当一回军人"、"做一天牧民"这样的大旗，但热闹一阵后，便偃旗息鼓。纵观旅游市场，与"体验"拉得上关系的旅游产品还真不多，而真正意义上的"体验式旅游"更是微乎其微。但在国外非常流行的"体验式游学"，则开了个好头。

"体验式游学"就是学生由出国留学机构办理出国，在国外完全进入当地的生活状态，参加由当地语言学校安排的课程及其他文体活动。虽然第一次独处异乡的孩子还不免表现出一定的拘谨，但与外国孩子同吃同住数十天的生活，却让全部学生都有一个共同的感受：再也不怕说外语了！

其实旅游中的众口难调是一个普遍性的问题，这在"体验式旅游"中表现得尤其突出。比如说"想做一天农民"的并不在少数，但事实上，目前并没有旅行社在做这个项目。自己开车去吧，不仅投石问路花费工夫，还有一个问题就是，即使到了农民家，谁信你呀，一番口舌之后，老乡

们也难理解。年轻一族只能无奈:“想做‘农民’原来这么难!”

一向精明的旅行社为什么开发“体验式旅游”的力度不大呢?原因就在于旅行社对有这部分需要的人群数量没有太大的信心,如果形不成规模,就无效益可言。所以旅行社对开发此类线路较为谨慎,因此目前旅行社对“体验式旅游”的开发还停留在“作秀”阶段。

从最初的观光游览到追求休闲化旅游,上升到找寻另类感觉的个性化旅游,这是旅游的三个不同层次。目前大部分的旅游者,还停留在“到此一游”的层面上。比如去北京旅游,大不了安排晚上听听京戏、看看杂技,到胡同里坐坐黄包车,体验的实质还停留在表层。再有就是“急行军式”的旅游方式,一天“走马观花”游览好几个城市,游客哪来什么文化体验?

(资料来源:http://www.kancaoyuan.com/LvYouYanXi/3297.htm)

五、事件营销

事件营销又称活动营销,即通过把握新闻的规律,制造具有新闻价值的事件,并通过具体的操作,让这一新闻事件得以传播,从而达到广告效果。对于一个企业(或组织)而言,就是通过运作公关事件来迅速提高企业和品牌的知名度、美誉度,达到“一举扬名天下知”的目的。旅游事件营销就是事件营销在旅游业方面的应用。成功的旅游事件营销通过借助或制造具有新闻价值的事件,并通过一系列的运作,让这一新闻事件广为人知,利用事件做广告,迅速增加旅游企业的美誉度和知名度。1999 年张家界世界飞行特技大奖赛就是一个非常成功的旅游营销事件,开启了中国旅游事件营销的先河。

旅游事件营销有三种类型:①利用既定事件进行营销。一般来说,既定事件应是具有较大影响力的事件,如奥运会、世界杯足球赛等重大体育赛事,或世博会等重大活动等。此类事件为社会公众所关注,利用这种关注度进行旅游营销宣传可以有效扩大宣传覆盖面和提升影响力。利用既定事件营销宣传应进行充分策划,以求最佳效果。②利用突发事件进行营销。突发事件,尤其是重大突发事件是媒体与公众的即时关注点,及时有效加以利用,可以成为宣传的极好机会。如 2008 年“5・12”汶川大地震之后,四川旅游部门在抗震救灾的同时,有意识地利用媒体宣传四川旅游,进一步提升知名度。利用突发事件进行旅游形象宣传,需要有强烈而敏锐的营销意识,善于抓住机遇,及时策划运作,借助媒体,扩大影响。③策划事件进行营销,即有意识地策划一些重要事件(活动),以吸引媒体与公众的关注,达到宣传旅游形象的效果。由于既定事件利用的有限性及突发事件利用的不可预知性,旅游事件营销更多的是策划性的事件营销。这种策划可以说是“无中生有”,策划得好,可以取得很大成功。

【小资料 10-5】

如何进行旅游事件营销——以碧峰峡景区为例

碧峰峡景区是如何从一个默默无闻的景区变得名满天下的呢?面对碧峰峡的成功,我们不禁要问它是如何打造成一流的旅游景区的呢?这个曾经名不见经传的省级风景区又是如何在知名景区林立的大西南旅游格局中突围的呢?

1. 事件营销:“饿”出知名度 穷则思变

峰峦叠嶂、水潭碧绿的碧峰峡在 2004 年之前的旅游收入并不乐观。调查发现,到四川旅游

的大多数游客都去了九寨沟、黄龙洞、乐山和杜甫草堂了，有的游客根本就不知道川西有一个碧峰峡。怎样在较短的时间内迅速提高碧峰峡的知名度，是碧峰峡风景区投资方——成都万贯集团亟待解决的问题。然而用什么策略才能让碧峰峡名震天下呢？做广告？投资方没有那么多资金，而且效果也不见得一定好。万贯集团的营销者们一致认为要想迅速炒红碧峰峡，那就必须让碧峰峡出事，即事件营销。因为，在媒体泛滥、公众注意力下降时代，一个小事件就可敌大量的广告，事件营销是制造吸引眼球运动的最佳策略。有人拿出了张家界之所以能迅速火暴就是凭借 1999 年法国飞行队“穿越天门”事件而引爆其知名度的作为例证。

策略定了，但策划什么样的“事件”才能让媒体和大众感兴趣，产生话题和裂变反应呢？

2．天赐良机

在万贯集团的营销高层们就策划什么样的“事件”才能产生炒作力而冥思苦想之际，有人提起了家住泸州的一位老中医陈建民看到媒体刊载美国魔术师大卫•布莱恩以禁食 44 天创下人类饥饿极限的消息后，觉得 44 天不是人类饥饿极限，他决定以 49 天来破此记录。大家一致认为挑战饥饿极限这件事既具有强大的炒作性，又容易操作。

首先，挑战饥饿极限之事有很大的新闻价值。“事件营销”能否被媒体着重处理和公众的高度关注主要取决于“事件”新闻价值的大小。新闻价值的大小是由构成这条新闻的客观事实适应社会的某种需要的素质所决定的。挑战人类 49 天饥饿极限之事完全符合新闻价值的四大要素，即第一性、重要性、显著性、趣味性。

3．雷厉风行

万贯集团的高层领导们立马拍板并即刻派人赶到泸州与陈建民洽谈，并多次协商，最终陈健民被万贯集团的诚意所打动，并于 2004 年 3 月 16 日 7 时入住碧峰峡，向“天下第一饿人”发起挑战。

经过紧张的筹备和实施，3 月中旬，陈建民的活动玻璃房终于在碧峰峡的一块青青的绿草地上建成，玻璃房面积近 16 平方米，重 3 吨左右，耗资近 10 万元，该活动房由 4 根约 10 米高的圆柱形钢柱作为主柱支承，外形设计成八角形，内设有马桶和浴室，空调和温度计；采光效果颇好，外面的人一下子便可看见他的一举一动，起到很好的监视效果。3 月 20 日，对陈建民来说是一个非常特别的日子，这天，尽管淫雨霏霏，但碧峰峡内可谓热闹非凡，有来自全国各地争相目睹“东方超人”的成千上万观众，更有中国中央电视台和来自英国天空电视台等全世界 50 多家媒体云集于此关注这位“东方超人”。这天，陈建民身着具有中国民族特色的唐装，面带笑容，在 3 名公证人员对他的所有生活用品和饮用水进行全面检查公证后，开始了他向“天下第一饿人”的冲击。

4．一饿惊天下

陈建民绝食 49 天挑战活动，让全球 100 余名主流媒体记者齐聚碧峰峡关注这一“挑战”的过程。共有包括“美女助威团”、“中医声援团”、“旅游同行考察团”、“记者团”、“奇人艺术团”在内的 18 个社会团队参与和见证了这一重大活动的“入关”仪式。碧峰峡通过这次“惊天一饿”赚得盆满钵满。粗略统计，仅门票一项就能多赚回 1500 万元，加上每人在景区的消费，举办方已经从这次活动中赚取近 3000 万元。陈建民的断食表演为万贯集团带来了万贯“横财”，此举同时还引起了旅游文化界的广泛争论和深思，这个事件除了本身取得了圆满的成功，更给碧峰峡的

品牌提升、知名度延展和市场营销带来无可估量的价值。

可以说，陈健民绝食的49天就是万贯集团向新闻媒体讲故事、抛售悬念的49天，也是媒体甘愿免费为碧峰峡宣传的49天。至此，原本闻所未闻的碧峰峡名震大江南北，长城内外。

（资料来源：http://www.aftrip.com/operation/Marketing/2009/09/28/1815141248.html）

六、文化营销

著名人类学学者泰勒这样给文化定义："文化或者文明就是由作为社会成员的人所获得的、包括知识、信念、艺术、道德法则、法律、风俗以及其他能力和习惯的复杂整体。"他将文化定义为特定的生活方式的整体，它包括观念形态和行为方式，提供道德的和理智的规范。它是通过学习而得的行为方式，并非源于生物学，而且为社会成员所共有。由于市场竞争日益加剧，旅游企业和旅游地的产品同质性越来越大；旅游企业与旅游地在产品、价格、渠道和促销等方面的优势因为相互间的迅速模仿和借鉴而很快消失；消费者在旅游经验与旅游意识上的不断觉醒与学习使得其旅游偏好不断调整与变化。在这样的环境下，作为一种相对稳定的强势资源，文化成为了旅游地与旅游企业寻求竞争优势的新领域，各地迥异的文化底蕴为旅游文化营销提供了良好的基础。

文化营销是指通过传递特定的文化来实现营销活动的过程。在旅游地与旅游企业的营销中，已经不是单纯地把旅游产品销售给消费者，而是以旅游地或旅游企业的旅游主题、文化旅游产品、文化背景来影响和引导消费者行为，传递出具有吸引力的情感，提升旅游地和旅游企业的文化品位与价值观念，旅游者在购买旅游产品的同时，有意无意中满足了自己的文化需求。

【小资料10-6】

大唐芙蓉园：炎黄子孙的"追梦园"

西北地区最大的文化主题公园——大唐芙蓉园，被誉为"国人震撼，世界惊奇"，从1996年计划产生时就备受关注。后又因连战、宋楚瑜在西安期间的参观游览，大唐芙蓉园被打造为炎黄子孙寻根追梦的"精神家园"，挑起了众多海内外华人的寻根情结。文化、民族情结、对历史盛世的微观重现都让大唐芙蓉园有足够的资本在开园的第一年熠熠生辉，赚足眼球。

总投资逾13亿元，占地1000亩的大唐芙蓉园是中国第一个全方位展示盛唐风貌的大型皇家园林式文化主题公园。该园的建设创下了多项记录：拥有全球最大的水幕电影、全球最大的户外香化工程；中国第一个"五感"公园；全国最大的仿唐皇家建筑群、中国园林和建筑艺术的集大成者，因而被中国工程院院士吴良镛等称为"中华古典建筑的博物馆"。

2004年，大唐芙蓉园项目先后被确定为西安市重点建设项目和陕西旅游设施建设重大工程。大唐芙蓉园的建设，一直是社会和新闻关注的热点。项目建设期间，累计接待来自全国各地的参观、来访人员超过10万人次，也成为西安市民街谈巷议的热点话题。人们热切地期盼着这一承载着文化复兴和旅游振兴的重大工程早日建成开放。

与大唐芙蓉园工程同步进行的还有一系列的营销活动，主要包括：世界第一的水幕电影、《梦回大唐》大型歌舞剧和《大唐芙蓉园》30集古装同名电视剧。尤其是有名导演和名演员的参与，以大唐芙蓉园为场景，演绎李杨爱情的电视剧，与芙蓉园开园同时热播，借助现代影视传媒，进行全国推广。2005 年 4 月 11 日，由曾组织北京中奥晚会等大型活动的北京北奥文化传播公司牵头的开园盛典在大唐芙蓉园隆重上演。“五一”黄金周前后，国民党主席连战、亲民党主席宋楚瑜相继来访，并分别题词“芙蓉美景，大唐圣境”、“芙蓉仙子芙蓉园，汉唐子孙汉唐心”。“大唐芙蓉园”紧抓这一事件，主推“盛唐文化”主题，挑起海内外华人的寻根情结，打造为炎黄子孙寻根追梦的“精神家园”。

11 月，在春城昆明的旅交会上，大唐芙蓉园以“东方神韵，梦回大唐”为参展主题，借会议平台，充分展示陕西旅游、西安旅游的新形象和西安曲江旅游新区打造“大唐圣境”这一西北第一文化品牌所取得的成就，赢得海内外参会者的极高赞誉。

大唐芙蓉园的景区整体规划牢牢抓住了盛唐的概念，12 个主题区和近 70 处景观栩栩如生地向人们演绎了一个活生生的大唐盛世。统计资料显示，西安大唐芙蓉园在开园不到一个月的时间，日游客量就升至 5 万人，2005 年“五一”黄金周期间接待游客达 28.3 万人次，创下中国主题公园游客人数之最。

（资料来源：http://finance.sina.com.cn/media/goga/20060215/18202345588.shtml）

七、整合营销

整合营销是一种对各种营销工具和手段的系统化结合，根据环境进行即时性的动态修正，以使交换双方在交互中实现价值增殖的营销理念与方法。整合营销就是为了建立、维护和传播品牌，加强与客户的关系，而对品牌进行计划、实施和监督的一系列营销工作。整合就是把各个独立地营销综合成一个整体，以产生协同效应。这些独立的营销工作包括广告、直接营销、销售促进、人员推销、包装、事件、赞助和客户服务等。整合营销的中心思想是通过企业与消费者的沟通，以满足消费者需要的价值为取向，确定企业统一的促销策略，协调使用各种不同的传播手段，发挥不同传播工具的优势，从而使企业的促销宣传实现低成本策略化与高强冲击力的要求，形成促销高潮。

整合营销与传统营销最大的区别在于重心的转移，从传统的消极、被动地适应消费者向积极主动地与消费者沟通交流，在这个过程中从营销的角度提出了与传统的 4P 相对应的 4C 主张。4C 即在营销活动中主张：忘掉产品，考虑消费者的需要和欲求（Consumer wants and needs）；忘掉定价，考虑消费者为满足其需求愿意付出多少（Cost）；忘掉渠道，考虑如何让消费者方便（Convenience）；忘掉促销，考虑如何同消费者进行双向沟通（Communication）。

【小资料 10-7】

德阳旅游营销整合案例

1．借好“三星堆”的势——吸引核扩散动力

借好德阳市广汉“三星堆”古迹品牌之势，延伸构造时空价值：三星堆古迹文物，作为一个世界级的旅游资源，要建成该市旅游门户、核心景点和全面带动该市旅游发展的龙头。利用三星堆“古蜀秘境”与德阳市作为“现代重工业之都”形成的巨大反差，推出“时空隧道”营销模式，以三星堆带动德阳城市旅游、工业旅游、三国旅游，形成借势扩展的动力传递结构。因此，借三星堆的势，我们用“时空隧道”概念营销，整合德阳的旅游资源，提高德阳旅游整体品牌价值。

2．用好"欢乐谷"的形——游憩模式带动动力

德阳"西部惊奇欢乐谷"，是一个把山水与游乐有机结合的经典案例，从游憩方式来看，具备了现代之形，有普遍的借鉴意义。用好"欢乐谷"的形，可以把德阳打造成为集康体、养性、休闲一体的"现代桃源"。通过借鉴国内外体验式娱乐化旅游景点的经验，在自然风光+娱乐休闲方面做出极好的游憩样板。其共性：注入现代游憩、康体、休闲养性文化元素。文化内涵要体现其丰富性，要有本土的古蜀文化、三国文化、德孝文化、马祖禅文化、孔子文化、宗教文化、民俗文化（绵竹年画、广汉保保节）、现代工业文化、酒文化、烟文化等多种旅游载体。如蓥华山，在依托高山景观的同时注入禅文化等在现代游乐方式的设计中给旅游者文化休闲的体验。

3．叫响德阳旅游的名——品牌整合传播

德阳的形象定位是"古蜀秘境，惊彩德阳"。这八个字自带德阳旅游整体神韵。"古蜀秘境"展现的是德阳神秘、富有内涵的文化基础，突出三星堆在德阳旅游发展中的龙头地位，突出德阳旅游借三星堆的势。三星堆确凿无疑地证明了中华文明的起源是多元一体的。证明了长江流域和黄河流域相同，都是中华文明的发源地。三星堆就是长江上游地区中华文明最杰出的代表。在营销中可以借用"三星堆——长江文明之源"的高度进行营销推广，同时引发社会及学术界针对这个概念的讨论，形成广泛的社会关注，利用社会关注营销德阳旅游品牌。"惊彩德阳"指德阳旅游目的地拥有让人惊奇、惊叹，多姿多彩的文化和自然。三星堆、三国、三线建设，跨越了五千年的时间，却在同一块土地上积淀下来。三星堆的辉煌化为难解的千古之迷，三国的群雄已经被浪花淘尽，黄继光的壮烈成为永恒的不朽，在这片神奇的土地上还在继续着当代的传奇。德阳当今为国家建设提供大量一流的重型装备，三峡工程大转轮的运输曾引得数百万群众沿途围观。这一切异彩纷呈，无不具有浓厚的传奇色彩。

通过"时空隧道"概念的整合营销和"欢乐谷现代桃源"的包装和打造，使德阳成为以观光功能为主，满足旅游者休闲养性和康体娱乐的体验式旅游目的地。这就是德阳旅游目的地的整体灵魂，即整合了德阳旅游资源，在目标受众中求得市场认同，包括初级的概念认同、形象认同（想到德阳旅游），到实际的行动认同（到德阳旅游），再到更高级的理念认同（向别人推荐德阳旅游），从而打造出德阳自身的品牌。

（资料来源：http://www.lwcj.com/expert/user1/39985/archives/2005/821.htm）

八、网络营销

网络营销是企业整体营销战略的一个组成部分，是为实现企业总体经营目标所进行的，以互联网为基本手段营造网上经营环境的各种活动。网络营销的优点在于可以提高营销效率、降低营销预算、延长营销市场、改进营销环境和创新营销方式。

网络时代的到来，给旅游业带来了新的经营组织、经营方式、传播方式和技术手段等，如旅游网络广告、网上旅游、旅游网络交易中心、旅游网络预订和结算等越来越普及。旅游网络营销也是适应网络技术发展与信息网络时代社会变革的新生事物，它已经成为新世纪的旅游营销策略。它是指旅游企业为实现营销目标，借助联机网络、电脑通信和数字交换媒体进行的营销活动。与其他行业的企业一样，网络为旅游企业树立市场形象、实现双向交流、

开展在线交易提供了广阔的发展空间。

【小资料 10-8】

世界上最好的工作

2009 年当地时间 4 月 2 日晚 11 时，澳大利亚昆士兰州旅游局在全世界几千万人的期待中公布了入围“世上最好的工作”的 16 位候选人，此前入围 50 强的三位中国候选人，除来自中国台湾的女孩王秀毓以 151676 份投票，在 3 月 25 日就提前以“外卡候选人”身份晋级外；今年 31 岁，在广州一家世界 500 强企业从事信息化管理工作的姚逸也成功入选。

昆士兰州旅游局的彼特·拉威尔称，由于入选的前 50 名候选人的才能非常出色，官员们把最后入围人员的人数由计划的 10 人扩大至 15 人。拉威尔称：“最后入围人员来自 15 个国家，年龄在 20 至 28 岁之间，包括 10 名男子和 6 名女子。他们的职业分别是学生、记者、电视主持人、摄影师、接待、电台 DJ、教师、慈善活动经理、演员。”

然而，这波从今年 1 月 9 日开始掀起的全球“大堡礁”风波并不会马上平息。

现在，当地旅游局已经承认活动的实质旨在提升大堡礁的国际知名度。昆士兰旅游局的 Desley Boyle 表示，全世界对此次耗资 170 万澳元的活动反响热烈，其所带来的公关价值已达 7000 多万美元。她在一份声明中说：“这次活动很大程度上依靠的是公共关系和社交网络活动。”

目前，这一由澳大利亚机构 Cummins Nitro 设计的事件，已经被包括英国路透社在内的知名媒体评为 2009 年堪称经典的网络营销案例。

1．这确实是一份工作

尽管实质是精心策划的市场策略和公关手段，但它确实是一份真实的工作，让人无法质疑其动机。

金融风暴席卷全球，在这个人心惶惶的时刻，能够拥有一份稳定、高薪的工作是很惬意的事情，澳大利亚昆士兰旅游局恰逢其时地推出这个职位。

这份“全世界最好的工作”到底要做什么？昆士兰旅游局要求应聘者必须具备良好的沟通技巧，良好的英语听写能力，喜欢探索、冒险的态度，乐意尝试新鲜事物，热爱大自然，良好的游泳技巧及热爱浮潜或潜水，以及至少一年以上相关经验，等等。

在澳大利亚，年薪 5 万～6 万澳元已经算是中产阶级了。而在金融危机之下，现在很多澳大利亚人没有全职工作，而是同时拥有几份按小时计工资的兼职。因此，工作半年 15 万澳元，算是“金领”了。于是在报名期内，这份工作就吸引了包括 11565 名美国人、2791 名加拿大人、2262 名英国人和 2064 名澳大利亚人、503 名中国人报名参与。

不过，主办者的最终目的是“宣传”两字，如何向世界各地的游客宣传大堡礁，才是这个“岛主”的最终职责。这份工作要通过自己的冒险经历，替旅游局宣传大堡礁岛屿。这是一次别出心裁的市场战略，旨在提升大堡礁群岛在国际上的知名度，但候选者必须经历真实的招聘过程。

2．最好的旅游策划

从表面看，赢家是最终入选的大堡礁护岛人，实际上，最大赢家是昆士兰旅游局。

大堡礁尽管久负盛名，但因为随着海洋升温以及游客增多，一度大堡礁的珊瑚虫濒临灭绝，经过一段时间的休养生息，大堡礁生态环境得到了恢复，知名度却已大不如从前。哈密尔顿岛素

有澳大利亚“大堡礁之星”的美誉，岛上终年气候舒适宜人，活动多姿多彩，但由于当地旅游受金融危机冲击，旅客量大减。于是，通过这样一个精心策划的活动来推广其旅游产业并创收成为最直接的目的。澳大利亚昆士兰州旅游局上海办公室的市场推广经理沈俐说，这个计划酝酿了一整年。

澳大利亚的前五大客源国分别为新西兰、英国、日本、美国和中国，于是在昆士兰旅游局招聘网站“世界上最好的工作”上，建立了7个版本的网站，覆盖面极广；这次招聘中，虽然面向的是广大人群，但因为中国的游客是近年来增长最快的，而此次护岛人将“定居”的汉密尔顿岛又是中国旅游团尚未开辟的旅游路线。中国作为重中之重的客户，自然也受到了额外的待遇，比如海选的官方网站仅中文版本就分为大陆简体、台湾繁体、香港繁体三种，昆士兰旅游局甚至在北京进行了现场招聘。针对英国市场，昆士兰旅游局还为大堡礁配套推出了“世上最好的蜜月目的地”、“世上最好的度假目的地”等系列活动。

3．没有网络哪来疯狂

如果没有网络，这次招聘绝对不会如此疯狂。“世界上最好的工作”，其所有关键环节都在网上展开，昆士兰旅游局从一开始就建立了活动网站。旅游局在全球各个办公室的员工则纷纷登录各自国家的论坛、社区发贴，让消息在网友中传播开来。

此次活动的参赛规则是全世界任何人都可通过官方网站报名，“申请者必须制作一个英文求职视频，介绍自己为何是该职位的最佳人选，内容不可多于60秒，并将视频和一份需要简单填写的申请表上传至活动的官方网站。”很多人即使没有希望获得这份工作，也可以录制一段视频来参加或自娱自乐一下。

而官方网站的合作伙伴是YouTube，借助YouTube在全球的巨大影响，活动本身又得到了进一步的口碑和“病毒传播”。

环环相扣的互联网应用层出不穷。为了“挑起群众斗群众”，主办方又设计了经网络投票决出“外卡选手”环节，入选50强的选手会不断拉票，而关注活动的人会为心仪选手投票，还有人会持续关注包括投票在内的活动进展。据悉，截止到3月10日，网站的PV（页面浏览量）总量达到了4000万。在这一环节中，中国台湾的王秀毓以151676票成为“外卡”的唯一候选人，她的票数比得票数最接近的对手高出了近三倍。

除此之外，主办方在投票过程上也进行了精心设置，跟国内常见的点一个按钮不一样，要先输入邮箱地址，然后查收一封来自昆士兰旅游局（Tourism Queensland）的确认件，确认后再行使投票权。

其实，通过确认并参与投票的网民都会好好浏览一下这个做得很漂亮，实质上是旅游网站的招聘网站，大堡礁的旖旎风光、万种风情马上就开始让人心驰神往。更重要的是，投票者的邮箱未来都会不定期地收到来自大堡礁的问候。试想，在有钱又有闲的情况下，难保没有人不会动心。

在发布招聘信息、选秀、确定人员这几轮营销活动之后，估计新的营销高潮就是“护岛人”不断更新的博客、相册、视频了。正如一位网友在博客中写道：“7月1日，护岛人公布了，你会不会有想去看他/她的冲动？护岛人怎么上下班？工作餐怎么办？能不能一起合个影……”

（资料来源：http://www.kancaoyuan.com/LvYouYanXi/2645.htm）

第三节　旅游市场营销战略创新

一、旅游市场需求的转变

早期的大众旅游可以追溯到工业革命时期。旅游业继承传统工业的大规模标准化生产模式的不成熟性和经济技术等的不发达性，造就了大批要求低且需求类似的不成熟的旅游者。这时的旅游市场需求体现为对于内涵相似的标准化旅游产品的大规模无差异需求。这种需求基本上是大众化的、可以预测且缺乏弹性的，一定程度上可以由旅游产品生产者来创造和引导，因为不成熟的旅游者对于旅游产品并无严格标准和很高预期。随着旅游业最初沿袭借鉴的工业化生产方式的变革和旅游业自身的不断成熟，旅游市场开始由于不同类型需求的出现而经历了不同程度的“非大规模化”，旅游者追求变化和差异的需要使大规模同质旅游市场自然分割成多样化的微观市场。具有不同需求的群体在不同的分销渠道上追逐不同的旅游产品。尤其是 20 世纪 80 年代后期以来，以资本为核心资源的工业社会向知识经济转移过程中产生的生产交换模式变化、以 Internet 为代表的信息技术的飞速发展和以其为凭借的旅游者消费意识的转化与成熟度的提高，更加剧了需求的个性化和多样化趋势。相对于大众旅游时期来讲，旅游市场需求总体呈现出细分化、差异化、复杂化和个性多样化。虽然由于旅游者对于旅游的需求增加、有效需求转化为实际需求的过程也更为便捷等原因，总体需求水平相对于以前大量地提高，但同时旅游者也在不断创新自己高度个性化的需求，从而使这些需求分散于日趋超细分化的市场需求群中。

旅游需求向微观个性转变的总体趋势在对旅游产品种类、旅游产品信息渠道和旅游产品交易渠道的需求上有以下具体表现。

（一）旅游产品需求变化

在对旅游产品的需求方面，现代旅游者出于对自主、灵活、发挥个性等的追求，在参加旅游的形式方面体现出对形态多样的散客自助式旅游的强烈需求。据美国《旅游与娱乐》杂志近年所作的一项关于非商务旅游特点与动机的调查显示，参加包价旅游的旅游者只占 24%，有 76%的旅游者以散客形式参加旅游。这一趋势还将由于 Internet 的普及所带来的旅游者自己设计线路、网上预订的便利性而进一步加强。其对旅游产品的需求总体上体现出个性、多样和自主参与等特点。

对饭店业来说，随着跨国公司的发展和国际间经贸往来的增加，商务客人逐渐构成我国许多高档酒店的主要客源。商务客人的需求与以往的观光客人有所不同，他们往往对价格不很敏感，而需要省时、方便、准确和快捷的服务，并希望能在饭店内完成电文传递、印制文件、商务咨询、机票预订等事项。顾客需求的变化迫使饭店及时进行创新改造，提供其所需服务。

（二）旅游产品信息渠道需求变化

这种对于产品个性化的需求甚至会升级为通过自己设计组装产品来满足，这些都对接触和获得信息的渠道有了更高的要求。多样化旅游产品信息总是不断增多，而单体规模日渐减

小，市场日益趋向分散化和全球化。每个需求群都有其强烈的偏好和消费特点，只有通过越来越具差别性的媒体才能与其相互沟通。同时旅游者对于这些分散信息的快速取得和易于整理的需求又不断提高。这一切是分散地利用不发达信息技术的传统大众传媒形式所难以兼顾的。可以说，唯独依靠以因特网为代表的信息技术的发展才能满足这种对信息渠道的广度、随意性和高速化的需求。

（三）旅游产品交易方式需求变化

在旅游产品交易方式的需求方面，旅游者对于交易的便利性、及时性、随时性和快捷高效性等都有了更高的价值取向。其常常愿意采用随走随买、零星分散的方式来进行交易。总体来讲，旅游者需要及时获得大量的旅游信息，通过自己的加工整理和与旅游生产者互动的方式，针对自己的个性化需求定制适合自己的旅游产品，并通过快速高效的交易渠道随时进行旅游交易。

处于这一需求发展进程不同阶段的地区会体现出不同的个性化特征，其形式都是一定范围内不同需求的极端个性化。但由于旅游业的全球一体化运作，一定市场范围内的个人需求扩展到整个旅游市场的需求总体，则会形成一定规模的同质需求市场，从而使旅游营销战略的变革和实施成为可能。

二、旅游市场营销战略创新

对应大众旅游时期的需求特点，大规模营销战略的观念建立在旅游者对于单一产品有大量需求的假定上，认为采取大批量生产、促销和分销单一产品从而降低成本和价格来创造最大的潜在市场的无差别营销是最有效的。其运作中不考虑各种可能存在的细分市场间的差别，而致力于旅游者需求中的相同之处，推出单一的包价旅游产品来追求整个市场，即用相似的、标准化的、缺乏变化的包价旅游产品去满足常规的旅游需求。其采用以价格促销的方式追求产品在销售数量上的规模扩张和最大化，凭借广泛的销售渠道、大规模的旅行宣传在旅游者心目中树立某一产品的形象。在此战略阶段，产品设计、生产、促销和销售各环节之间的联系很少，而且在整体上可以不顾及旅游者的需求特点。

随着大众旅游在旅游业中的发展而体现出的非大规模化，旅游产品营销者开始关注需求的差异性，从而在经历了提供多种产品来扩大旅游者基数的差异营销战略后，转向目标市场营销战略的变革，即提供多样化的旅游产品并有针对性地满足日趋复杂多变的旅游需求。在目标市场营销中，营销者要区分出构成旅游市场的各种不同群体间的差别，从中选择一个或几个细分市场，并为每个细分的目标市场开发出相应产品和制订营销计划。以有效的市场细分为基础的目标市场营销战略造就了旅游产品种类、旅游方式和旅游交易形式等在近些年来的极大丰富，顺应了旅游者的多样化需求。同时，由于市场微观化导致市场细分程度由原来的细分市场到超细分市场的转化，又在向类似于“一对一”市场的终极细分市场的转化，有效的着力点也从目标市场群的需求转到超细分市场需求甚至将转向目标个体需求。这种目标个体需求在旅游活动全球化的强大市场基数下仍然具有其有利可图的运作规模，从而最终形成以批量为基础、从事大量的高度个性化产品生产以满足每个旅游者需求的“一对一”顾客定制化营销战略。

在这一旅游营销战略运作中要贯彻以下思想：强调将每个单个旅游者都作为有独一无二个性的微观目标市场，凸显对其个性需求的终极关怀；从旅游产品生产上实现顾客定制化，让旅游者参与生产完全符合自己愿望的产品。一方面让旅游者通过因特网等方式自选自组体现自己个性的旅游产品；另一方面，即使在向旅游市场提供标准化旅游产品，如包价旅游时，也不仅限于生产某一标准的营销供应品，而是让旅游者有权对其中内容进行选择、增减和重组。即使产品不能顾客化定制，营销方式也可以顾客化定制。这种极富个性的定制化营销要建立在网络等技术手段的支持下。总之，相对于大众营销来说，目标市场营销是针对若干个细分化程度不一的细分市场实施分散营销的战略。

三、旅游产品销售渠道创新

自20世纪80年代中后期以来，随着全球经济技术的发展和旅游业的不断成熟，旅游营销战略正经历着由大规模营销向以“一对一”的顾客定制化营销为终极形式的目标市场营销的变革。相应地，作为旅游营销组合重要成员的旅游产品销售渠道，也在不同程度上由原来的长宽并重向日益短宽化发展。尤其是计算机技术的飞速发展，一方面促进了旅游产品供给方力图跨越中间环节的渠道最短化倾向，另一方面更为渠道的拓宽提供了无限的空间，从而进一步推动了渠道策略向以宽为主的变革。

旅游需求及其引导旅游营销战略的变革必将引发旅游产品销售渠道策略的变革。在以长宽两个纬度的组合构建的旅游产品销售渠道的框架中可以看出，在大众营销时期，旅游产品销售渠道决策坚持长宽并重的取向。由于旅游需求是大规模同质的，旅游产品生产也是大批量的，因而对于分销系统的最根本要求就是能否实现效率最大化，而这一点在当时的经济技术条件下单纯依靠旅游产品生产者自身是难以实现的，从而使以旅行社为代表的大量销售中介机构成为分销的主力军，每条间接销售渠道上所运行的销售量成为宽度决策中关注的焦点。同时，由于旅游需求的无差异性和旅游产品的标准化、专业知识含量低等特点，旅游产品的生产者和最终消费者可以相互隔离而相安无事，不需要就产品进行大量沟通。标准化的旅游产品经由大量中间环节到达最终消费者时不会有很大变化，这就为间接销售渠道的长度取向提供了可能，为达到自己难以直接到达的客源市场，旅游产品生产者可以尽可能延长和叠加中间环节。销售渠道策略的出发点是通过销售能力尽可能大的旅游中间商的尽可能多的介入来形成长度尽可能触及和分散到全球各地、宽度尽可能承载最大交易量的长宽并重的销售渠道结构。但是在此阶段，渠道在长度上会受国家间进入壁垒等限制而难以到达市场，宽度上更有技术手段等的限制。

当旅游需求发展到高度个性时，“一对一”的营销战略必然要求生产者实现包括交易在内的与旅游者的直接接触，缩短销售渠道直到实现面对面的销售。在旅游产品生产者不得不直接关注各种个性化需求，从而有针对性地生产多样的非标准化的旅游产品的顾客定制化营销时期，有效的销售渠道必然体现为旅游产品供需双方直接互动接触的渠道最短化形态。由于旅游中间商往往缺乏关于各种个性特色化旅游产品的专门信息和知识，由过多中间环节形成的过长渠道不仅会使旅游产品的销售成本提高，也会削弱维持产品特色的控制力，甚至导致高度个性化、附加值高的旅游产品在到达最终消费者时已发生了个性上的改变和价值含量的降低，难以满足旅游需求对个性化的追求。再加上为了顺应旅游者对于交易的便捷性、灵

活性、快速高效性的需求等原因，更产生了以计算机网络技术为支撑的跨越旅游销售中间环节的销售渠道短宽化趋势。

旅游产品销售渠道短宽化趋势的具体实现在总体上都是以计算机网络化为基础的。互联网提供了巨大的信息量和交易便利，从而作为强大的技术支撑为销售渠道的宽度决策提供了无限的扩展空间；旅游销售渠道长度决策中的短化取向的实现则依赖于信息网络化带动的规模经济效应和对应旅游需求多样个性化而采取的范围经营等途径。

（1）互联网成为销售渠道变革中的一体化趋势。计算机技术在咨询、预订直至网络方面的发展和普及为旅游产品生产者在主要市场范围内扩大同顾客的直接接触提供了可能。其导致的一体化是近年来旅游销售渠道发展中最重大的变革之一。传统销售渠道由独立的旅游产品生产者、旅游批发商、零售商等构成，每个成员作为独立实体追求自己的利润最大化，即使是以损害渠道系统整体利益为代价也在所不惜。垂直一体化的销售渠道系统则相反，它是由生产者、批发商、零售商形成的以产权为约束的统一联合体。如近年来美国旅游批发商为了对抗供应商越过自己的直销趋势，实行反向一体化，通过购买兼并等方式取得供应商，同时实行前向一体化，买进包括旅行代理商在内的国内外层次来控制零售点。正反向一体化使大批发商的规模更大，有的甚至成为大型垄断企业，通过同时拥有生产、批发、零售三个层次而控制整个旅游产品分销渠道，使渠道最短化。

（2）旅游营销策略向个性化的转变必然导致旅游产品生产者利用范围经济效应实现多样特色化的产品生产，而这种非标准化的产品必然要求采用已不单纯是作为交易手段的直接销售渠道，从而使销售渠道在长度上趋向最短，而在宽度上由于多样化产品的生产而实现总销量上互相补充而呈现出的渠道短宽化。

本章小结

旅游企业作为服务性企业，为在不断变化的市场环境中谋求经营成功，就必须建立起新的营销理论，树立新的营销观念，应用新的营销战略与策略，不断进行市场营销创新。本章主要介绍了旅游市场营销创新的相关概念，如创新理论、市场营销创新和旅游市场营销创新；一些新的营销观念，如绿色营销、品牌营销、关系营销和事件营销等；同时分析了旅游市场营销的战略创新。

关键术语

创新理论（Innovation Theory）
旅游市场营销创新 （Tourism Marketing Innovation）
绿色营销（Green Marketing）
品牌营销（Branding Marketing）
关系营销（Relationship Marketing）
体验营销（Experiential Marketing）
事件营销（Event Marketing）
文化营销（Cultural Marketing）

整合营销（Integrated Marketing）

网络营销（Network Marketing）

案例分析

香格里拉的营销之道

香格里拉是国际著名的大型旅游企业连锁集团，它的经营策略很好地体现了旅游关系营销的内容。

香格里拉饭店与度假村是从 1971 年新加坡豪华香格里拉饭店的开业开始起步的，很快便以其标准化的管理及个性化的服务赢得国际社会的认同，在亚洲的主要城市得以迅速发展。其总部设在中国香港，它是亚洲最大的豪华旅游企业集团，并被许多权威机构评为世界上最好的旅游企业集团之一，它所拥有的豪华旅游企业和度假村已成为最受人们欢迎的休闲度假场所。香格里拉始终如一地把游客满意当成旅游企业经营思想的核心，并围绕它把其经营哲学浓缩于一句话——“由体贴入微的员工提供的亚洲式接待”。

香格里拉有 8 项指导原则:

1. 我们将在所有关系中表现真诚与体贴;
2. 我们将在每次与游客接触中尽可能为其提供更多的服务;
3. 我们将保持服务的一致性，客人只需打一个电话就可解决所有问题;
4. 我们确保我们的服务过程能使游客感到友好，员工感到轻松;
5. 我们希望每一位高层管理人员都尽可能地多与游客接触;
6. 我们确保决策点就在与游客接触的现场;
7. 我们将为我们的员工创造一个能使他们的个人目标、事业目标均得以实现的环境;
8. 客人的满意是我们事业的动力。

与航空旅游公司联合促销是香格里拉旅游企业互惠合作的手段之一。香格里拉与众多的航空旅游公司推行“频繁飞行旅游者计划”。入住香格里拉饭店时，客人只要出示“频繁飞行旅游者计划”的会员卡和按门市价支付费用，就可得到众多旅游公司给予的免费公里数或累计点数，如:每晚住宿便可得到德国汉莎航空旅游公司、美国西北航空旅游公司、联合航空旅游公司提供的 500 英里的优惠。其他航空旅游公司有加拿大航空旅游公司、新加坡航空旅游公司、瑞士航空旅游公司、澳大利亚航空旅游公司、马来西亚航空旅游公司和泰国航空旅游公司等。另外，香格里拉还单独给予客人一些额外机会来领取奖金和优惠。

游客服务与住房承诺方面，则体现了旅游企业在承诺、信任原则上的坚持，正因为如此，香格里拉饭店的回头客很多。饭店鼓励员工同客人交朋友，员工可自由地同客人进行私人交流。饭店建立的“游客服务中心”，与原来各件事要查询不同的部门不同，客人只需打一个电话到游客服务中心，一切问题均可得到解决，饭店因此也可更好地掌握游客信息，协调部门工作，及时满足游客。在对待客人投诉时，绝不说“不”，全体员工达成共识，即“我们不必分清谁对谁错，只需分清什么是对，什么是错。”让客人在心理上感觉他“赢”了，而“我们”在事实上做对了，这是最圆满的结局。每个员工时刻提醒自己多为客人着想，不仅在服务的具体功能上，而且在服务的心理效果上满足游客。香格里拉饭店重视来自世界不同地区、不同国家客人的生活习惯和文化传统的差异，有针对性地提供不同的服务。如对日本客人提供“背对背”服务，客房服务员必须等客人离开客房后再打扫、整理客房，避免与客人直接碰面。饭店为客人设立个人档案，长期保存，作为为客人提供个性化服务的依据。

（资料来源：http://jpkc.gdut.edu.cn/08xjsh/scyx/CONTENT/resourcesfile/Case/2.html）

分析与思考题：

香格里拉饭店集团成功营销的特点是什么？采用了哪些营销方式或观念？

复习与思考

1．旅游市场营销创新的含义和意义是什么？

2．请举例分析旅游市场营销的观念创新。

3．旅游市场需求目前发生了哪些变化？应该采取什么样的营销战略与其相适应？

4．请以你所在的学校为例，结合本章所学的旅游市场营销创新的相关知识，思考如何来开发本校的大学生旅游市场。

参考文献

[1] 科特勒，凯勒．营销管理[M]．12 版．梅清豪，译．上海：上海人民出版社，2006．

[2] 科特勒，等．旅游市场营销[M]．2 版．谢彦君，译．北京：旅游教育出版社，2002．

[3] 约翰逊．旅游业市场营销[M]．张凌云，马晓秋，译．北京：电子工业出版社，2004．

[4] 郭国庆，杨学成．市场营销学概论[M]．北京：高等教育出版社，2008．

[5] 张晓堂．市场营销学[M]．北京：中国人民大学出版社，2003．

[6] 赵西萍，等．旅游市场营销学[M]．北京：高等教育出版社，2002．

[7] 吴金林．旅游市场营销[M]．2 版．北京：高等教育出版社，2007．

[8] 苟自钧．旅游市场营销学[M]．郑州：郑州大学出版社，2002．

[9] 舒伯阳，何红丽，胡灿伟，等．旅游市场营销[M]．北京：清华大学出版社，2009．

[10] 郭英之．旅游市场营销[M]．大连：东北财经大学出版社，2006．

[11] 谷慧敏．旅游市场营销[M]．北京：旅游教育出版社，2002．

[12] 陈永兴．市场调查与预测技巧[M]．济南：山东人民出版社，1995．

[13] 徐井岗．市场调研与预测[M]．北京：科学出版社，2004．

[14] 苏日娜，陈云川．旅游市场营销[M]．北京：机械工业出版社，2008．

[15] 杨益新．旅游市场营销学[M]．北京：清华大学出版社，2008．

[16] 袁平．旅游市场营销[M]．郑州：郑州大学出版社，2006．

[17] 李天元．旅游市场营销纲要[M]．北京：中国旅游出版社，2009．

[18] 李翠微．旅游市场营销学[M]．北京：经济科学出版社，2008．

[19] 梁昭．旅游市场营销[M]．北京：中国人民大学出版社，2006．

[20] 马勇，刘名俭．旅游市场营销管理[M]．3 版．大连：东北财经大学出版社，2008．

[21] 胡自华，曹洪．旅游市场营销[M]．武汉：武汉大学出版社，2009．

[22] 赵毅，叶红．新编旅游市场营销学[M]．北京：清华大学出版社，2006．

[23] 梁骥．旅游市场营销[M]．大连：大连理工大学出版社，2006．

[24] 魏成元，王红．旅游市场营销[M]．北京：中国旅游出版社，2007．

[25] 马勇，毕斗斗．旅游市场营销[M]．汕头：汕头大学出版社，2004．

[26] 孙庆群，王铁．旅游市场营销学[M]．北京：化学工业出版社，2005．

[27] 雍天荣，吴金峰，董建宏．旅游市场营销[M]．北京：对外经济贸易大学出版社，2008．